# 公共危机应急救援力量体系研究

——顶层设计、实践探索与政策建议

**主编** 杨 隽 董希琳

中国人民公安大学出版社

·北 京·

图书在版编目（CIP）数据

公共危机应急救援力量体系研究 / 杨隽，董希琳主编. —北京：中国人民公安大学出版社，2013. 7

ISBN 978 – 7 – 5653 – 1405 – 6

Ⅰ. ①公… Ⅱ. ①杨… ②董… Ⅲ. ①突发事件—公共管理—研究—中国 Ⅳ. ①D63

中国版本图书馆 CIP 数据核字（2013）第 176726 号

# 公共危机应急救援力量体系研究

## ——顶层设计、实践探索与政策建议

主编 杨 隽 董希琳

出版发行：中国人民公安大学出版社
地 址：北京市西城区木樨地南里
邮政编码：100038
经 销：新华书店
印 刷：北京市泰锐印刷有限责任公司

版 次：2013 年 7 月第 1 版
印 次：2013 年 9 月第 2 次
印 张：18
开 本：787 毫米 × 1092 毫米 1/16
字 数：290 千字

书 号：ISBN 978 – 7 – 5653 – 1405 – 6
定 价：48. 00 元

网 址：www. cppsup. com. cn www. porclub. com. cn
电子邮箱：zbs@ cppsup. com zbs@ cppsu. edu. cn

营销中心电话：010 – 83903254
读者服务部电话（门市）：010 – 83903257
警官读者俱乐部电话（网购、邮购）：010 – 83903253
教材分社电话：010 – 83903259

# 公共危机应急救援力量体系研究

## ——顶层设计、实践探索与政策建议


主　　编：杨　隽　董希琳

副 主 编：张　平　夏一雪

执行副主编：郭其云

主　　审：高太存　吴立志

撰 稿 人：杨　隽　高太存　董希琳
　　　　　张　平　吴立志　郭其云
　　　　　卢立红　赵桂民　夏一雪
　　　　　葛晓霞　杨　戉

# 目　录

# 绪　论

## 一、研究背景

当今世界，自然灾害、事故灾难、公共卫生和社会安全等公共危机事件频繁发生，呈现出突发性、连锁性、持久性和耦合性等特点，极易造成重大人员伤亡、财产损失和生态环境破坏，对经济发展和社会稳定造成严重危害。单一部门或系统难以独立处置各种危机事件，亟须建立“统一领导、决策科学、优势互补、运转高效、保障有力”的公共危机应急救援力量体系。世界各国对此高度重视，一些发达国家已逐步建立了较为健全的公共危机应急救援力量体系，在危机处置中发挥了重要作用。

当前，我国公共危机处置能力不断增强，危机管理已覆盖自然灾害、公共卫生、重大生产事故等公共危机的各方面，逐步形成了政府主导、部门参与、社会联动的危机管理体制，构建了“一案三制”（预案、体制、机制和法制）的应急管理体系。特别是《突发事件应对法》的颁布，为处置公共危机事件提供了法律依据。

随着社会经济的发展和政府工作职能的转化，我国公共危机应急救援力量体系建设突飞猛进，应对重大公共危机事件的能力不断增强。许多职能部门根据任务需要组建和加强了应急救援队伍，主要包括解放军九类国家级应急专业力量，武警部队地震应急救援队，武警交通、水电、森林部队应急抢险救援队、公安消防部队、预备役等军队力量，以及矿山救援队、地震灾害紧急救援队、危化品救援队、紧急医学救援队、企事业专职消防队和各类社会救援组织等。解放军、武警内卫及各警种部队、公安消防部队等是我国应急救援的主要力量。医疗急救队伍、地震救援队、矿山救援队和武警森林、水电、交通部队等是我国应急救援的专业力量，他们主要承担各自行业领域的应急救援工作。企事业专职消防队、志愿消防队和各类社会救援组织作为社会应急救援力量，是我国应急救援力量体系的重要补充。

但是，与国外相比，我国应急救援力量主体不明确，救援力量分散，管理各自为政，法制建设滞后，信息共享不畅，应急保障乏力，尤其是在力量配备方面，明显不能满足实际需要。“分而治之、各自为战”的管理机制，“分地区、分部门、分灾种”的危机应对模式，无法满足日渐增多的应急救援任务的需要。因此，根据当前应急救援力量建设发展的形势，解决其发展过程中存在的问题，是我们亟须研究的重要课题。

当前，国家针对加强基层应急救援队伍建设出台了相关政策规定，但是如何从宏观层面统筹规划和整体架构公共危机应急救援力量体系还有待深入研究。因此，立足国情，构建具有中国特色的“统一领导、决策科学、优势互补、运转高效、保障有力”的应急救援力量体系，提高公共危机综合应急救援能力迫在眉睫。

在我国，消防部队作为应急救援队伍的骨干力量，在政治思想建设、组织指挥体系、快速反应能力、救援装备与经验、信息化建设、智力支持等方面具有其他救援组织所无可比拟的独特优势。这支“有技术、有装备、高素质、好作风”的消防“铁军”在拉萨“3·14”事件、汶川地震、乌鲁木齐“7·5”事件、舟曲特大泥石流和玉树地震等重大公共危机应急救援工作中，广大公安消防官兵冲锋在前、奋不顾身、顽强拼搏，为促进经济社会发展、维护社会和谐稳定、确保人民生命财产安全作出了巨大贡献，受到胡锦涛、温家宝等党和国家领导人的高度赞誉和人民群众的充分肯定。

正因如此，近年来，各地结合实际，在全面加强公共危机管理和应急救援力量建设的同时，纷纷依托公安消防部队建立综合应急救援队伍，有许多成熟经验和做法值得借鉴。同时，从国外公共危机管理的经验来看，依托消防队伍，发挥“一队多用、一专多能”的重要作用，承担各类救援任务，是世界大多数国家应急救援力量建设的共有模式。欧美等国的消防队伍普遍承担了灭火、救护、防化、爆炸、交通事故和空难等多种应急救援任务，消防队员、职业消防员和消防志愿者在应急救援中发挥了骨干作用。政府重视与资金支持，现代化应急救援器材的配备，无处不在的消防志愿者等，都巩固了国外消防在应急救援队伍中的重要地位。

因此，在我国公共危机应急救援力量体系建设中，依据《突发事件应对法》、《国务院关于全面加强应急管理工作的意见》和《国务院办公厅关于加强基层应急队伍建设的意见》等国家法律、法规及政策文件的规定，运用联合作战的战略战术思想，采取典型示范、以点带面、重点突破的科学方法，依托公安消防队伍构建公共危机应急救援力量体系，有利于加快和完善具有中国特色的应急救援管理制度建设，对整合救援资源、提高救援能力、维护国家公共安全、保障社会和谐稳定和促进人民安居乐业具有重要意义。

## 二、主要概念

### （一）公共危机

公共是多数人的、共同的、不特定的。危机是不安全的急难状态，是指个人、群体或者组织由于公共危机事件的出现，受到破坏而严重地威胁到其正常的生存与发展的状态。①

公共危机是在社会运行过程中，由于自然灾害、社会运行机制失灵而引发的，可能危及国家安全、公共安全、社会正常秩序和公民生命、财产安全，需要各级应急管理机构立即作出联合反应的危机事件或情境。公共危机具有突发性、公共性、灾难性、不确定性、信息匮乏和资源缺乏等特征。

公共危机与突发公共事件密切相关。按照《国家突发公共事件总体应急预案》和《突发事件应对法》的规定，突发公共事件可以分为自然灾害、事故灾难、公共卫生事件和社会安全事件四大类。公共危机同样主要包含以上事件类型。

由于公共危机种类多、范围广、情况复杂，本书重点研究因自然灾害、事故灾难引发的综合公共危机事件，其他如生态、卫生、外交、金融等公共危机事件由专业部门、专业力量负责组织应急救援工作，暂不在本书重点研究之列。

### （二）应急救援力量体系

应急即应对急需或应对紧急情况，是指需要立即采取某些超出正常工作程序的行动，以避免事故发生或减轻事故后果的状态。

救援，是指个人或人们在遭遇灾难或其他非常情况（含自然灾害、突发危险事件等）时，获得实施解救行动的整个过程。

应急救援，一般是指针对突发、具有破坏力的危机事件采取预防、预备、响应和恢复的活动与计划。应急救援的对象是突发性、后果严重的各种公共危机事件等。应急救援的特点是迅速、准确、有效。应急救援工作的主要目标是：对危机事件作出预警；控制危机事件发生与扩大；迅速开展有效救援；减少损失和组织恢复正常状态。

应急救援力量是各种应急救援的能量资源，包括人力资源和物资装备等物质资源。应急救援力量是处置公共危机事件、实施应急救援的主体，主要由公共应急救援力量、专业应急救援力量、企业应急救援力量和社会应急救

① 郭太生：《公共安全危机管理》，中国人民公安大学出版社2009年版。

援力量等组成。

体系，泛指一定范围内或同类的事物按照一定的秩序和内部联系组合而成的整体。应急救援力量体系是各种应急救援资源按照一定的规则进行组合排列形成的整体或总和。

（三）公共危机应急救援力量体系

公共危机应急救援力量体系是针对公共危机事件或状态进行应急救援所形成的能量资源的整体。它包括以下内容：公共危机应急救援力量法律体系、公共危机应急救援力量预案体系、公共危机应急救援力量管理体系、公共危机应急救援力量运行体系、公共危机应急救援力量结构体系和公共危机应急救援力量保障体系。

## 三、理论支撑

（一）公共服务理论

公共服务理论认为，防止可能发生的突发性的事件，处置已经发生的公共危机，减轻损失，保障公民的生命财产权，维护社会稳定，是现代政府的基本职能。公共服务理念的确立与坚守是构建应急救援力量体系的重要思想基础，为应急救援力量体系的制度建设提供了基本的价值指向。加强公共危机应急管理，建立和完善应急救援体系，既是我国政府以人为本、执政为民的必然要求，也是建立“服务政府、责任政府、法制政府”、强化政府社会管理和公共服务职能的重要内容，是构建社会主义和谐社会的内在要求，是广大人民群众最现实、最关切、最直接的利益所在，是构建公共服务型政府的必然选择。

（二）公共危机管理理论

公共危机管理作为公共管理中应对危机状态的一种形式，是指政府及其他社会组织，通过监测、预警、应急处理、评估、恢复等措施，有效地预防、处置和消弭危机的管理活动。根据公共危机管理理论，建立健全公共危机应急救援力量体系主要有以下理论指向：①政治承诺、政治领导与政治支持。②在全程危机的管理理念下，制定统一的战略、统一的政策、统一的危机管理计划、统一的组织安排、统一的资源支持系统等。③基于发展途径的力量体系建设，一方面，重视整个社会的综合应急救援管理能力的建设和发展；另一方面，强调要从公众和可持续发展的角度认知和进行公共危机管理。④力量体系建设要依托于公共危机管理的全过程，应急救援力量的综合能力建设要紧紧围绕公共危机发展周期规律而进行。⑤力量体系的建设是在政府政策、规划、资源的管理方面有效地实施风险管理的基础上进行的。⑥在整合的危机管理模式下，有效的应急救援力量体系需要政府、公民社会、企业、国际社会和国际组织之间的协作伙伴关系。⑦力量体系的建设要求在整合各应急救援力量的同时，还要相应物质、制度性资源的跟进、创制与保障。⑧以绩效为基础的公共危机应急救援力量体系建设，强调对力量体系进行绩效管理，包括绩效衡量、绩效监控以及相应的绩效提高等。

（三）公共危机协同治理理论

公共危机协同治理理论是公共危机管理理论的创新与发展。该理论在构建公共危机应急救援力量体系中主要表现为以下几方面：①重视各应急救援力量的协同性。②重视力量体系的动态性。③重视力量体系中各元素间相互作用的非线性。④重视应急救援秩序形成的自组织性。协同治理是在一个有统一行为目标和规范的网络结构中进行的。在这一结构中，各应急救援力量共享信息资源，以自身资源和在公共危机治理中的作用取得行动地位、权力，并肩负相应的责任。秩序形成的自组织性使得整个应急救援体系对复杂危机环境的动态变化具有更强的适应能力。

（四）应急管理评估理论

应急管理评估理论的内容主要包括评估对象、评估机制、评估标准、评估方法的确定和对评估活动的理论总结等。其在构建公共危机应急救援力量体系中发挥了至关重要的作用，主要表现为：①该理论关注力量体系建设的规划、应急救援各力量的构成以及相关制度性资源的创制与分配等；②它关注应急救援力量体系在防范与应对公共危机过程中应急救援的能力与效度；③应急救援力量体系建设本身是一个实践探索的过程，尽管这一体系有较为清晰的建设目标，但就我国当下的现实环境而言，具体的制度细节并无太多可供参照的对象，因而需要评估来帮助改进自身的预案、政策、法律以及体制安排等；④应急救援力量体系建设往往处于工具性的层面，即用工具性理论来建构体系，而忽略对整个力量体系的价值考量，应急管理评估理论恰恰弥补了体系建设上对价值认知的不足，从而推动了应急救援力量体系建设的可持续发展。

基于以上理论需要，本书构建了法律、预案、管理、运行、结构、保障六大体系作为公共危机应急救援力量体系建设的主要组成部分。其中，法律体系是基础，预案体系是前提，结构体系是根本，管理体系是关键，运行体系是核心，保障体系是支撑。六个体系构成一个相互依托、相互支撑的有机整体。

## 四、研究综述

当前，我国对公共危机应急救援力量体系的研究主要有以下三个特点：

第一，公共危机管理作为新的学术热点得到普遍关注，但是对应急救援力量体系的专门研究尚未引起研究界充分重视，研究尚未形成规模。

本书选用CNKI《中国期刊全文数据库》作为主要数据来源，以2000年1月至2011年5月为时间段，以"应急救援力量"和"应急救援队伍"为检索词、"题名—精确"为匹配方式进行检索，所得数据共计164条。经查验，剔除重复、与主题关联低以及一稿多发的论文，最终确定高相关度的数据有148条。同样的检索方式，以"公共危机"为检索词的数据有1919条，以"公共危机管理"为检索词的数据有784条，[①] 可见在公共危机管理的整体研究领域中应急救援力量体系研究仍有很大的学术拓展空间。

第二，随着公共危机管理研究的持续深入，公共危机应急救援力量体系研究逐渐成为研究热点，得到学术界关注，研究专家、学者逐步增多，公共危机应急救援力量体系化和规范化建设逐渐成为学术界的热点议题和现实的制度选择。

从表1可看出，自2004年到2010年我国关于应急救援力量的发文数量呈现逐年上升态势，其中2006—2010年发文量占总发文量的93.24%。这5年正值我国"十一五"发展期间，由此判断，该论题与《国民经济和社会发展第十一个五年规划纲要》中"加强公共安全建设"、"完善社会管理体制"以及"加强国防和军队建设"等相关政策、规划的要求相吻合，符合我国的基本国情和社会主义和谐社会建设发展的现实需要。《国民经济和社会发展第十二个五年规划纲要》明确提出了要标本兼治、加强和创新社会管理，逐步完善公共安全体系建设，这也印证了对应急救援力量的理论研究与实践探索依然是公共管理领域的研究重点与热点。

**表1 应急救援力量文献发表年代及数量分布表**

| 年代 | 2004 | 2005 | 2006 | 2007 | 2008 | 2009 | 2010 | 2011 |
|---|---|---|---|---|---|---|---|---|
| 发文量（篇） | 1 | 1 | 5 | 8 | 18 | 37 | 70 | 8 |
| 所占比例（%） | 0.68 | 0.68 | 3.38 | 5.41 | 12.16 | 25.00 | 47.30 | 5.41 |

① 李昊青：《公共危机应急救援力量研究（2001－2011）文献计量分析》，载《现代情报》2011年第9期，第116～119页。

我国对应急救援力量的专题研究（包括期刊论文、学位论文及会议论文）始于2003年，至2011年6月，专题研究论文共计96篇，整体呈现逐年上升的趋势。其中，2003—2005年关于应急救援力量的专题论文有8篇，说明研究尚处于起步阶段。2003年7月，胡锦涛总书记在中央召开的防治“非典”工作会议上，明确提出“要加快建立健全各种突发事件应急机制，提高政府应对公共危机的能力”。2005年7月，国务院召开全国应急管理工作会议，标志着我国应急管理纳入了经常化、制度化、法制化的工作轨道，“一案三制”成为我国应急管理建设的基本框架。2006年至今，专题研究呈现指数曲线增长趋势，尽管论文数量相对偏少，但在一定程度上反映了随着国家的应急管理写入国家发展规划，应急管理论域正处于良性的发展阶段，理论探究空间很大。

第三，即时性经验总结较多，系统性理论探讨较少，研究层次有待提高，研究深度有待加强，研究方法有待丰富。

**表2　文献载体类型及载文量统计表**

| 载体类型 | 期刊［J］ | 报纸［N］ | 会议论文集［C］ | 学位论文［D］ | 总计 |
|---|---|---|---|---|---|
| 载文数 | 29 | 106 | 11 | 2 | 148 |
| 所占比例（%） | 19.59 | 71.62 | 7.43 | 1.35 | 99.99 |

从对表2的分析可知，该领域中的专题论文整体呈上升趋势，但文献载体数量主要集中于报纸类，多是一些现实做法的经验总结，缺少有深度的理论探讨和整体性的系统研究，在一定意义上，说明了该领域研究尚处于起步阶段，理论探究空间很大，仍需要社会与学界给予更多关注与重视。

统计现有文献，应急救援力量研究涉及学科类别共计42个，主要包括公安、安全科学与灾害防治、军事学、行政学及国家行政管理、预防医学与卫生学、中国政治与国际政治、行政法及地方法制、水利水电工程等。由此可见，应急救援力量研究具有综合性、复杂性的特点，需要多领域的专家、学者相互交流协作和共同深入研讨。但是，从合作研究来看，由表3可知，目前我国有关应急救援力量的研究论文主要还是以独著为主，说明该领域研究尚处于起步阶段，还需要加强专业内外的沟通、对话与合作，实现优势互补、集思广益，来进一步拓展研究空间和深化研究层次。

表3　著者合作情况统计表

| 合作情况 | 独著 | 2人合著 | 3人合著 | 3人以上合著 | 总计（篇） | 著者总数（人） |
|---|---|---|---|---|---|---|
| 篇数 | 71 | 15 | 8 | 2 | 96 | 135 |
| 所占比例（%） | 73.96 | 15.63 | 8.33 | 2.08 | 100.00 | — |

综上所述，随着公共危机管理研究的持续深入，对公共危机管理主体——应急救援力量的关注度会逐渐增强，与之相关的专题论文与深度研究会不断增多，研究视野和认知层次也会随着研究方法的多元应用而逐步深化和走向成熟。因此，当前公共危机应急救援力量研究需要通过丰富学科多样性来打开视野，通过推动相关学科的对话与交融来加强横向发展，不断以先进理念和创新思路来引领这一领域研究，使之不断前进。这不仅是应急救援力量研究领域的发展趋势，也是本书研究的努力方向，以期对此问题的研究有新的总结、发现与提高。

## 五、研究思路与主要内容

本书在研究方法上综合运用理论思辨、实证研究、历史比较和经济价值分析等多种方法，并在实地调研的基础上，对我国当前应急救援力量体系建设模式进行研究，提出构建公共危机应急救援力量体系的基本思路与方法。

### （一）研究思路

1. 分析国内外公共危机应急救援力量体系建设的现状，指出我国公共危机应急救援力量体系存在的主要问题，阐述加强公共危机应急救援力量体系建设的紧迫性与必要性，为构建中国特色公共危机应急救援力量体系提供启示与借鉴。

2. 总结国内外公共危机应急救援力量体系建设的成功经验与做法，基于公共服务、公共危机管理、公共危机协同治理等理论，依据国家有关政策规定，研究构建具有中国特色的公共危机应急救援力量体系。

3. 结合当前公共危机应急救援力量体系建设的实践，依据法律法规和国家有关政策规定，探索依托消防部队建设综合应急救援力量网络的途径与方法。

### （二）主要内容

1. 分析国内外公共危机应急救援力量建设现状。总结国内外先进经验，分析我国存在的问题，论证加强我国公共危机应急救援力量体系建设的紧迫性与必要性，为建立具有中国特色的公共危机应急救援力量体系奠定基础。

2. 探索构建公共危机应急救援力量体系的目标与基本原则。目标是：统一领导、决策科学、优势互补、运转高效、保障有力。基本原则是：专业化与社会化相结合；立足实际、按需发展；统筹规划、突出重点；建立“政府主导、依托消防、相互协调、相互促进”的应急救援力量体系。

3. 架构公共危机应急救援力量体系的主要内容。从法律、预案、管理、运行、结构和保障六个方面建构具有中国特色的公共危机应急救援力量体系。

4. 探讨依托消防部队建设公共危机应急救援力量体系的管理体制和运行机制，构建以消防部队为骨干的综合应急救援队伍的力量网络。这也是指依托消防总队、支队、大队组建应急救援队伍的三级救援力量网络，统筹发展其他应急救援相关部门的专业救援力量，形成联合作战中具有相对独立功能的“集团军”，整体提高应急救援效率和水平。

# 第一章 公共危机应急救援力量体系建设的历史与现状

任何事物的成长都需要汲取各种有益养分，公共危机应急救援力量体系的建设和发展同样需要借鉴古今中外的有益经验。我国古代救荒历经几千年的积淀，形成了极富营养的资源宝库，值得我们细致梳理和认真汲取。新中国成立以来，我国公共危机应急救援力量体系建设历经几十年的探索和发展，取得了显著成绩，初步构建起应对各种公共危机事件的队伍体系，应急管理和救援能力不断提高。国外公共危机应急救援力量体系建设同样是极富营养的资源宝库，值得我们学习借鉴。总结经验可以明晓当下，可以烛照未来，国内外公共危机应急救援给予我们的启示不仅有助于当前工作的顺利开展，更有助于明确未来发展的方向，具有重要的现实意义和指导价值。

## 第一节 中国公共危机应急救援力量体系建设的历史与现状

### 一、古代救荒的历史经验与现实启示

“以史为鉴，可以知兴替”，公共危机应急救援力量体系研究同样需要明史鉴古，以资当下。我国古代在公共危机应急救援中积累了丰富的经验，探索出行之有效的救援措施，经过历朝历代的不断充实和持续发展，形成了富有实践指导价值的理论思考。鉴古可以明今，鉴古可以知远，古代救荒的历史经验和局限，对我国当前公共危机应急救援力量体系建设极具启示意义。

#### （一）我国古代救荒概述

1. 公共危机与灾荒。公共危机，是指由于自然灾害、社会运行机制失灵而引发的，可能危及国家、社会安全和公民生命、财产安全的危机事件；主要包括自然灾害、事故灾害、公共卫生事件和社会安全事件四大类。灾荒，是“以人与人社会关系之失调为基调，而引起人对于自然条件控制之失败所

招致之物质生活上之损害与破坏也”。[1] 对照这两个概念，可以发现其在内涵上的共同性，即都是源自人与自然、人与社会的平衡关系被破坏，都会导致一定方面、一定程度上的损失；但是其在外延上又有不同，即公共危机的范围要大于灾荒，灾荒主要与四类公共危机中的自然灾害和公共卫生事件相对应。因此，尽管我国古代“灾荒”的范围要小于当代的“公共危机”，但是借鉴历代应对自然灾害和公共卫生事件的经验，仍然对当前公共危机应急救援力量体系研究具有指导意义。同样，救荒是指“为防止或挽救因灾害而致社会物质生活破坏之一切活动也”。[2] 古代的救荒大致相当于当代的应急救援，因此，对古代救荒措施的总结、对救荒思想的梳理，对建设应急救援力量体系大有裨益。

2. 我国古代灾荒概述。自古以来，我国就是一个灾害发生比较频繁的国家，各种灾害杂然纷呈，分布区域广泛，造成的损失严重。综观几千年来的灾害发展历史，可以总结出我国古代灾害发展的几个特点：一是普遍性，即在时间上几乎无年不灾，无年不荒；在空间上几乎无处不灾，无处不荒。二是并发性，即各种灾害之间的相互影响和相互关联，如旱灾常常伴随着蝗灾，水旱灾害常常诱发疫疠等，如果应对不当或防治疏忽，就会形成一种综合性的灾害爆发，各种灾害并发为虐，带来惨重的损失。三是累积性，即我国灾害发生的周期较短，往往是一年一次大灾，每次大灾之后，又缺少有效的补救措施，致使前灾的损失尚未弥补，防灾减灾的设施尚未恢复，继起的灾害又不断加重着损失的程度，而且我国灾害的发生频率逐步加快，更使灾害带来的创伤不断累积，愈加深重。

3. 我国古代救荒措施概述。我国古代救荒措施是在应对各种灾害的实践中不断丰富、发展、完备起来的，主要包括巫术祈祷、赈济、调粟、养恤、除害、安辑、蠲缓、放贷、节约、重农、仓储、灌溉浚治、造林垦荒等。其中，巫术祈祷、君主自谴（如避正殿、减膳）、改元、策免三公、因灾求言、因灾虑囚等救荒措施体现出古代天人合一的世界观，以祈祷自省的方式来“应天命”，救灾荒；赈济、调粟、养恤、除害、安辑、蠲缓、放贷、节约等是临灾治标和灾后救助措施，主要是发放救灾口粮、平稳粮食价格、抚恤死伤灾民、减免缓征赋税、鼓励灾后生产等；明代学者徐光启指出“预弭为上，有备为中，赈济为下”，说明我国古代也非常重视对灾荒的积极预防，重农、仓储、灌溉浚治、造林垦荒等开发性的救荒政策正是通过增加和保障

① 邓云特：《中国救荒史》，上海书店 1984 年版。
② 邓云特：《中国救荒史》，上海书店 1984 年版。

粮食储备、治理和改善自然环境的方法来防灾减灾，增强抵御自然灾害的能力。

我国古代救荒措施有着制度化、科学化的发展趋势，其中天命主义禳弭思想的色彩在淡化，巫术性礼仪和祈祷制度等措施已基本退出政府的救荒政策体系；发展至清代，荒政呈现出更加系统化的特点，从备荒、赈济、平粜到蠲缓、兴工筑、集流亡，是一套完备的灾前预防—应急救灾—灾后重建的政策体系，显示出渐趋成熟的发展特点。

（二）我国古代救荒的主要特点

经过几千年的传承积淀，我国历代救荒体现出以下三个主要特点：

1. 制度化的救荒程序和系统化的救荒思想。春秋战国时期，我国就对救荒措施进行了制度化的规定，并且形成了救荒思想的理论体系，经过历朝历代的充实完善，到明清时期，形成了制度化的救荒程序和系统化的救荒思想，主要表现为报灾、勘灾、审产、赈济、安辑、蠲免的完整救荒程序，以及荒政书籍对救荒思想的理论化和系统化论述。

首先，政府对救荒程序有严格规定，并且作为主要荒政制度来实施。以报灾制度为例，报灾制度始于秦汉时期，政府规定发生灾荒时，地方官吏必须及时如实地上报灾情，逐级向上，层层汇总，直至中央，并且对各级地方官吏上报灾情的时间和内容作了详细的规定。

其次，明清时期出现了大量荒政书籍，对救荒思想进行了理论化和系统化的梳理。据不完全统计，明代约有荒政书籍 15 部左右，清代增至 60 余部。这些荒政书籍对救荒程序进行了精细化的分析和条例化的归纳，使救荒程序更加规范化和预案化，有助于地方官员更好地抗灾救灾，同时也表明我国传统救荒思想已臻成熟。

2. 一以贯之的民本思想。民为国本的思想不仅一直贯穿在我国历代救荒思想中，也是其指导理念和基本主张。春秋战国时期，孟子从保民爱民的立场出发，对邹国国君在灾荒之年漠视灾民的做法进行了批评，“凶年饥岁，君之民老弱转乎沟壑，壮者散而之四方者，几千人矣；而君之仓廪实，府库充，有司莫以告，是上慢而残下也”。[①] 两汉时期，侧重于重农养民以救灾，“为治之本，务在于安民。安民之本，在于足用。足用之本，在于勿夺时”。[②] 这是通过安定农业生产来安定民心，同时也加强了防灾抗灾能力。唐

① 引自《孟子·梁惠王下》。
② 引自《淮南子·诠言训》。

朝陆贽进一步阐发了“民为邦本，本固邦宁”[①]的民本思想，他主张养民资国，民富而国强，劝谏国君抚恤灾民，“取民以时”，灾年要轻敛薄赋或者减免缓征赋税。宋朝朱熹作为社仓制度的创始人，在我国荒政史上有着重要地位，他提出“天下之务莫大于恤民”，[②]重视灾后的蠲免和赈恤，“救荒之政，蠲除赈贷固当汲汲于其始，而抚存休养尤在谨之于其终”，[③]指出政府实施荒政要善始善终，使灾民真正能“筋骸气血庶几可复其旧”。明朝海瑞执政为民，主张重农务本以防灾备荒，同时推行一系列灾后重建和休养生息的措施，包括安辑、蠲缓、放贷等，起到了显著的招抚灾民和恢复生产的作用。清初王夫之以“重民”、“爱民”、“惠民”、“富民”为立足点，将富有批判精神的民本思想融入其救荒思想中，他主张养民裕国，“人君爱养斯民之道有三：一曰制恒产，二曰裕民力，三曰修荒政。修荒政之术，以发仓廪、节食用为先，然而一时之权耳。若民力已裕，则民自有余而无待上之赈救。”[④]清末左宗棠认为“为政先求利民”，而“国以农为本，民以食为先”，[⑤]因此他的荒政思想集中在建立仓储、发展农业和兴修水利上，体现出存粮备荒和重农业、除水害的积极救荒理念。

在我国古代救荒思想中，民本思想是一以贯之，并且不断发展充实的，这对我国当前公共危机应急救援工作具有重要的指导价值：一方面，公共危机应急救援要本着以人为本的理念，将保护人民生命财产放到首要位置，在善后处理和恢复重建中也要把维护人民权益和促进人民发展作为根本要求；另一方面，在公共危机应急救援力量体系建构中，要把为人民服务作为发挥救援力量最大效能的出发点和落脚点。我国古代民本思想主张爱民、重民、恤民，这是值得传承的历史财富，但是其根本目的是维护君主专制，调和阶级矛盾，因此，我国当前以人为本、执政为民的理念既是对古代民本思想的继承，又是超越和发展，剔除了古代民本思想中封建君主专制的潜台词，充实了现代民主思想，是一种基于人之生命尊严和人之民主权利的现代新理念。

3. 重视发挥救灾的主观能动性。远古时代的精卫填海、夸父逐日和大禹治水等传说史诗，显现出先民们敢于改造自然和勇于抗御灾害的气度。我国古代天人合一的世界观认为人事能影响天意，从商代的巫术救灾，到西周开

---

① 引自《资治通鉴》卷229。

② 引自《宋史·道学传·朱熹传》。

③ 引自《缴纳南康任满合奏禀事件状》，《朱子全书》第20册。

④ 引自《读通鉴论》。

⑤ 引自《左宗棠全集·家书诗文·乙未科第三场·第四问》。

始重视灾后救助，再到春秋战国之后积极防灾减灾思想的出现，我国救荒思想不仅体天意、顺天道，更开始注重尽人力、修人事，以“天行健，君子以自强不息”[①] 的昂扬精神，充分相信和肯定人的主观能动性，认识到救灾的成效取决于政府和社会是否应对得当，“应之以治则吉，应之以乱则凶”，[②] 进而以“制天命而用之”的救荒理念鼓舞着抗灾救灾的动力和信心。

（三）我国古代救荒存在的问题

1. 缺乏专门管理机构和专业队伍。我国古代虽然有负责农业生产和水利建设的常设机构，但是从中央到地方没有设置负责灾荒应急救援的专门管理机构，没有专门负责人员和专业救援队伍，赈济、调粟、安辑、蠲缓等临灾救援和灾后救助多是临事之政，由中央政府统一调度，地方主官统一掌管和实施，报灾、勘灾、赈灾等往往需要地方主官亲力亲为，因此救灾的实际效果很大程度上取决于国君和政府官员的重视程度。清末近代化政治革新中出现了专司灾荒赈济的管理机构——民政部，负责灾后赈济、抚恤、栖流等事务，但仅限于政治构想，未曾发挥实际效用；北洋政府时期，建立了从中央到地方的三级机构体系，中央为内务部赈务处，省级为政务厅内务科，县级亦为内务科，并且在国家财政预算中设立专项的救灾资金，同样由于政治动荡而未尽其用。

缺乏专门管理机构和专业队伍，容易导致救灾响应不及时，影响救灾的效率和效果。由此，在当前公共危机应急救援力量体系建设过程中，应当完善应急救援管理体制，明确机构职责和分工，注重专业队伍建设，注重组织、管理、运行体系的系统化建构和有效性运转。

2. 应急救援滞后性突出。在公共危机应急救援中，信息的顺畅传递是决定救灾成效的关键因素。我国古代应急救援由于信息传递相对阻滞，以及缺乏健全的应急响应机制，导致政府应对灾害的滞后性相对突出。首先，在报灾环节上，最初没有时间限制，以水旱灾害为例，一般是“秋诉夏旱”和“冬诉秋旱”，即收获之后再呈报受灾情况。北宋时期，规定夏灾以四月三十日、秋灾以八月三十日为报灾期限，仍然存在较大的滞后性。到明清时期，才规定“凡地方有灾者，必速以闻”，奉行即时呈报、随时申报的原则，从制度上确保了灾害信息传递的快速及时。

其次，由于通信和交通事业落后，古代的信息传递效率相对较低，灾害

① 引自《易经》。
② 引自《荀子·天论》。

发生后，“道路悠远，往复淹滞，以此恤人，何救悬绝?”[①] 更重要的原因是，我国古代官僚制度和行政管理体制的僵化与烦琐。灾害应急救援奉行的是机动灵活、快速高效的原则，但是我国古代“机构复杂、层级重叠的官僚组织的运作往往机械死板，拖延迟缓——即使概念上不是这样，事实也是如此。正规的模式是，通过层层等级机构的链条来传达信息和指令，制度的集中化程度越高，留给下层组织的机动余地越小”。[②] 我国古代“州府地远，申奏往复，已至流亡”，甚至延迟至灾发次年才展开赈济和救助。另外，祭祀祈祷和国君避正殿等消极救灾措施的实行，拖延了救灾时间，也是古代救灾滞后性突出的原因之一。

3. 应急救援危机公关能力较差。这主要是指未能妥善应对自然危机而引发了政治危机和社会危机。我国古代灾荒主要是指自然灾害和公共卫生事件，如果政府应对灾荒时不能及时有效地展开救援和赈济，面对危机时不能趋利避害地进行引导和公关，就会引发社会动乱和农民起义，乃至引发江山易主和朝代更替。我国历史上几次重要的农民起义都是由灾荒引发，并且成为王朝灭亡的重要诱因。例如，西汉末年的绿林赤眉起义由荆州饥荒引发，东汉末年的黄巾起义由流行全国的疫病引发，唐末黄巢起义由关东大旱引发，明末李自成起义由陕北连年旱荒引发等。

一方面，我国古代农民赋税负担沉重，要占其全年收入的一半左右，加之自身所需生活开销，正常年景中也往往入不敷出，因此一旦发生灾荒，政府又未能妥善应对，继续横征暴敛，那么悲惨无助的农民唯有铤而走险，纷纷暴动造反，从而形成一种危机的连锁反应。另一方面，我国古代缺乏应对灾荒的专门管理机构和专业队伍，应急救援滞后性相对突出，从客观上削弱了政府的危机公关能力；更重要的是，人治社会中缺少制度约束和法律约束，救灾成效往往取决于国君和政府官员的主观意愿，相应地，政府的危机公关能力也往往取决于统治者的执政能力，倘若国君昏庸、吏治腐败，便难以在灾荒发生时进行积极应对和妥善处理，难以实施及时有效的危机公关，从而激发潜在的社会矛盾，引发社会危机。

### （四）我国古代救荒的启示

我国古代抗灾救灾的经验值得认真总结和积极借鉴，不过“救荒之政自

① 引自《资治通鉴》卷214。

② ［法］魏丕信：《18世纪中国的官僚制度与荒政》，徐建青译，江苏人民出版社2003年版，第64页。

古不一”，[①] 应当本着“宜于今”的原则来审视历代救荒措施，从有助于公共危机应急救援力量体系建设的角度出发来探索可资当下的有益启示。

1. 公共危机应急救援力量体系建设要充分发挥制度优势。汶川地震后，国外媒体评论“中国式救援无与伦比”，“赈灾凸显了中国的制度优势”，[②] 确实，社会主义制度集中力量办大事的优越性在新中国成立后的重大灾害中得到了充分体现，是取得抗灾胜利的制度保证。我国古代虽然是中央集权的封建专制制度，但是以国君为中心，高度集中的救灾体制仍然有其可取之处。

我国古代疆域辽阔、幅员广大，中央集权的封建专制制度有利于将全国纳入统一管理的轨道之中，这在救灾体制上体现为仓储和库蓄等救灾物资由中央政府实行集权管理和统一调配，如地方官员必须上报中央得到诏敕后方能调用粮食储备，这种管理体制在重大灾害中的优势十分明显，可以集中全国的人力、物力、财力来实行赈济，发挥有限资源的最大效能。另外，集权管理体制的优势也体现在治理水患和防范洪灾中，如对黄河流域的治理，就需要打破行政区划的分割，实行全流域统一规划、统一治理和统一开发，倘若各自为政，便会收效甚微。历史上黄河水患最严重的时期多是中央集权削弱的时期，如唐朝289年间，黄河下游决口仅12次，而五代十国80余年间，黄河下游决口就达95次。由此可见，集中统一性是古代救灾体制的制度优势，这启示我们要在当前公共危机应急救援力量体系建设中充分发挥社会主义制度全国一盘棋的优越性，整合全部力量，集中优势资源，既要举全国之力实施救援，又要打破行政条块，统筹救援力量，实行集中领导和统一调配，以此来实现救灾体制的高效率运转和力量组合的高效能发挥。

2. 公共危机应急救援力量体系建设要注重法制建设和预案机制建设。我国古代对救荒程序有着制度化的规定，荒政书籍也对此进行了系统化的论述，但是一方面有些救荒措施只是临事之政或处置惯例，缺乏相应的法律规定对其进行细化和明确，荒政书籍的探讨也多是思想界的观点交锋，不具有法律指导性和约束力；另一方面封建社会的人治特点容易导致救荒程序实施的随意性和形式化，乃至引发救荒过程中贪污舞弊等腐败行为。因此，需要加强法制建设来保障救荒措施的严格执行和落到实处。在当前公共危机应急救援力量体系建设中尤其需要制定必要的法律规范，完善应急救援工作的法律体系，对各种救援力量的责、权、利进行法律定位，以此引导力量体系发

① 引自《左宗棠全集·家书诗文·癸巳科第三场·第五问》。
② 刘云山：《2008年不平凡的经历和启示与思考》，载《求是》2008年第5期。

挥最大效能和妥善处置各种救援事项。

我国古代救荒措施发展至明清时期趋于规范化和程序化，已经具备了现代应急救援预案的性质和作用，一旦发生灾荒，政府会按部就班地启用救荒程序，实现了“荒政中的国家行为完全预期化”，这种趋于自动的程序化也就是当前所说的预案化。[①] 另外，我国古代救荒思想中蕴含着极强的防灾备荒意识，“生于忧患而死于安乐”，“祸兮福之所倚，福兮祸之所伏”，居安思危，思则有备，有备无患，这种忧患意识体现在救荒政策上就是各种灾前预防措施，如重农、仓储、兴修水利、造林垦荒等，尤其是积谷备荒制度，如常平仓、社仓、义仓、惠民仓、广惠仓、丰储仓等历代重要的仓储制度，通过灾前储备来降低受灾风险，丰年储粮以备荒年之需，“常平”即意味着丰年荒年仓廪均平。以上这些都启示我们要增强防灾减灾意识，加强预案机制建设，将灾前预防作为应急救援工作的重要环节，在力量体系建设过程中通过预案制订和演练来提高各种救援力量的临机处置和协同作战能力。

3. 公共危机应急救援力量体系建设要注重交流合作，注重社会组织与广大民众的参与力量。我国古代救荒措施中的调粟主要包括移民就粟和移粟就民，前者是转移灾民到粮食充足地区度荒，后者是调运粮食到灾区赈济灾民。调粟在周朝已经成为政府救灾的重要措施，“大荒大札，则令邦国移民通财”，[②] 各诸侯国之间在发生灾荒后会互通有无、互助共济，“冬，鲁大水，无麦禾。臧孙辰告籴于齐”，“冬，晋饥。乞籴于秦，秦输其粟”。[③] 调粟所体现出的“取有余以补不足”的救荒理念延续至今，仍然是当前灾害发生后的重要救援措施，启示我们应当以开放的态度来推动应急救援力量体系建设工作，重视国际交流和地区合作，取长补短，促进发展。

义仓和义赈是我国古代救荒措施中体现社会组织与广大民众参与力量的代表。隋朝长孙平“见天下州县多罹水旱，百姓不给，奏令民间每秋家出粟麦一石以下，贫富差等，储之闾巷，以备凶年，名曰义仓”。[④] 这种仓储制度通过按户出粟的方式，将民间丰年余粮储存起来，以备荒年时同济公众，有效积聚了民间物资来防灾备荒，是对政府官仓的重要补充。我国历代政府是救荒的主导力量，但同时注重发动民间力量参与救荒，通过授予爵位、委任官职、旌表家门等方式鼓励民众出资赈济，称为输粟入官，这种劝民助赈的

---

① 张介明：《我国古代对冲自然灾害风险的“荒政”探析》，载《学术研究》2009年第7期。

② 《周礼·地官·大司徒》。

③ 邓云特：《中国救荒史》，上海书店1984年版，第495页。

④ 《隋书·长孙平传》。

措施提高了救荒的社会参与程度，有助于缓解国家赈济财力不足的困难，也十分切实可行。晚清时期兴起的义赈，由民间筹集资金，自行组织散放，是民族资本发展和民间经济力量崛起的产物，并且超越了局限于本籍的乡土观念和传统的地域性赈济模式，建立了上海万国红十字会、中国华洋义赈会等社会赈务组织，在全国各省设立分会，形成了规模化的赈济网络，以“我本同处宇内，有分地无分民”的近代慈善理念对全国各地的大灾奇荒都给予救济，并且延伸到国外。1927年熊希龄叙述中国慈善赈济事业发展时说：“近十稔中，若法兰西之大水，俄罗斯之大旱，日本东京之大地震，我人亦尝追随行列，加入救济团中。”① 从义赈到慈善，我国的赈济事业不仅充分发掘了民间救援力量，而且逐步融入国际社会中，通过国际交流加快了自身的近代化发展历程。

以上启示我们要在当前公共危机应急救援力量体系建设中注重交流与合作，以互通有无的态度来学习先进救援理念和救援技术，又要树立社会化救援意识，动员全社会的力量进行抗灾救灾，充分发挥社会组织和志愿力量的作用，以人数众多、范围广阔、层次深入和种类细化的民间救援力量来弥补专业救援力量在人员不足、救援范围有限、注重攻坚救援、难以兼顾精神救助等方面的缺陷，更好地满足灾区和灾民在物质、精神等方面的多种需求。

4. 公共危机应急救援要树立人本思想和效率优先理念。我国历代救荒思想中民本思想是一以贯之的，虽然其中有维护封建统治的政治考量，但其中闪现的爱民恤民理念值得我们继承并发扬。在当前公共危机应急救援中要树立以人为本的抗灾救灾理念，使生命至上、救人优先成为应急救援的出发点和落脚点。经过汶川地震救援的洗礼，我们改变了以往国家和集体财产优先保护的救援理念，使人民利益至上、生命健康至上的救援理念得到了彰显和肯定，这是对古代以民为本思想的继承，也是对现代执政为民理念的诠释。

我国古代报灾—勘灾—赈济—蠲免的救荒程序前后相继、环环相扣，虽然保障了救援的有序开展，但是僵化的官僚制度、高度集权的行政管理体制与严格烦琐的逐级上报逐级下达（中央—州府—郡县—乡村）制度，使地方在得到中央诏敕前难以采取及时有效的救援措施，难以迅速调集充足的人力、财力、物力来抗灾救灾，往往延误了救援时机，导致救援的滞后性。此外，我国古代缺乏专门管理机构和专业队伍，也容易导致救灾响应不及时。而灾害作为一种突发事件，需要遵循机动灵活、快速高效的原则，“办赈，贵在急赈”，这就需要政府完善应急救援管理体制，建立应急响应制度，明

---

① 周秋光、曾桂林：《近代慈善事业的基本特征》，载《光明日报》2004年12月14日。

确机构职责和分工，赋予地方官员应急处置权，以此来解决奏报环节复杂导致救灾拖沓滞后的问题，如清朝的奏折制度就在一定程度上缩短了灾害奏报时间，提高了救援效率。因此，在当前公共危机应急救援中要树立效率优先理念，理顺管理体制，提高响应速度，优化运行机制，整合队伍力量，明确临机处置的权责，保证救援的及时、高效。

5. 公共危机应急救援要注重危机公关，维护社会稳定。公共危机对社会秩序有着很强的破坏力，不仅会造成生命财产损失，还会带来各种危机连锁反应。我国古代的大灾奇荒常常会引发社会动乱和政治危机，乃至爆发农民起义和连年战争。一方面，古代天谴论的灾荒观促生了浓重的灾后恐慌情绪，使得各种末日传言和灭亡谶语在民间蔓延流传，于是巫术救荒措施大行其道，延误了救荒时机，阻碍了救荒进展。如果政府不能进行及时、有效的危机公关，这些传言谶语还会成为农民起义的号召旗帜，以替天行道之名打起反抗现行统治的大旗。另一方面，我国古代灾荒存在并发性的特点，大灾之后必有大疫，灾荒之后的瘟疫爆发甚至会造成更深重的损失，从而加大救援难度，加剧社会动荡。因此，吸取古代危机公关能力较差的教训，在当前公共危机应急救援中要重视灾后危机公关，防范次生灾害，树立科学灾害观，引导社会形成积极健康的舆论氛围，以此避免危机连锁反应，维护社会稳定。

6. 公共危机应急救援要尊重自然规律和科学规律，重视人与自然的和谐关系。我国古代救荒政策中有许多灾前积极预防措施，如重农固本、仓储备荒、兴修水利、造林垦荒等，体现出可持续性和开发性的救荒指导思想。例如，重农和垦荒通过发展农业生产和促进经济增长来改良社会条件，是一种致力于治本的科学防灾观，治水和林政通过化水患为水利和植树造林来改善自然条件，是一种促进人类与自然和谐共处的科学生态观。再如，我国古代防治洪灾，经历了由"壅防百川"到"疏川导滞"，再到泄洪蓄洪相结合进行综合治理的发展进程，显现出先民们遵循自然规律、科学防灾减灾的救荒理念。此外，我国古代认为"过则为灾"，即天地万物应当适度和谐，任何因素的过多或过少都会导致灾害，还有"失时为灾"的思想也是如此，四时五节，风雨阴晴，先时或后时也都会导致灾害，"不违农时，谷不可胜食也"，[①]这是一种顺应自然规律、重视天人和谐的防灾观，值得我们在当前公共危机应急救援中加以继承和发扬，以可持续性和开发性理念指导救援工作。

在临灾救援措施中，也充分体现了对科学规律的尊重，如调粟政策中的

① 《孟子·寡人之于国也》。

平籴平粜法就是通过价值规律来调节粮价，储粮备荒。政府在丰年时以高价收购过剩粮食（平籴），充实仓廪，以免谷贱伤农，又在荒年时以低价抛售积存粮食（平粜），赈济灾民，以免谷贵伤民，既稳定了粮食市场，又起到了防灾备荒的作用，降低了受灾风险。可以说，利用价值规律调节粮价的平籴平粜法是我国古代救荒思想中的重要闪光点，美国在20世纪30年代将其引入罗斯福新政，至今仍然作为美国政府农业政策的理论基础。同样，这一历史财富启示我们在当前公共危机应急救援中要重视发挥市场机制的作用，通过市场配置和市场竞争来推动经费、装备等保障体系建设，并且通过商业保险机制来调动市场资源，优化灾害损失补偿模式，健全灾害风险分散机制。

## 二、我国公共危机应急救援力量体系建设现状

### （一）我国公共危机应急救援力量体系建设现状

1. 公共危机应急救援力量法制建设。法治是现代文明社会的重要标志，拥有较为完善的公共危机管理和救援的法律支持体系，是危机最大程度得到预防的前提之一，也是危机发生后迅速实施救援的基础和保证。公共危机应急救援力量体系建设必须依法进行，以此实现公共危机管理和救援的法治化。

应急法律法规，是指在公共危机事件引起的公共危机情况下处理国家权力之间、国家权力与公民权利之间、公民权利之间的各种社会关系的法律规范和原则的总和。应急法律法规是有效化解危机的重要保证，有利于政府部门依法配置、协调紧急权力；并且，应急法律法规也是保障公民权利的基础，政府不能随意行使应急管理权力，必须符合保护公民合法权利的基本宗旨。应急法律法规相较于其他法律法规有诸多不同，其主要特点有权力优先性、紧急处置性、程序特殊性、社会配合性和救济有限性。

近年来，我国高度重视公共危机事件应急法律体系建设，做了大量工作，取得了显著成绩。我国已经颁布了一系列涉及应对公共危机事件的法律、行政法规和部门规章，应急管理和救援的法制建设逐步得到健全，初步构建了从中央到地方的公共危机事件应急处理法律规范体系，主要包括：①战争状态法律规范。②一般的紧急情况法律规范。③恐怖性公共危机事件法律规范。④骚乱性公共危机事件（群体性公共危机事件）法律规范。⑤灾害性公共危机事件法律规范。主要包括：地震灾害法律；洪灾法律；环境灾害法律；地质灾害法律。⑥事故性公共危机事件法律规范。主要包括：交通

事故法律；核事故法律；公共卫生事故法律；火灾事故法律；生产安全事故法律。⑦公民权利救济法律规范。涉及公民、法人和其他组织的合法权益由于公共危机的行政应急措施受到损害之后的补救机制，包括行政复议、行政诉讼、国家赔偿和补偿方面的法律规范。

上述情况表明，总体而言，我国已经在构建公共危机事件应急法律体系方面具有一定基础，这主要表现在现行宪法、法律、法规中已有部分应急法律规范，这为应对公共危机事件、依法实施有效的危机管理，提供了一定的法律保障。[①]《突发事件应对法》是我国应急管理领域的一部基本法，其制定和实施是应急管理法制化的重要标志。目前，我国已有应对各种自然灾害、事故灾难、公共卫生事件和社会安全事件的专门和相关的法律、法规和部门规章 200 多部，涉及公安、消防、交通、防洪、安全生产、减灾、气象、森林、草原、传染病防治、公共卫生、保险等多个部门和行业，国家还出台了一系列的工作意见和指导文件，这些都为应急管理工作的全面开展提供了政策根据和法律依据，为各类公共危机的应急处置和抢险救援提供了强有力的法律支持和法制基础，为构建应急管理和救援体系提供了法制保障。

2. 公共危机应急救援力量预案建设。近年来，在国务院办公厅的组织指导下，经过艰苦努力，公共危机应急预案体系建设取得了重要成就。2006 年 1 月 9 日，国务院发布《国家突发公共事件总体应急预案》，分总则、组织体系、运行机制、应急保障、监督管理及附则六部分。在单一的防灾减灾体系基础上，形成了以国家总体应急预案为总纲，25 件专项预案，80 件部门预案和 31 个省（区、市）总体预案为主的全国性公共危机事件预警机制与应急管理体系框架，包括面对公共危机事件时的国家总体应急预案、专项应急预案、部门应急预案、地方应急预案、企事业单位应急预案和重大活动应急预案六个层次，部类齐全，基本涵盖了现代社会随时都可能发生的各类公共危机事件。另外，各地方、各部门贯彻落实党中央、国务院关于加强应急管理的指导方针和部署，围绕“一案三制”（编制应急预案，完善应急机制、体制和法制）建设，把应急预案的制订和完善工作摆到重要位置，直辖市和省级公共危机事件总体应急预案的编制工作已完成，大多数市、区（旗、县）也制订了应急预案，对经常发生的各种类型的公共危机事件均有相应的应急预案，我国应对公共危机的整体能力不断提高。

此外，我国现行有关法律、行政法规对公共危机应急预案或者防灾规划

---

① 莫于川：《公共危机管理与应急法制建设》，载《临沂师范学院学报》2005 年第 1 期，第 120 页。

的制订作了明确规定，初步确立了公共危机应急预案制度。例如，对地震、地质灾害和洪水等自然灾害，都要求制订应急预案。这类应急预案一般都具有较强的针对性，往往是针对某一具体类型的公共危机事件，内容一般包括：应急机构的组成和职责、应急行动方案、应急救援人员组织、应急物资准备、应急通信保障、灾害评估准备等。有关法律、行政法规还规定，为了保证公共危机事件应急预案的切实可行，各级政府和有关部门应当根据其实施中发现的问题，及时予以修订和完善。可以说，应急预案的制订与实施，使应急指挥机构职责得以明晰，成员单位任务基本明确。同时促进了各级应急机构的成立和应急组织体系的完善，增添了技术装备，储备了救灾物资，为处置公共危机事件提供了技术和物资保障。在应对和处置公共危机事件过程中，应急预案起到了指导和规范救援行动的作用。应急预案的演练和宣传活动，还提高了全民危机应急意识，增强了全民应对公共危机的观念。

3. 公共危机应急救援队伍建设。当前我国应急救援队伍逐步壮大，整体建设初具规模，各部门根据各自职责，设立应急指挥中心，成立应急救援队伍。

（1）军队救援力量。地方各级人民政府组织的应急救援需要军队参加的，由地方各级人民政府通过当地同级军事机关提出，按照国务院、中央军事委员会的有关规定办理。军队参加应急救援应当在政府的统一领导下进行，具体任务由现场指挥机构赋予。必要时，军队可以协助地方人民政府开展恢复重建等工作。

（2）公安消防部队。公安消防部队纳入中国人民武装警察部队序列，同时又是公安机关的一个警种，主要担负公安消防保卫和社会抢险救援等任务。国家设有消防局，隶属公安部领导，负责全国消防工作。根据业务内容不同，主要下设灭火救援和防火监督等部门。各省、自治区、直辖市设有消防总队，各省、自治区、直辖市的管辖市、区设消防支队，在消防支队管辖区根据力量多少设置消防大队（特勤大队）和消防中队。其中特勤大队承担灭火救援和重大抢险救援任务，是应急救援的突击队和骨干力量。近年来，消防部队应急救援任务逐渐增多，应急救援的出动次数占全部执勤出动次数的比例显著提高，尤其是2008 年《消防法》修订以来，应急救援任务明确规定为消防部队的三大职能之一，在经济发达地区这一比例更是高达80%以上。

（3）国家安全生产监督管理总局的矿山救援队伍和危险化学品应急救援队伍。国家安全生产监督管理总局在国务院及国务院安全生产委员会的统一领导下，负责指导、协调矿山事故灾难、危险化学品生产事故的应急救援工作。实行地方各级人民政府行政领导负责制，事故现场应急救援指挥由地方各级人民政府统一领导，相关部门和企业按照各自职责和权限，负责事故灾难的应急管理和应急处置工作。

（4）交通救援力量。交通事故发生后，由道路交通事故应急救援委员会，按照事故现场抢救、人员救治、群众疏散、交通管制、物质保障和通信传输等情况，明确公安交警、消防、医疗救护、环卫、路政、保险等部门的职能，各司其职，有序运行。道路交通事故应急救援委员会下设道路交通事故应急救援指挥中心，实行24小时值班制度，一旦发生交通事故，涉及人员伤亡和财产损失，根据现场应急救援的具体情况，协助应急救援力量的调配和抢救伤亡人员。此外，交通部门还设有港口消防队、海上救援队等。

（5）地震救援力量。国家地震局有地震救援队，负责地震灾害发生时的应急救援工作，其指挥机构是各级抗震救灾指挥部。

（6）核事故救援力量。在环保总局环境应急指挥领导小组的统一指挥下，各职能部门及有关单位各司其职，平时做好核事故应急准备，核事故发生时快速适当地进行响应。环境应急指挥领导小组在核事故时即为核与辐射事故应急领导小组，下设核与辐射事故应急办公室。核事故应急期间，环保总局核与辐射安全中心和辐射环境监测技术中心分别为环保总局核与辐射事故应急技术中心和辐射环境应急监测技术中心。

此外，林业部门有森林消防队伍，通信电力、燃气、供水、供热公司等有相关抢险救援力量，民航部门有机场专职消防队，各地卫生部门有医疗救护力量等。

党中央、国务院十分重视应急救援队伍建设，提出了加速构建社会应急救援体系的要求。近年来，通过重大公共危机应急救援的历练，我国应急救援队伍素质不断提高，综合应急救援能力不断加强，各应急救援协同单位不断加强合作，队伍联合作战能力显著增强，联动水平大为提高。此外，我国应急救援力量逐渐趋于多元化发展，非政府组织、社会团体以及公众个体逐渐成为公共危机应对的重要参与力量，并在协助政府救援、第一时间组织自救互救、宣传防灾减灾等方面起到了积极作用，补充完善了政府应急救援力量的不足。

4. 公共危机应急救援组织管理体系。我国大陆地区经过长期实践，逐步建立起中央、省、市三级应急救援管理组织体系。国务院是公共危机应急救援管理工作的最高行政领导机构。下设国务院安全生产委员会、中国国际减灾委员会等组织领导机构。在国务院总理统一领导下，通过国务院常务会议和相关公共危机应急指挥机构，负责对公共危机的应急救援管理工作；采用行业管理模式，由各部门分别管理本行业的应急救援工作，并协调相关部门进行协调救援；对于大规模公共危机应急救援，需由国务院组成领导机构进行统一指挥，必要时，派出国务院工作组指导有关工作。遇到重大公共危机事件，通常是启动非常设指挥机构，或者成立临时性指挥机构，由国务院分管领导任总指挥，国务院有关部门参加，日常办事机构设在对口主管部门。国务院办公厅设国务院应急管理办公室，履行值守应急、信息汇总和综合协调职责，发挥运转枢纽作用。国务院有关部门依据有关法律、行政法规和各自职责，负责相关类别公共危机的应急救援管理工作。① 其行政系统如图1－1所示。

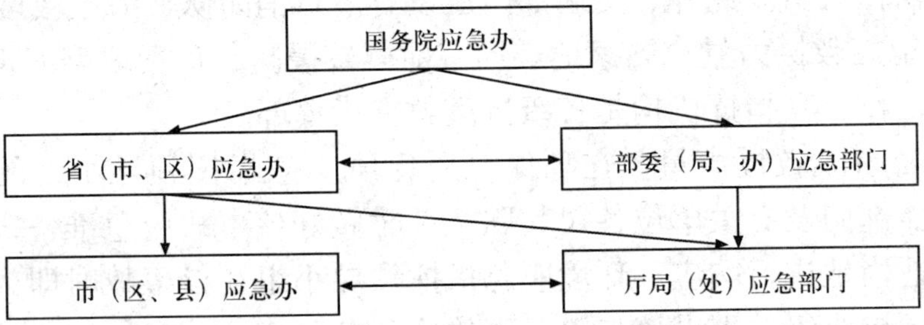


图1－1　应急救援管理行政系统

在这种行政管理机制之下，我国建立了多个应急指挥中心和多种应急救援力量，如图1－2所示。目前，我国共设置了最少7个应急指挥中心，在每个应急指挥中心下分别设立了相应职能的应急救援队伍。

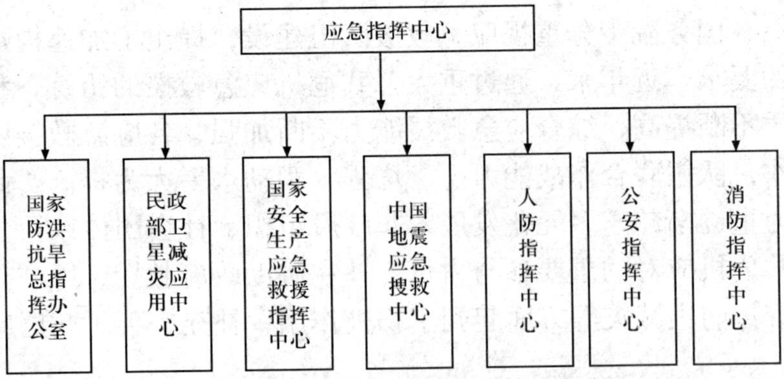


图1－2　我国应急指挥中心分布情况

地方各级人民政府是本行政区域公共危机应急救援管理工作的行政领导

① 宋英华：《突发事件应急管理导论》，中国经济出版社2009年版。

机构，负责本行政区域各类公共危机的应对工作。大部分省（市）根据本地情况建立了相应的应急管理机制，体现出组织管理模式多样化、多种管理模式并存的特点，按照业务机制划分，大致有四种模式：集权模式、授权模式、代理模式和协同模式。

（1）集权模式：由市政府成立专门的城市应急联动中心，该中心代表政府全权行使应急救援指挥权力，将公安、消防、医疗等专项应急救援职能统一纳入进来。其特征是：政府牵头，集中管理，具有统一指挥、协同作战的优势。应急指挥中心是政府管理的单独部门，是应急救援处理的唯一中枢，有专门的编制和预算；政府将所有指挥权归于应急指挥中心，在处理紧急事件时，有权调动政府任何部门。国内第一个建设应急联动指挥系统的城市是南宁市。该市成立的应急联动中心为正局级事业单位，直接接受市委、市政府的领导。联动中心采用集中接警，一级处警模式，将“110”、“119”、“120”和“122”纳入统一指挥调度系统。但这种模式存在的最大问题是跨部门间的资源整合困难较大，应急指挥系统的运行机制有待改进。

（2）授权模式：市政府依托现有应急指挥基础资源，将应急联动的指挥权特别是先期处置权授权给公安机关，以公安机关“110”接处警指挥平台为基础，协同其他联动部门共同出警。紧急情况下，公安机关代表政府调动各部门联合行动，并代表政府协调和监督紧急事务的处理。处理重大公共危机事件时，由市政府出面成立应急小组协调各部门。此种模式在广州、上海等大城市经过多年建设，已形成一套比较成熟的应急联动指挥系统。授权权限的大小是该模式的关键所在。当发生重大公共危机事件时，往往只有政府最高决策机构才能指挥协调各职能部门进行应急响应。因此，授权模式是我国应急救援指挥系统的一种过渡模式。

（3）代理模式：其特征是统一接警，分类处警。政府成立统一的接警中心，负责接听城市的应急呼叫，根据呼叫性质，将接警记录分配给一个或多个部门去处理。代理模式以北京市为典型代表，该模式适合于各个应急救援部门相对独立，但部门本身体系完整，应急反应机制高度发达和成熟的情况。代理模式由政府牵头，统一了应急呼叫的入口，但还不是真正意义上的应急联动指挥系统。

（4）协同模式：一般由一个政府指挥中心、多个部门指挥中心和更多基层协同终端构成，政府和部门之间信息互联互通，政府可以查看到应急事件处理情况，各个部门之间也可互通应急数据。其多个不同类型、不同层次的指挥中心和执行机构通过网络组合起来，按照约定的流程分工协作、联合行动。该模式适合于中小型城市，政府对行政体制调整权力有限，难以整合大量资源重构应急指挥体系。但是，简单的数据互联互通在公共危机事件应急指挥的实际操作中存在难题。如何在信息安全的前提下，保证向应急指挥系统提供足够的辅助决策支持，是该模式需要进一步在实践中解决的问题。

上述四种公共危机组织管理模式分别适用于不同的实际情况，是建立系统完善的公共危机应急救援力量组织管理体系的必要参考。①

5. 公共危机应急救援运行联动机制。当前我国大陆公共危机应急救援的运行机制以应对单灾种为主，分门别类进行管理，正在着手建立健全“统一领导、分类管理、分级负责、属地管理为主”的应急管理体制，采取“中央总揽、部门依托、省级分担”的运作模式。在各级党委领导下，实行行政领导责任制，充分发挥专业应急救援机构和队伍的作用。依据有关法律和行政法规，力图加强以属地管理为主的综合应急救援队伍建设，建立联动协调制度，充分动员和发挥乡镇、社区、企事业单位、社会团体和志愿者队伍的作用，依靠公众力量，形成统一指挥、反应灵敏、功能齐全、协调有序、运转高效的公共危机应急救援运作机制。

我国大陆公共危机应急救援的应对程序主要为：信息报告、先期处置、应急响应、应急结束、善后处理、调查评估和恢复重建，如图 1－3 所示。

近年来，我国在应急救援力量运行机制方面取得的成就主要体现为：

（1）各应急救援力量之间的职责较为明确，能够较好地履行各自任务。我国分部门、分灾种的管理运行模式，使各政府部门明确各自承担的公共危机管理任务，能够做好监测预警和危机处置工作。在事件发生时，能够自上而下较快地调动本部门的各种救援力量，较好地履行各自承担的救援任务。例如，国家防汛抗旱总指挥部在国务院领导下，负责领导组织全国的防汛抗旱工作，国家安全生产应急救援指挥中心负责生产过程中的事故救援等，都能够较好地协调全国下属的基层单位做好危机预防和处置工作。

（2）多种力量之间建立了一定的联动机制，应急救援整体效率有一定的提高。公共危机难以由某个部门单独应对，需要多部门共同参与。我国在处置 SARS 过程中，逐渐建立起多部门联席会议制度，共同商讨和处理应急救援事务。2005 年，国务院应急办及其下属对口单位的成立，初步实现了多种应急救援力量的协调调动。2006 年，《国务院关于全面加强应急管理工作的意见》的出台加快了各地应急管理工作的建设步伐，逐步建立健全了应急管理运行机制。尤其是应急平台的建设，使多种应急力量之间实现了互联互

① 李昌忠：《论建立以公安 110 为基础的城市应急联动系统》，载《公安学刊》2006 年第 3 期，第 83～86 页。

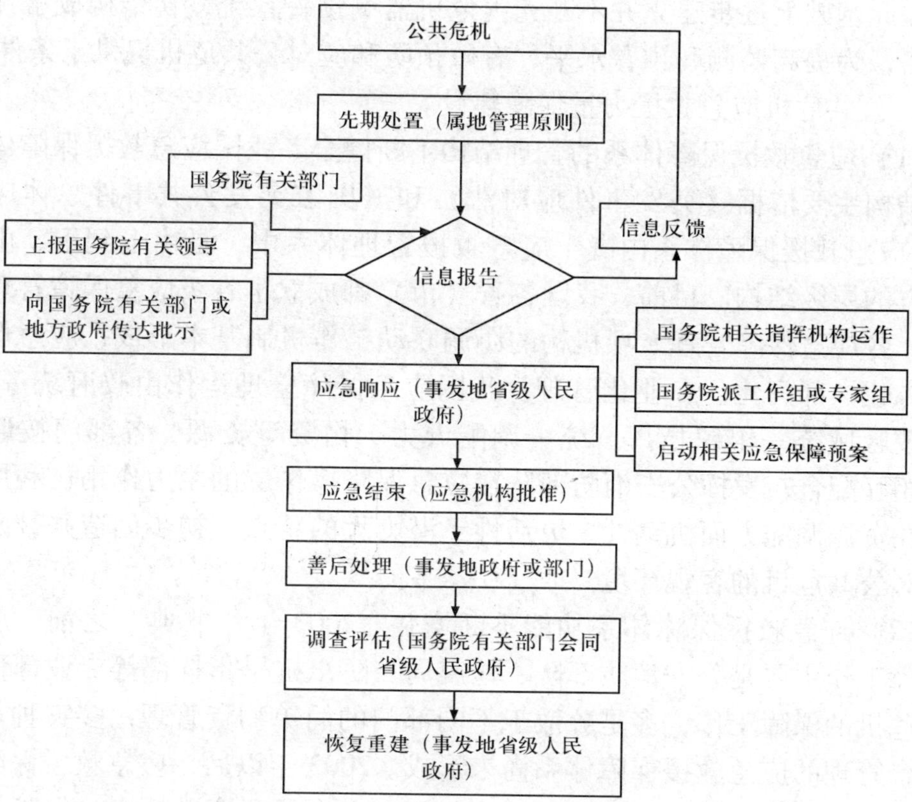


图 1－3　我国大陆公共危机应急救援的应对程序

通，较好地完善了应急联动机制。2010 年，全国各地依托消防部队成立了综合应急救援总队，有效地整合了应急救援力量，使应急联动机制更加完善。青海玉树地震时，各种力量快速响应，消防部队、军队、国家救援队、医疗、民政等队伍力量第一时间到达救援，体现出应急救援力量联动机制的优势。

（3）逐步建立起危机预警及信息发布制度。为有效预防和应对公共危机，动员社会民众主动参与其中，政府相关部门建立了新闻发布制度，第一时间发布预警，第一时间通报事件进展。在《国家突发公共事件总体应急预案》中明确规定了预警的分类和预警信号的表示方式。

当前我国的危机预警主要表现在自然灾害预警和大规模传染疾病预警两方面，实行临时专门机构管理模式，由一个或者几个具体部门共同应对危机事件。我国负责危机预警管理的相关机构有：国家安全生产监督管理局、国家食品药品监督管理局、建设部、国家气象局、卫生部、国家林业局、公安部、交通部、国家地震局、水利部、民政部等专门机构和相关专业职能部门。在此基础上逐步建立并不断完善危机监测预警系统，初步构成了预警信息网络，为提高监测和预警水平，有效预防和应对公共危机提供了条件。[①]

6. 公共危机应急救援力量保障建设。

（1）应急救援保障体系的管理结构不断健全。我国应急救援保障体系的管理结构主要依据《突发事件应对法》和《国家突发公共事件总体应急预案》，应急救援保障体系内嵌于应急救援管理体系中，是由上到下、由中央到地方的层级结构。目前，我国各省（市）都成立了省级应急保障管理领导机构，各应急保障管理专项机构的协调联动工作机制基本形成，应急保障实行地方化、部门化、专业化管理。我国应急保障管理运作由政府统一决策，按行政区域统一组织指挥，统一调配人力、物资等资源，各部门按职责分工，相互配合；发挥公安消防部队在应急保障操作层的主力作用；利用社会组织在资源调配方面机动性、灵活性、潜力大的特点，初步创造并鼓励其参与应对公共危机的客观环境。

（2）应急救援保障体系功能不断增强。2003 年“非典”之前，应急救援保障工作主要是公安消防部队、地震局、防汛抗旱指挥部等专业部门应对单一危机的保障工作，多是分散于不同部门的简单物资管理，多灾种、多部门联合管理的应急救援保障体系尚未形成。2003 年以后，应急救援保障工作有了快速发展，在重大公共危机的多部门、多力量联合救援中，保障体系在结构、功能、运作方面都发挥了关键效能。其中，各公安消防总队组建了区域性战勤保障大队，建立了统一指挥、分级负责、密切协同的应急保障指挥体系，气象、水利、交通、粮食等部门的应急保障建设也在全面发展当中。经过多年实战经验积累，我国应急救援保障体系以统一领导、分级负责；条块结合、属地为主；依靠科学、依法规范；预防为主、平战结合为原则，应急救援保障水平不断提高。

### （二）我国香港、澳门、台湾地区公共危机应急救援力量体系建设现状

我国香港、澳门和台湾地区因历史条件、地理环境、人文因素的影响，在长期的发展和建设中，逐步形成了一套适合本区域发展的公共危机应急救援力量体系。

1. 应急救援组织管理机构。

（1）香港、澳门特别行政区应急救援管理机构。此两个特别行政区都建

① 廖晓明、王萱：《论我国公共部门危机预警组织系统的建构》，载《江汉论坛》2006 年第 4 期。

立了常设的应急救援组织管理机构。香港特区应急救援组织管理的领导机构是以行政长官为最高首领的行政长官保安事务委员会。如果发生非常严重的事故，且持续时间长、波及范围广、会严重影响或有可能严重影响香港安全，行政长官保安事务委员会将召开会议，指示有关部门执行政府保安政策。

澳门特区设立安全委员会，由行政长官担任主席。一旦发生灾难，安全委员会将召开会议，指示有关部门执行政府保安政策。在处置需要跨部门协调的公共危机事件时，启动联合行动指挥部，通过设在警察总局的民防行动中心执行民防架构的指挥工作。

（2）台湾地区应急救援管理机构。台湾地区应急救援日常的组织管理机构为“防灾会报”，并分为“省防灾会报”和“区防灾会报”。“防灾会报”于每年 4 月底定期召开，另于灾害来临前或认为必要时不定期召开，参加人员包括“本府”各防灾救灾任务编组单位首长、各区区长、民间团体、公共事业机构及军方代表；“区防灾会报”于“市防灾会报”后接续召开，由“区长”担任召集人，各区任务编组人员参加。

2. 应急运作机制。

（1）香港、澳门特别行政区应急运作机制。香港特区自 2003 年“非典”爆发后，进一步完善应急机制，设立了三级制应急系统。第一级应变措施为紧急应变。由各救援部门全权处理，在各自所属指挥单位的指示、监管及支援下采取行动。此阶段，由保安局下的警务处、消防处牵头处置，两个处均设有自己的指挥控制中心，昼夜值班，并根据情况采取适当行动。第二级应变措施为启动紧急事故支援组，当事态威胁到市民的生命财产以及公众安全，需要报告政府总部以调动更多资源投入救援行动的时候，便启动本级应变措施。警务处或消防处按规定把事故情况通知保安局当值主任，同时启动政府总部紧急事故支援组（简称急援组），密切监视事态发展。第三级应变措施为启动紧急救援中心。当发生重大事故，以致对市民生命财产及公众安全构成重大威胁，需要政府全面展开救援工作时，启动该级措施。紧急救援中心接到保安局局长或指定的保安局高级人员指示后，采取相应行动。该三级系统在紧急应变的救援、善后和复原三个主要阶段以不同形式运作。为了使现场指挥工作程序高效有序地运行，香港特区政府遵循精简、高效、灵活、便捷的行动方针，即限制涉及的部门和机构数目，限制紧急应变系统的联系层次，授予紧急事故现场的有关人员必要的权力和责任。

澳门特区将公共危机分为三种情况。一是严重意外，是指人为或自然界所引致的突发及不可预料的事件，在时空上对人、财产或环境的结果相对有限；二是灾祸，是指自然或其他起因引起的几乎不可预料的公共危机事件，能导致有受害人及重大的物质损害，并严重影响人身安全、居民生活条件及本地区经济社会运作；三是灾难，是指自然或其他起因引发的事件或一系列严重事件，在时空上，具有通常可预料、引致物质严重损失且可能有受害人的长期结果，并强烈影响本地区广大范围的生活条件及经济社会运作。根据以上三种情况，澳门特区将公共危机事件的发展情况划分为三个状态，一是紧急预防状态，是指由于异常及有害的因素引致的状态；二是拯救状态，是指按照所预知的结果或发生后所引致的结果，严重程度高于紧急预防状态；三是灾祸或灾难状态，是指严重程度高于上述两种状态，且对社会造成或将造成重大影响的状态，其全部或部分导致社会基本需要未获满足，或使社会要素的存在或完整受威胁。在宣布进入以上任何状态后，民防行动中心立即运作，根据民防计划（即总体预案），开展民防行动，确保指挥统一、运作协调、措施得力。

（2）台湾地区应急运作机制。台湾地区将公共危机事件划分为三类：自然灾害（台风、豪雨）、一般性重大灾害事故、偶发性紧急事件。根据行政隶属关系，在我国台湾地区“政府”、“市（县）”、“乡（镇）”三级政府均设立了相应的“灾害应变指挥中心”。在发生重大灾害时，视灾害类别、危害的范围和严重性，分级启动。“指挥中心”平时由“县政府消防局”负责管理，采取24小时执勤机制。一旦启动，各个部门派员及时到指挥中心席位，各司其职。“指挥中心”将“消防”、“警察”、医疗救护、公用事业等有关部门和单位统一建置于内，有效统筹“政府”所属各部门的救灾资源与资讯，灾害应变处理时，“政府”领导到中心指挥，发挥应急枢纽的作用。

3. 应急救援力量。港、澳、台三地区均建立了专业化程度较高的应急救援队伍体系。

（1）香港、澳门特别行政区应急救援力量。香港特区的应急救援队伍体系以警察为主体，分为总区、分区、警署和各行动部队四个等级，各个级别的行政主官都统称为指挥官。警务处副处长是香港警务处的最高级别现场指挥官。作为职业的社会安全维护者，香港市民遇到任何危险都可向警察报警，报警中心接听电话时间不得超过9秒，从接警时间算起，港岛及九龙区警察到场不超过9分钟，新界不超过15分钟；当需要灭火和救护受伤人员时，消防和紧急医疗救护队开始行动。紧急医疗救护就设在消防处。香港设有70个消防站，站站都有救护班，配置救护人员2200多人，另有专门从事民众救护的29个救护站。接到警讯，火警事故通常在6分钟内到达现场并灭火，伤病人员救助通常在12分钟内到达现场；若发生重大紧急救援，香港飞行服务队即随时行动。

澳门特区应急救援队伍体系以治安警察和消防队员为主。在处置需要跨部门协调的公共危机事件时，启动联合行动指挥部，通过设在警察总局的民防行动中心执行民防架构的指挥工作。根据警察总局局长授权，消防局局长担任联合行动指挥官。

（2）台湾地区应急救援力量。台湾地区总体应急救援队伍体系以“消防局”为运作中心。一般灾害发生，市民均以电话“119”向“消防局”报案，再由“消防局”立即派遣辖区或邻近“消防分队”前往救灾，并同步通知相关“局处”、“区公所”或“维护管线单位”赶赴现场处理。“台湾消防”承担着防火、灭火和各类灾害事故的抢险救援，特别是承担了繁重的生命救护任务。每个“消防分队”都配有一定数量的医疗专业救护人员，在各地“119”、“消防指挥中心”也配有专业救护医师对需要救护的报警人在急救人员未到达现场前进行自救方面的专业咨询。此外，台湾规定各“市”、“县”都应建立义勇消防组织，民间消防力量比较发达。

港、澳、台的消防均属政府职业编制。例如，台湾的消防自成一体，在“内务部”下“消防署”与“警察署”并列。“消防局”从局长到消防队员都属于公务员编制，队员录用与公务员一样，并要经过专门的消防或警察院校学习培训合格。消防队员可以工作到退休。

4. 应急联动系统。港、澳、台三个地区都从跨部门层级的层面上对警察、消防、急救等应急基础响应部门进行了整合，设立了综合的应急指挥中心，并统一报警特服号码。香港和澳门市民遇到任何情况，都可以随时拨打“999”紧急求助电话；台湾各地“消防局”均设有高度智能化的“119”灾害应变指挥中心，市民拨打“119”报警后，接处警时间仅为90秒。

5. 应急救援法律依据。在应对公共危机的过程中，港、澳、台应急救援力量都依据较为完备的法律进行救援。

（1）香港特别行政区应急救援法律依据。香港特区政府要求指挥官和警员在公共危机的应急救援中，严格按照《警队条例》、《警察通例》执法，而在具体操作时则按照《程序手册》进行。《程序手册》是《警察通例》的实施细则。同时，香港警队在处理各种大型活动时，都事先制定出详细的《行动训令》（预案），且必须由行动的指挥官主持制定。《行动训令》均采用相同的格式，其内容一般分为形势、任务、执行、行政、补给、指挥、信号以及注意的问题，必要时辅以地图加以说明。这使所有的指挥官与被指挥者在熟悉和掌握预案基本程序的前提下，可集中精力研究和了解预案的具体内容，便于统一认识。

（2）台湾地区应急救援法律依据。台湾地区目前执行紧急事件的主要规定有："灾害防救法"、"台湾地区防救自然灾害及善后处理办法"、"台湾地区重大灾害紧急应变处理要点"、"台湾地区政府紧急事件处理小组设置要点"、"台湾地区政府重大灾害紧急通报系统"、"台湾地区防灾作业手册"及"台湾地区风灾、震灾、火灾灾情搜集通报系统"等。台湾地区执行防灾法规虽多，但主要执行依据是：自然灾害部分依据"台湾地区防救自然灾害及善后处理办法"处理；人为灾害部分依据"台湾地区重大灾害紧急应变处理要点"处理；突发事件方面依据"台湾地区政府紧急事件处理小组设置要点"处理。

6. 应急救援预案及演练。香港特区政府从立法的角度对应急管理形成了制度性的设计，制订了两套纲举目张的应对计划。第一套为普通类计划，包括空难应变计划、挽救失事飞机应变计划、天变应变计划、海空搜索急救政策训令、大亚湾应变计划、境外紧急行动 6 份计划。第二套是机密类计划，包括针对恐怖主义的应对措施，内部保安事故应变计划，生物、化学、辐射及核子剂袭击事件等的应变计划在内的 5 份应变计划。根据这些计划，各个公共部门和企业也分别制订自己的预案。香港特区政府应急管理工作机构十分重视应急预案演练，几乎每个预案一年至少演练一次。

澳门特区政府制订了详细的民防计划，各地根据民防计划，也纷纷制订了相应的预案。民防计划中涉及的相关预案，每年演练一次以上。

7. 应急救援的教育培训。我国港、澳、台三个地区都非常重视对应急救援的教育和培训。

一方面注重对公众的危机教育和应急知识普及，提高公众的自救能力。香港特区的危机教育从学校抓起，在中学开设了应急知识普及讲座，教育学生科学认识和应对危机。香港特区政府要求每个家庭平时都要备有手电筒、矿泉水、饼干、小型急救药箱等备用物品，以防不时之需。同时香港特区政府还特别注重对一般紧急事故应变的宣传，出版发放《趋吉避凶简易守则》，消防处结合最新案例，向社会各阶层举办防火安全讲座及研讨会，制作各类宣传资料供电视台及电台播放，为学校安排防火演习等。台湾地区各地都建有对民众开放的功能不一的防灾宣传教育馆，常年接受民众参观体验和教育。

另一方面，非常注重对应急救援专业队伍的培训。例如，香港警方非常重视对警务人员的培训，培训的形式包括新警培训、晋升培训和轮训等。培训的层次分为初级警务人员培训、高级警务人员培训。初级警务人员平均每两年培训或轮训一次，培训时间一般为 16 周；高级警务人员平均每 3 年培训一次，培训时间一般为4周左右。香港警方的培训教官都是来自实战单位督察以上的警务人员，每年在实战单位选拔一次，任期一年。由于培训教官来自实战单位，所以香港警察的培训非常注重实战性和可操作性。培训没有固定统一的教材，由警长以上的警务人员开设训练组织领导才能和指挥能力的课程，培训内容多由教官根据课程设置的目的，结合最新的实战案例和特点编写课程教案，多采用情景模拟教学方法，实战中出现的新问题、新经验都能很快地在培训中得以反映，培训内容紧密结合实际斗争需求，能够很好地提高整体警察队伍的素质。

我国台湾除正规专业院校外，“政府”还投入大量财力、物力建设培训中心，消防社团组织也积极参与教育培训。每年聘请学者、专家进行讲演，并定期安排办理防灾业务人员进行防灾教育训练，以提升防灾业务人员防救灾知识及统一做法。定期举办跨“局处”的联合大演习及各区联合小演习，强化各单位间平时纵向及横向联系。

8. 应急救援力量体系建设的特点。

（1）建立常设的应急救援组织管理机构是港、澳、台三个地区的通行做法。我国港、澳、台地区都建立了常设的应急救援组织管理机构。例如，香港的行政长官保安事务委员会、澳门的安全委员会、台湾的“防灾会报”，它们在重大公共危机应急救援的指挥与协调方面发挥了不可替代的作用。

（2）建立了职业化和专业化的综合应急救援队伍体系。港、澳、台三个地区在结合各自特点的基础上，充分整合应急救援力量，建立了职业化且专业化程度较高的综合应急救援队伍体系，如香港以警察为主体、澳门以治安警察和消防队员为主体、台湾以消防队员为主体的应急救援队伍。值得注意的是，三个地区的消防均属于政府职业编制，一般情况下可以工作到退休，有效地保留了专业技术人才，为提高应急救援队伍的专业化程度奠定了坚实基础。

（3）建立了完善的应急联动体系。港、澳、台三个地区都对本区域应急基础响应部门进行了充分整合，建立了综合应急指挥中心，统一了报警特服号码，香港和澳门为“999”，台湾为“119”。

（4）重视对应急救援人员及公众的培训和教育。港、澳、台三个地区都非常注重对应急救援专业队伍的教育和培训，除正规专业院校培训外，还经常聘请专家、学者进行讲演并开办各种类型的培训班，以提高专业应急救援队伍的综合素质。同时，非常重视对公众的宣传和教育，普及公共危机应急救援的基础知识，提高公众的自救能力。

# 第二节　世界主要国家公共危机应急救援力量体系建设现状

## 一、组织管理体系

美国、日本、俄罗斯、澳大利亚等主要发达国家都建立了较为完善的应急组织管理体系，虽然组织体系依据各国的具体情况分级层次不同，但大体可以归纳为政府、区域和地方三大级别。例如，美国已形成了联邦、州、县、市、社区五个层次的管理与响应机构，比较全面地覆盖了美国本土和各个领域。日本的应急组织体系分为中央、都县、市町村三级制，在平时，日本三级政府的首长各自召集本级政府的“防灾会议”（中央防灾会议、都道府县防灾会议、市町村防灾会议），就重大防灾事项作出决策。在灾害发生时，成立相应的灾害对策本部，灾害对策本部是各级政府应对各类突发公共事件的临时机构，具有统筹全局、统领指挥的权限和职责。① 加拿大的应急事务管理体制分为联邦、省和市镇（社区）三级，实行分级管理。在联邦一级，专门设置了紧急事务办公室，隶属于国防部。省和市镇两级管理机构的设置因地制宜，单独或合并视情而定。② 澳大利亚设立了一套联邦政府、州和地区政府、社区三个层次承担不同职责的政府应急管理组织体系。③

各国都是把行政首脑作为最高的决策者，形成了以行政首脑为核心的应急管理组织体系，对于跨部门的综合性决策和指挥，通常依靠应急管理委员会或联席会议提供决策的辅助和咨询。例如，美国的国土安全会议、应急管理委员会还兼有宏观的信息中心和最高协调中枢的功能。日本通过中央防灾会议、安全保障会议、金融危机对策会议等决策机构制定危机对策，由国土厅、气象厅、防卫厅和消防厅等部门根据具体情况配合实施。俄罗斯联邦安全会议是俄罗斯危机管理的中枢机构，也是俄罗斯国家安全决策的最高机构。除常设危机管理机构外，遇到特殊危机事件，安全会议还可成立相关的临时性专门机构负责处理。澳大利亚设置了国家危机管理协调中心。

① 刘艳：《试析日本危机管理机制及其对中国的启示》，载《中国人民公安大学学报》2004 年第 1 期，第 122 ~ 125 页。

② 郭跃：《澳大利亚灾害管理的特征及其启示》，载《重庆师范大学学报（自然科学版）》2005 年第 4 期，第 54 ~ 57 页。

③ 君安：《世界主要国家的危机管理》，载《国家安全通讯》2002 年第 2 期，第 50 ~ 53 页。

## 二、运行机制

因国情不同，各典型发达国家建立了不同的公共危机应对运行机制。作为联邦制国家，美国各州政府具有独立的立法权与相应的行政权，一般都设有专门机构负责本州应急管理事务，具体做法不尽相同。但总体来讲，其特点可概括为：统一管理、属地为主、分级响应、标准运行。①②③

统一管理，是指自然灾害、技术事故、恐怖袭击等各类重大突发公共事件发生后，一律由各级政府的应急管理部门统一调度指挥，而平时与应急准备相关的工作，如培训、宣传、演习和物资与技术保障等，也归口到政府的应急管理部门负责。

属地为主的基本原则，是指无论事件的规模有多大，涉及范围有多广，应急响应的指挥任务都由事发地的政府来承担，仅在地方政府提出援助请求时，上级政府才调用相应资源予以增援，但并不接替当地政府对这些资源的处置和指挥权限。

分级响应强调的是应急响应的规模和强度，而不是指挥权的转移。当突发公共事件发生以后，首先响应的是事发当地的地方政府，当地方政府需要支援时，再报上一级政府。在同一级政府的应急响应中，可以采用不同的响应级别，确定响应级别的原则一是事件的严重程度，二是公众的关注程度，如奥运会、奥斯卡金像奖颁奖会，虽然难以确定是否发生重大破坏性事件，但由于公众关注度高，仍然要始终保持最高的预警和响应级别。

标准运行主要是指从应急准备一直到应急恢复的过程中，要遵循标准化的运行程序，包括物资、调度、信息共享、通信联络、术语代码、文件格式乃至救援人员服装标志等，都要采用所有人都能识别和接受的标准，以减少失误，提高效率。美国公共危机事件应急响应的运行机制如图 1－4 所示。

日本政府应对不同类型的突发公共事件，启动的危机管理部门也不尽相同。

但在公共危机事件发生的最初时期，均按照事先规定的程序进行运作，

---

① 中国安全生产科学研究院赴美考察团：《美国的应急管理体系（上）》，载《劳动保护》2006 年第 5 期，第 90～92 页。

② 姚永玲：《美国应急反应规划的管理》，载《国外城市规划》2006 年第 1 期，第 48～54 页。

③ 黎健：《美国的灾害应急管理及其对我国相关工作的启示》，载《自然灾害学报》2006 年第 4 期，第 33～38 页。

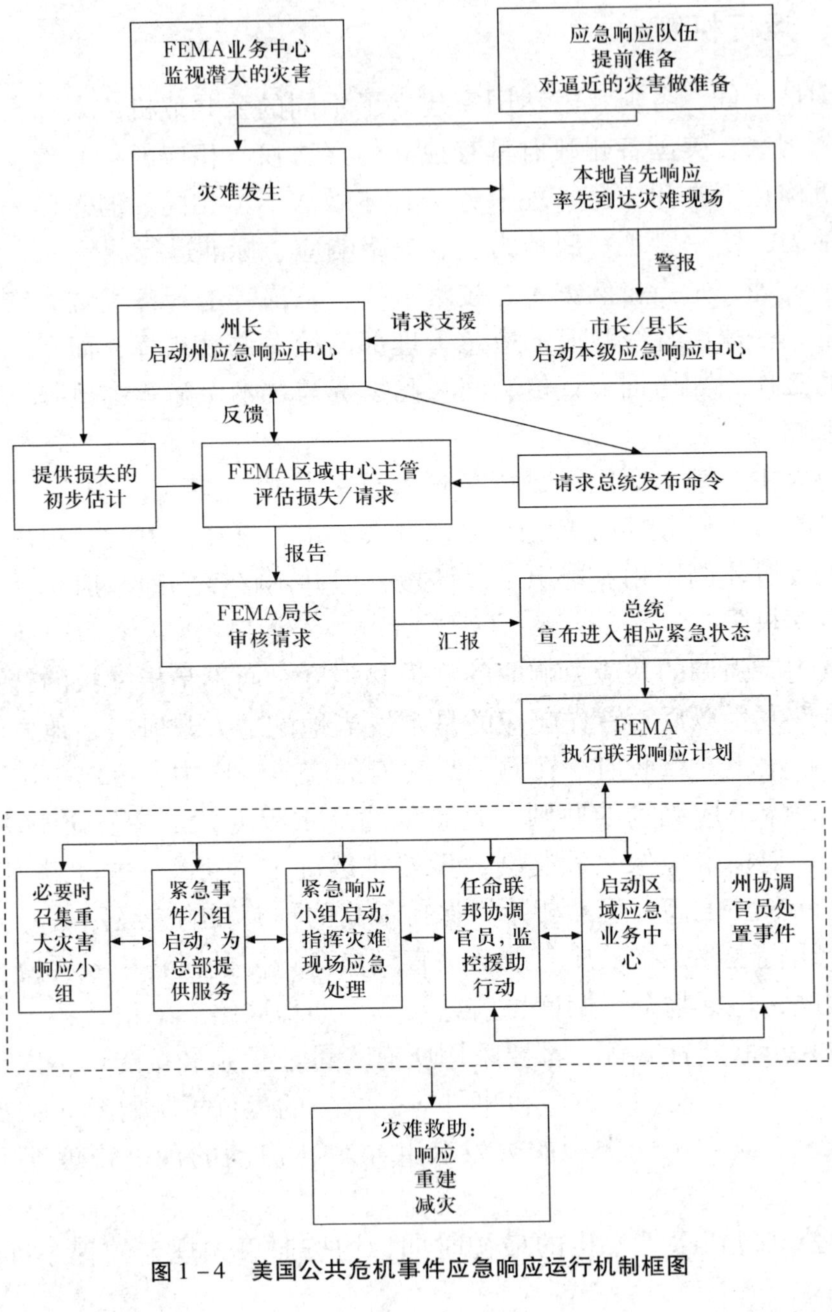


**图1-4　美国公共危机事件应急响应运行机制框图**

概括起来可分为三个阶段：①② 一是确认情报，即危机发生后，内阁官房的

① 姚国章：《日本突发公共事件应急管理体系解析》，载《电子政务》2007年第7期，第58~67页。

② 北京市政府顾问团等提供资料：《美国、加拿大、俄罗斯应急机制的简要情况》，载《世界之窗》2003年第5期，第79~83页。

有关省厅迅速在第一时间将危机的情报向设在内阁情报调查室的内阁情报集约中心报告。内阁官房根据情报内容，研究如何采取对策，并将更为详细的内容和对策方案以传真的方式，由内阁情报集约中心同时向官邸的负责人和内阁官房的干部通报。二是官邸确立对策体制，内阁危机管理总监接到关于危机的第一报告后，根据事态的程度判断是否设立官邸对策室或官邸联络室。如需要，将在官邸分馆的危机管理中心内设置以内阁危机管理总监为室长的官邸对策室。官邸对策室的任务是：把握事态的状况、收集相关情报、综合协调相关省厅的初期措施、处理特别事项以及向首相报告等。三是国家确立对策体制，如果通过官邸对策室的协调和应对，危机事态趋于平缓，可以继续维持这一级别的运作体制，直到危机消除；若危机事态逐渐扩大，则必须建立日本政府的应对体制。其运行机制具体如图 1 -5 所示。

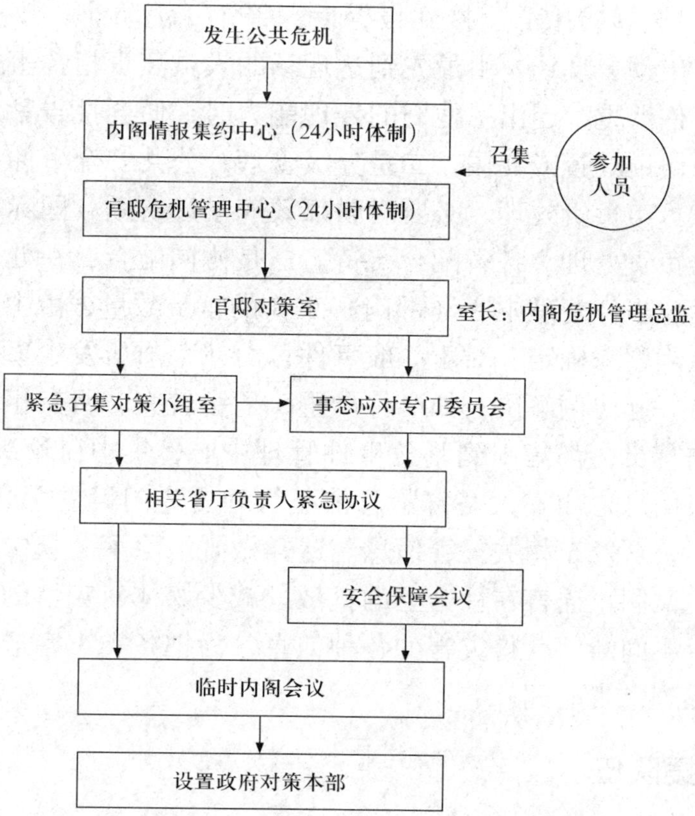


图 1 -5　日本公共危机事件应急响应运行机制框图

俄罗斯紧急情况部（EMERCOM）是俄罗斯当前首要的应急救援管理机构。其应对公共危机的运行机制主要概括为三点：一是统一接警。居民碰到任何紧急情况都可以拨打“01”这个电话。紧急情况部还建立了全俄罗斯和各地区的紧急情况监督和预测中心。二是充分准备。紧急情况部经常就应对各种灾害进行演习，并充分借鉴其他国家处理类似事件的经验，丰富各种预案。三是快速反应。紧急情况部除继续录用原民防部2.3万名民防人员外，又招募了1.6万名新的民防人员，服务人员实行合同制，大大提高了工作效率。俄罗斯联邦紧急状态预防和响应统一国家体系（UEPRSS）是俄罗斯的主要应急管理机构，是以政府总理为首的政府层级单位。作为一个组织系统，UEPRSS负责平时对灾害的预防、灾害的应急以及灾后的复原工作。

加拿大应对公共危机事件的运行机制比较顺畅，[①②] 主要可概括为以下几个方面：一是统一接警。“911”是全国统一的紧急事件接警电话，其网络覆盖全国各地，平时由警察负责管理，各地的紧急事件管理中心都与“911”接警中心相连通。当有人拨打“911”电话时，电话会自动接转到距报警位置最近的“911”接警中心。接到报警后，警车、消防车、救护车从各自的值班位置同时出动去现场，由最先到达现场的人员负责指挥事件处理。当现场指挥认为事件严重，超出了他们的处理能力时，便会报告紧急事件管理中心，请求上级协助处置或支援。二是分级管理，公共安全事件和公共秩序事件一般由各省、市负责处理，必要时联邦政府予以协助，国际事件和战争事件由联邦政府负责处理，各省配合支持。三是协同配合，在处理紧急事件过程中，进入紧急事件管理中心（部门）工作的官员数量，由中心主管根据事件危害的严重程度来确定。对于一般事件，由几个与所发生事件主要相关政府部门的官员一起协调解决；如事件严重、危害较大，所有相关政府部门负责紧急事件的官员，都集中到紧急事件管理中心，集中讨论决定如何处置。四是及时发布信息，如安大略省紧急情况管理署专门设立了联合信息中心，负责向媒体、公众发布相关灾害信息。这样做既消除了公众中产生的某些不必要的恐慌，又制止谣言在社会上的扩散，减少媒体对灾情的不实报道，公众还能及时、不间断地获得灾害的各种信息，为把各类灾害造成的损失降至最低限度争取到宝贵时间。

## 三、救援队伍

国外典型发达国家的主要应急救援力量不尽相同，但各有特色。

---

① 赴加考察团：《防震减灾法制代表团赴加拿大考察》，载《国际地震动态》2003年第4期，第23～24页。

② 顾林生、刘静坤：《澳大利亚城市灾害应急管理的新思维》，载《城市与减灾》2004年第4期，第17～20页。

由消防队伍承担社会救援任务是美国和日本的通行做法。美、日等发达国家消防队伍的职能普遍向多功能方向转化和发展，发挥“一队多用、一专多能”的骨干作用。消防队伍普遍承担了灭火、救护、防化、爆炸、交通事故以及空难救援等抢险救援任务，灭火出动平均占这些国家消防队年出动总数的10%左右，其余90%都是应急救援。

在美国，应急救援队伍的中坚力量是消防、警察和医疗部门，其中美国消防部门几乎承担了所有公共危机事件的应急救援职能，而且是处置公共危机事件的“第一出动”力量。在“9·11”恐怖事件中，美国消防部门发挥了至关重要和不可替代的作用。2004年，美国消防队紧急出动中，火灾扑救以外的紧急出动占93%，火灾扑救仅占7%。美国消防队还承担着从初级生命到高级生命的救护以及救援现场的急救任务，这对消防员自身技能素质和急救知识提出了很高的要求，消防员必须接受训练并达到紧急医疗救护初级技术水平，部分消防员还要达到护理师水平。

在日本，灾害救援任务主要由消防、警察、自卫队和医疗机构等承担，它们构成了日本现今较为严密的灾害救援体系。日本的消防机构既是负责灾害救援的主要机构，也是收集、整理、发布灾害信息的主要部门。日本各地的消防署大都设立消防救助队，主要开展火灾事故、交通事故、水难事故、自然灾害事故、机械事故、建筑倒塌事故、化学泄漏事故等各种复杂、危险灾害事故的抢险救援工作。日本政府对消防救助队员的要求非常高，消防救助队员除了参加救助活动外，平时70%的时间用于进行各种救助训练或体能训练。为了提高消防救助队员的救助水平，日本每年都举行全国性的救助技术大赛。此外，日本政府为充分发挥消防部门的综合效能，通过修改法律，将高危病人和受伤人员的医疗救急工作定为消防部门的法定任务。目前，医疗救急的出动次数已占到消防出动总数的80%以上。当前，日本消防救助队全面推行“7分钟救急体制”，即接到求助电话后，救助队7分钟内赶到现场，使市民得到更快、更好的医疗救急服务。在大规模灾害发生时，为了迅速进行情报的收集、灭火、救出、救助等活动，并确保拥有先进技术和器材装备的救助队能够有效统一地进行消防救助活动，日本消防厅专门成立了“灾害紧急消防救援队”。这支队伍由紧急指挥支援部队、后方支援部队、紧急部队、航空部队、救助部队、水上部队、灭火部队、特殊灾害部队8个专业化部队组成。目前，日本全国的灾害紧急消防救援队由1785个消防队，约26000名消防队员组成，是提供灾害救援的主力军。

俄罗斯主要是在民防部门的基础上，依靠专业救援力量。俄罗斯应急救援部队为独立警种，由紧急状态部直辖。该部队有40万人，拥有联邦层面的消防队、民防部队、搜救队、水下设施事故救援队和船只事故救援队等多支专业力量。俄罗斯紧急情况部（EMERCOM）是俄民防工作的主管部门，民防部队是俄联邦民防力量的重要组成部分。为领导民防等工作，俄紧急情况部设有民防部队参谋部。紧急情况部除继续录用原民防部2.3万名民防人员外，又招募了1.6万名新的民防人员，服务人员实行合同制，大大提高了工作效率。此外，紧急情况部下设空中机动救援中心，是专门配合救灾工作的航空部门。

加拿大组建有专门的应急救援人员队伍，属于国家公务员编制。救援人员专业划分很细，涉及消防救援、水（冰）上救援、建筑物倒塌救援、狭窄空间救援、高空救援及生化救援等。随着全社会减灾意识的增强，加拿大还建立了一支庞大的志愿者队伍，在应急事件的处理中发挥着重要的基础性作用。例如，安大略省共有525支消防队，其中69%的消防队全部由志愿者组成。根据需要，这些志愿人员随时可以进行相应的应急救援工作，而参加这项工作完全是自愿的、无偿的。从实际效果来看，这种方式既简便又有效。因为这些志愿人员分布于各个地方，一旦出现情况，距离最近的应急人员可迅速到达事故现场。①②

以志愿者为特色的广泛社会参与是澳大利亚和德国应急救援队伍建设的主要特征。在许多国家，在灾害应急响应第一线的是准军事组织、民兵组织甚至军队。但在澳大利亚，当灾害发生时，许多组织机构和民众参与抗灾行动。在每一个州或领地参与抗灾的有警察、正规消防队、急救队，更有多种形式的志愿者抗灾组织，如州应急服务中心、森林防火队、圣约翰急救队、冲浪救生俱乐部、营救服务站等。此外，还有许多人不是救灾组织成员，也会积极参与抗灾行动，而成为抗灾的临时志愿者。③ 应急响应志愿者组织有大致50万名训练有素的志愿者，占澳大利亚人口的2.5%，而警察、消防队等政府抗灾人员仅有64000人。所以，在澳大利亚，志愿者是抗灾的生力军。

## 四、联动系统

应急系统主要分为医疗急救、消防和警察三种。美、欧等发达国家或地区一般从跨部门层级的政府层面上来整合警察、消防、急救等应急基础响应部门，通过统一特服号或将统一特服号作为未来取向等途径来集中事件的第一响

① 赴加考察团：《防震减灾法制代表团赴加拿大考察》，载《国际地震动态》2003年第4期，第23~24页。

② 乐天：《有序、有力、有效——加拿大的城市应急救援》，载《现代职业安全》2006年第10期，第54~56页。

③ 君安：《世界主要国家的危机管理》，载《国家安全通讯》2002年第2期，第50~53页。

应与预警入口，不断完善应急联动系统的技术与非技术支撑体系，以保障应急中心的快速反应与有效运行，取得了良好的工程效果和社会效益。据不完全统计，这三种性质的报警只用一个特服号，即只建立基础性专门应急中心的国家或地区有75个，其中16个用“911”，27个用“112”，16个用“999”，另外16个用其他号码。① 作为警察、消防、医疗急救、公用事业等众多部门的一级统一接警平台，“911”在美洲地区国家中发挥了重大作用。例如，在美国“911”网络已覆盖全国各地。截至2008年，美国有2.2万多个“911”中心，多数设在警察局（如洛杉矶），少数是独立的政府部门（如旧金山综合应急通信中心）。当市民报警后，由接警员统一接警，根据事件内容，迅速调度警察、消防、医疗急救等相关部门进行处置或转接其他相关部门，由这些专业部门调度处置，使报警人在很短时间内就能得到快速的救援和服务。②

20世纪90年代初期，欧共体仿效美国和加拿大，建立了一个可在成员国通用的“112”应急联动系统。随着欧盟的不断扩大，该系统覆盖范围也不断拓宽，目前欧盟成员国基本上都已建成“112”应急联动系统。一些成员国力图将原来分散的警察、消防、医疗急救等系统整合，建立符合本国国情的应急联动系统，迄今已有瑞典、荷兰、葡萄牙、丹麦等7个国家建成本国的“112”一级专门应急联动中心，取得了一定的成效。③ 使用“999”号码的国家或地区大部分是原英属殖民地；使用双号的多是医疗急救、火警共用一号，警察用另一号。例如，日本和韩国，医疗急救与消防共用“119”，警察分别用“110”和“112”。俄罗斯统一接警电话为“01”，居民碰到任何紧急情况都可以拨打“01”这个电话。

## 五、法律体系

基于法律进行应急管理是发达国家在应对公共危机事件方面的成功经验。④

美国重视通过立法来界定政府机构在紧急情况下的职责和权限，先后制定了上百部专门针对公共危机事件的法律法规。从效力等级看，最上位的是

---

① 王彦学、沙贵君：《美国、欧盟应急联动系统模式及对中国的启示》，载《中国人民公安大学学报（社会科学版）》2008年第1期，第151～157页。

② 汪亚东：《借鉴美国“911”的经验改进我国的“110”建设》，载《公安研究》2001年第3期，第49～51页。

③ Fire & Rescue Department of Swedish Rescue Services Agency. Report from Workshop on Effective Handing of Emergency Calls [M]. Stockholm, 2002: 6－23.

④ 严利、叶鹏飞、赵燕：《突发事件应急法制体系的国际比较与框架设计》，载《中国管理科学》2006年第14期，第794～800页。

宪法，其次是综合性法律《国家紧急状态法》，然后是单行法。例如，美国在1950年制定了第一部与应对公共危机事件有关的法律《灾害救助和紧急援助法》,[①] 1976年美国国会通过了《全国紧急状态法》，这部法律是到目前为止影响最大的应对公共危机事件的法律。此外，为了有效应对恐怖袭击，美国早在1984年就制定了《反对国际恐怖主义法》、《有效反恐法》等，特别是"9·11"恐怖事件发生后，美国制定了大量法律加强反恐工作。于2002年11月25日颁布了《国土安全法》，该法规定设立国土安全部，并重构和加强联邦政府有关行政部门，以更有成效地应对恐怖主义威胁。

日本没有专门的紧急状态法，现有应对公共危机的法律都是以宪法和内阁法等为基础的，目前有关危机管理的法律法规共有227部。[②] 例如，《警察法》、《自卫队法》规定了处理政治性紧急状态的法律规范；《灾难救助法》规定了各级政府制订突发性灾难的救助计划，建立救助组织以及做好危机应对的劳务、物资、设备、资金的预备工作。1961年7月，日本制定实施了《灾难对策基本法》，针对以往防灾体制在根本上的不完备，从立法上进行了修正。该法首次将各种灾害对策加以体系化，规范了紧急状态中防灾组织、防灾计划、应对灾难危机的治理方法、技术、方案、基本对策等，并推进应急计划的实施。此外，《地震防灾对策特别措施法》等一系列法律法规，都有涉及对公民权利的保护的相关内容。

苏联解体后，俄罗斯联邦颁布了一系列相关法律，不断完善公共安全管理的法律体系。[③] 目前，俄罗斯以宪法和紧急状态法为基础，制定了100余部配套联邦法律、法规和大量总统令、政府令。其应对紧急状态的法律有《俄罗斯联邦紧急状态法》、《俄罗斯联邦战时状态法》、《俄罗斯联邦反恐怖活动法》等。俄罗斯的《紧急状态法》启动以后，即成为"小宪法"，在其统领下又有很多具体的部门法规范。

德国现行的紧急状态制度是根据1968年6月颁布的《紧急状态宪法》，并据此先后制定了一系列单行法。例如，《公民保护法》是德国政府应对各类公共危机事件的一部重要法律，指导国家各部门在出现对公民生命财产造成威胁的公共危机事件时采取各类相关措施，为公民提供各种保护和保障。

美、日、俄、德公共危机立法的详细情况见表1-1。

---

① 应松年：《突发公共事件应急处理法律制度研究》，国家行政学院出版社2004年版，第143页。

② 丛梅：《加强中国应急管理体系的法制建设》，载《理论与现代化》2009年第5期，第119～122页。

③ 倪芬：《俄罗斯政府危机管理机制的经验与启示》，载《行政论坛》2004年第11期，第89～90页。

表 1－1　世界主要国家公共危机立法情况一览表①

| 法律<br>国家 | 基本法 | 自然灾害 | 事故灾难 | 公共卫生 | 社会安全 |
|---|---|---|---|---|---|
| 美国 | 《紧急状态管理法》 | 《灾害救济法》<br>《国家地震灾害减轻法》<br>《防洪法》<br>《国家洪灾保险法》<br>《灾害救助和紧急援助法》 | 《航空运输安全法》<br>《国际经济紧急权利法》<br>《化学品安全信息、场所安全和燃料管理救济法》<br>《空中运输安全和体系动员法》<br>《国家建筑物安全协作法》<br>《安全爆炸物法》<br>《海洋运输安全法》 | 《美国检疫法》<br>《美国防备生物恐怖及突发性公共卫生事件法案》<br>《突发事件州卫生权力法案范本》<br>《公共卫生安全和生物恐怖威胁防止和应急法》<br>《天花应急处理人员防护法》 | 《移民与归化法》<br>《反对国际恐怖主义法》<br>《法律实施通信援助法》<br>《有效反恐法》<br>《使用军事力量授权法》<br>《国土安全法》<br>《爱国者法》<br>《提高边境安全和完善入境签证法》<br>《恐怖主义风险保险法》 |
| 日本 | | 《灾害对策基本法（1961）》<br>《大规模地震特别对策法》<br>《大城市震灾对策推进纲要》<br>《地震财产特别法》<br>《地震防灾对策特别措施法》<br>《建筑物抗震改进促进相关法》<br>《活火山对策特别措施法》<br>《河流法》<br>《海岸法》<br>《森林法》<br>《滑坡防止法》<br>《治山、治水紧急措施法》<br>《大雪地带对策特别措施法》<br>崩塌等灾害防止相关法律 | 《应急法》<br>《灾害救助法》<br>《自卫队法》<br>《警察法》<br>《消防法》<br>《水防法》<br>推进密集街区防灾街区建设的相关法律 | 《传染病预防法》<br>《传染病控制法》<br>《家畜传染病预防法》<br>《食品卫生法》<br>《植物防疫法》<br>《牛海绵状脑症对策特别措施法》<br>《关于食鸟处理事业规定及食鸟的法律》<br>《传染病预防及传染病患者医疗法》 | 《警察法》<br>《自卫队法》 |

① 严利、叶鹏飞、赵燕：《突发事件应急法制体系的国际比较与框架设计》，载《中国管理科学》2006 年第 14 期，第 794～800 页。

（续表）

| 法律 / 国家 | 基本法 | 自然灾害 | 事故灾难 | 公共卫生 | 社会安全 |
| --- | --- | --- | --- | --- | --- |
| 俄罗斯 | 《紧急状态法律制度法》 | 《俄罗斯民防、紧急情况和消除自然灾害后果部工作条例》<br>《俄政府关于建立国家预防和消除紧急情况的统一国家体系条例》<br>《环境保护法》<br>《防火安全法》<br>《环境影响评价法》 | 《紧急救援服务与救援人员权利法》<br>《从业人员安全保障法》<br>《工业危险生产安全法》<br>《建筑标准法》<br>《保险发展法》<br>《工业危险生产安全法》 | 《公民公共卫生和流行病医疗保护法案》<br>《俄联邦公民医疗保险法应急保护法案》<br>《联邦公民卫生流行病防疫法》 | 《民防法》<br>《国家储备发展法案》 |
| 德国 | | 《灾难救助法》<br>《黑森州消防法》<br>《巴伐利亚州灾难防护法》 | 《交通保障法》<br>《铁路保障法》 | 《食品保障法》<br>《黑森州救护法》 | 《民事保护法》<br>《黑森州公共秩序和安全法》 |

## 六、预案体系

典型发达国家针对公共危机事件，在立法的基础上，制订了完备的应对计划。例如，美国《国家应急预案（NRF）》是针对各种紧急情况作出应急反应的行动指南，专为政府执行部门、私营机构、非政府组织领导人和从事应急管理的实际工作人员制定。该预案突出"未雨绸缪，防患未然"的理念，把应急管理划分为四个阶段，即缓解、准备、响应、恢复。美国政府既有总体上的联邦应急计划（Federal Response Plan，FRP），也有具体针对特殊性质危机的应对国内恐怖主义的运作纲要（Interagency Domestic Terrorism Concept of Operations Plan，CONPLAN）。[①] 此外，针对不同产业和部门面临的突发公共事件，美国有着不同的应急计划，如联邦生化应急响应计划（FRERP）、[②] 国家油类和危险品污染应对计划（NOHSPCP）等，各部门的分工协作也有所不同。[③] 其中作为基本法的联邦应急计划（FRP）具体阐述了突发公共事件应对中的政策、计划设计的前提、运作纲要、应对和恢复行动，以及27个联邦政府部门及机构各自的职责，总体上就是在总统宣布面对大的灾难或公共危机事件后整个联邦政府运作的执行纲要，去协同各部门实现高效、及时、连续的危机应对。[④]

日本制订有各种突发公共事件应对计划，是执行各项应急管理工作的基本依据，包括"灾害应对基本计划"、"灾害应对业务计划"、"地区灾害应对计划"以及"指定地区灾害应对计划"四种类型。[⑤]

加拿大各级政府从实际出发，针对本地区可能发生的各种灾害，都制订了本地区紧急事件应急方案和实施计划，为处置紧急事件做了较充分的准备。政府部门、企事业单位及居民都能按照法律、法规所规定的权利和义务规范自己的行为。

澳大利亚应急管理中心（Emergency Management Australia，EMA）组织了一批学者专家和有经验的灾害管理者编写了澳大利亚应急管理系列手册。早在1989年，就出版了一套应急技术参考手册。随后又不断地充实、修订

---

① United States Government Interagency Domestic Terrorism Concept of Operations Plan. January 2001.

② Federal Radiological Emergency Response Plan. Familiarization Workshop：7－9.

③ 薛澜、钟开斌、张强：《美国危机管理体系的结构》，载《世界经济与政治论坛》2003年第5期，第69～72页。

④ 江风：《美国危机管理体系探析》，载《中国减灾》2003年第3期，第49～51页。

⑤ 刘艳：《试析日本危机管理机制及其对中国的启示》，载《中国人民公安大学学报》2004年第1期，第122～125页。

和扩展系列手册的内容。截至2005年，EMA已编写发行36部技术手册和指南，正在编写8部技术手册和指南，计划编写新的手册2部。[①]

德国从联邦到各州、各级机构和企业都编制了公共危机事件应急预案。在联邦层面，2002年12月通过的《民事保护新战略》明确规定由联邦和各州共同承担消除严重危险的责任。各州结合本地实际，制定了灾难救助预案，并针对具体事件制定了专项应急预案。企业结合自身特点制定了预防火灾、恶性事故等方面的应急预案。大型活动以及高校、商场、影剧院等公共场所也都有各自应对公共危机事件的预案，从而形成了覆盖面广、数量大的应急预案体系。仅柏林市就制定了130多个各类应急预案。

法国从1947年开始重视预案的制定。1952年的较大自然灾害之后，法国通过了一项法案，由省长（市长）要求有潜在危险的工厂、企业拿出预防措施的方案，重要的单位由消防救援中心制定预案，交州长备案，法案明确规定省长（市长）和企业主是消防安全的第一责任人。

## 七、应急物资的保障

应急救援物资保障充分、到位及时是公共危机事件应急救援成功与否的关键。

美国为保证应急物资到位及时，对社会组织参与防灾救灾采取鼓励和支持的政策，充分发挥社会组织的作用，专门设置与社会组织联系沟通的渠道、部门或官员，通过签订互助协议或合同等形式，与社会组织建立合作互助关系，明确双方在应急管理中的责任和义务，使社会组织在应急反应时提供人力、物力、智力支持。

日本为了加强政府之间的相互救援，畅通应急物资保障渠道，相邻地方之间往往签订有相互救援和合作的协定，一旦发生灾难，附近的地方政府都会予以援助，如提供救援车辆、船只、接受伤员等帮助。日本政府将各种应急保障职责落实到具体部门。发生灾害时，地方政府重点落实现场救援、疏散工具、避难场所和基本生活必需品供给方案，市町村行政首长可以征用公用、民用物资、设备、土地、建筑，可以向相邻地区、上一级政府提出请求援助要求。都道府县行政首长可以动员地方行政机关、公共机关采取应急措施，依法向防卫厅请求自卫队支援，发布人员物资设施动员命令。

英国也十分重视防灾救灾中的相互沟通，加强部门间合作。例如，参与

---

① 郭跃：《澳大利亚灾害管理的特征及其启示》，载《重庆师范大学学报（自然科学版）》2005年第4期，第54~57页。

应急管理各部门，包括警署、交警、消防队、急救中心等部门都有独立的电台通信系统，通过国家频道计划规定以“69”和“70”电台频道为现场指挥官之间互相联络沟通的频道，通过无线寻呼、移动通信等设备为各个应急部门之间提供信息沟通渠道。

## 八、应急教育与培训

重视应急救援人员的培养和应急宣传教育是各国普遍的经验。日本政府对消防救助队员的要求非常高，消防救助队员除了参加救助活动外，平时70%的时间用于进行各种救助训练或体能训练。为了提高消防救助队员的救助水平，日本每年都举行全国性的救助技术大赛。同时，建立了针对不同人群的志愿者组织，向民众普及应急教育。政府还特地将每年的9月1日设为“防灾日”，这一天全国各地方政府、居民区、学校和企业都要举行各种防灾演习，在“学以致用”的同时时刻保持防灾意识。①

美国政府非常重视消防教育训练，全国各大中小城市均设有消防训练中心，内部设备完善，有高楼救生训练场所、烟雾试验室、水中救溺训练池等模拟救灾实际情景的训练场所，不仅对消防队员进行训练，还向学校和市民开放。美国提出建立“防灾型”社区，由社区普通民众组成“社区应急反应队”，每周开展一次应急救灾教育，内容包括事前预备、灭火、医疗救护、轻度搜索和营救行动等，也会定期模拟灾难演习。②

俄罗斯的消防教育也比较全面到位，消防教育培训分三个层次进行，莫斯科消防学院和圣彼得堡消防学院主要培养高级消防管理干部，列宁格勒消防工程学院主要培养高级消防技术人员，其他的消防技术学院、学校主要是培养中、初级消防干部。俄罗斯还在普通中学和大学里开设消防专业课程。此外，对消防职业教育也很重视，近几年开办了学制为三年的消防函授教育，吸收在职的男女消防工作者，以提高他们的业务水平。

加拿大各类专业救援人员除实际救援训练外，必须学习相关的理论课程并通过考试。每类救援人员的资格都有严格的规定，如生化救援人员要同时获取水（冰）上救援、狭窄空间救援、高空救援及生化救援四种资格证书，而且每年训练时间要在150小时以上。

---

① 陈华、汪洋：《美国、日本的突发事件应急管理》，载《产权导刊》2009年第8期，第74～76页。

② 金菊：《美日两国突发事件应急管理的基本做法与经验借鉴》，载《经济研究导刊》2009年第20期，第203～204页。

## 九、应急救援力量体系建设的特点

1. 以行政首脑为核心的、常设的应急救援组织管理机构。国外主要发达国家都建立了以行政首脑为核心的、常设的应急救援组织管理机构。例如，美国的国土安全会议、日本的中央防灾会议、俄罗斯的联邦安全会议、澳大利亚的国家危机管理协调中心等。这些常设机构作为国外主要发达国家公共危机应急救援组织管理的最高领导机构，在跨部门的综合性决策和指挥方面发挥了重要作用。

2. 主体分明的综合应急救援队伍体系。国外主要发达国家政府基本都实现了应急力量的整合，已从过去侧重于由单一部门应对单一灾种的做法转变为规格更高、主体更为明确、力量更强的综合应急队伍体系。例如，由消防队伍承担社会救援任务是美国和日本的通行做法；俄罗斯则主要是在民防部门的基础上，依靠专业应急救援力量；加拿大组建了属于国家公务员编制的专门应急救援队伍；澳大利亚和德国的应急救援则是以志愿者的广泛参与为特色。

3. 统一特服号码基础上的高效应急联动系统。国外主要发达国家将本国的医疗救助、消防和警察三种应急基础相应部门进行充分的整合，建立了统一的报警特服号码，如美国和加拿大使用“911”，欧盟成员国使用“112”，英国及其原殖民地大都使用“999”，日本和韩国使用“119”，俄罗斯使用“01”等。全国各地遇到任何情况，都可以拨打统一的特服号码，这既简化了报警程序，保障了应急中心的快速反应与有效运行，同时也极大地提高了社会效益，保障了公众的权益。

4. 完备的法律体系。世界主要发达国家有的制定了专门的紧急状态法，对各种紧急状态下的政府行政紧急权力作了统一规定，如美国、俄罗斯、加拿大、法国、土耳其等；有的在宪法和其他单行法中规定了紧急状态制度，来确立政府在紧急状态时期的基本法律权限并赋予其应急管理的所有职能，如印度、委内瑞拉、德国、日本等。总的来说，发达国家大都具有完善的公共危机事件应急法制体系，这类法律体系一般都有一个基本法，据此对与应急有关的一些重大事项做出明确而具体的规定。

5. 广泛的社会参与。培育全社会防范和应对公共危机的能力已成为一项重要的任务。因为很多公共危机事件很难预测什么时候、在哪里出现，所以仅仅依靠政府的应急力量是不够的，而必须动员全社会力量，并且还要让社会公众有很强的能力去应对。这一点，在加拿大、澳大利亚、德国等发达国家尤为突出，在大洋洲，志愿者已经成为应急救援的生力军。

6. 重视应急救援人员培训和公众的应急宣传教育。重视应急救援人员的培训和对公众的应急宣传教育是各国普遍的做法。在新形势下，应急的难度越来越大，技术要求越来越高，日本、美国、俄罗斯、加拿大、澳大利亚等国都极为重视应急理论和技术的研究，在应急救援人员的培训方面都形成了比较成熟的体系。同时，各国也都非常注重对公众的应急宣传和教育，日本、美国、俄罗斯等国家除了在学校设置应急救援基础课程之外，还通过发放宣传资料、开设展馆、举办民众演习等方式，使公共危机应急基础知识做到家喻户晓，以提高民众的基本素质。

7. 应急保障制度较为健全。国外在建立物资储备库的基础上，更加重视应急保障制度的建立与完善。为了畅通应急物资保障通道，政府层面制定了各种支持政策，相邻地方之间签订互相救援协定，并注重畅通通信渠道，以保障信息交流和物资调度。

## 第三节　国内外公共危机应急救援力量体系建设的启示

借鉴我国港、澳、台地区和世界主要国家经验，对比我国公共危机应急救援力量体系建设现状，建议从以下几个方面加以改进：

### 一、建立以国务院总理为核心的常设应急救援组织管理机构，有利于加强对应急救援工作的统一管理

借鉴国外（地区）经验，建议成立以国务院总理为核心的常设应急救援组织管理机构，作为国家应对公共危机的最高领导机构和中央一级的指挥协调平台，整合分散在各部门的应急资源，统一配置，做好应急工作的常态管理。一旦危机爆发，立即转为国家应对公共危机的具体指挥与协调机构。

### 二、推行以公安消防部队为骨干的基层综合应急救援队伍建设，有利于更好地推动应急救援力量体系建设

借鉴我国港、澳、台地区和发达国家的成功经验与做法，充分整合应急救援力量，将消防部队等现役体制的应急救援队伍职业化，建立以公安消防部队为骨干的、专业化程度较高的、职业化的基层综合应急救援队伍体系。

### 三、建立高效的应急联动系统，有利于提高应急救援队伍的协同作战能力

借鉴国外（地区）先进经验，充分整合消防、警察和医疗等应急基础资

源，统一国内报警特服电话，并在此基础上建立高效的应急联动系统。

## 四、完善应急救援法律体系，有利于更好地保障应急救援工作全面、健康、快速发展

在现有法律体系的基础上，制定应急救援的基本法，逐步完善《突发事件应对法》中的相关规定。在一些重要领域制定新法，填补立法空白。例如，制定《灾害救助法》，完善灾害救助机制；制定《灾害补偿法》，保障公民合法权益；制定《灾害保险法》，提高灾害救助水平，等等。同时，规范、清理现有的应急法律法规，包括修改法律、进行法律解释、废止某些法律或条文等，从而消除立法矛盾和冲突，克服应急法律法规之间缺乏协调的弊端，破除部门利益和地方利益的局限性，实现应急法律体系的规范统一。

## 五、完善应急资源保障制度，有利于提高应急救援效率

借鉴国外（地区）经验，制定相关政策或与物资储备库签订协议，为充分利用有限物资，发挥物资储备的最大效能提供政策支持。科学制定物资储备规划，对于数量不足或不易长期保存的物资，建立紧急采购程序。畅通信息交流和物资调用渠道，确保应急物资及时准确送达。

## 六、加强应急培训及宣传教育，有利于提高全社会对应急救援工作的理解和支持

着力提升应急救援队伍的综合实战能力，开展有针对性的应急救援业务训练和理论知识培训，掌握各类事件的处置程序，熟悉各类救援器材的操作使用。加强应急知识的宣传教育，建议在中小学开设应急救援基础课程，建立专门的应急救援展览馆，普及危机应对的基本常识，建立公众定期演习机制，扩大全民参与，壮大应急救援力量，努力争取全社会对应急救援工作的充分理解与自觉支持。

## 七、积极动员社会力量参与应急救援工作，有利于完善应急救援力量体系

社会力量是应急救援力量的重要组成部分。要通过多种渠道，努力提高基层应急救援队伍的社会化程度，充分发挥街道、乡镇等基层组织和企事业单位的作用，建立群防群治队伍体系。鼓励现有各类志愿者组织在工作范围内充实和加强应急志愿服务内容，为社会各界参与应急志愿服务提供渠道和保障。地方政府应根据实际情况对志愿者队伍建设给予适当支持。有关专业

应急管理部门要发挥各自优势，把具有相关专业知识和技能的志愿者纳入应急救援队伍。注重发挥共青团和红十字会的作用，建立青年志愿者和红十字志愿者应急救援队伍，开展辅助救援工作。①

① 李佳忆：《我国非常规突发事件志愿者组织研究》，燕山大学，硕士论文，2009年。

# 第二章 公共危机应急救援力量法律体系建设

## 第一节 公共危机应急救援力量法律体系建设的主要问题

近年来，国家高度重视公共安全事件应急法律建设，取得了显著的成绩。以《突发事件应对法》的颁布实施为标志，目前，国家已有应对各种自然灾害、事故灾难、公共卫生事件和社会安全事件的专门和相关的法律、法规及部门规章200多部，国家还出台了一系列的工作意见和指导文件，这些都为应急管理工作的全面开展提供了政策根据和法律依据，为各类公共危机的应急处置和抢险救援提供了强有力的法律支持，为构建应急管理和救援体系提供了法治保障。但是，从整体上来看，法律法规体系尚不健全和完善。我国危机管理的法制建设显得相对滞后，使得在应对现代出现的高频率、多领域的紧急事件时，往往显得力不从心。政府处理危机的法律法规体系有待进一步完善。①

### 一、公共危机应急救援法律体系有待完善

我国的公共危机应急法制虽然没有明显地应用“应急法”这一名称，但针对出现的各种类型的灾害性公共危机事件也制定了相应的法律规范。这些法制为应对各种公共危机事件提供了重要的保障，发挥了重要的作用。但总体而言，我国的危机管理和救援法律体系是不完备的，在保障公民权利方面还不完善，存在相当的制度短缺。具体而言，我国公共危机应急管理和救援在立法、执法、法律监督和责任追究等方面存在以下问题和不足：

① 刘宇、汲君：《我国政府公共危机治理的困境及其化解》，载《行政管理》2010年第2期，第35页。

（一）现行宪法缺乏对紧急状态制度的明确规定，宪法依据不足、不充分

我国于 2004 年 3 月 14 日通过了《宪法》（第四修正案），就紧急状态的决定和宣布机关作出了规定。但是，宪法对紧急状态下政府的紧急权力行使、公民权利的保护等问题均未涉及，也缺乏适用于各类公共危机事件引起的紧急状态的统一规定。同时，紧急状态的内涵也不清楚，究竟什么是紧急状态，人们认识不一。显然公共危机立法的宪法依据是不充分的。

（二）从立法角度看，存在立法缺失，缺乏公共危机管理和救援基本法律的统一规范，没有统一的“紧急状态法”

我国政府应急管理法制建设的最大问题是没有一部能够统一规定在所有紧急状态下政府行为的职责和权力的“紧急状态法”，对由各种紧急状态所带来的共性问题缺乏统一规定。具体而言，主要存在以下几方面问题：

1. 缺乏一个全国统一的有较高权威的预防、调控和处置各类危机的基本法规范，法制缺乏统一性和权威性，也缺乏较强的适应性。由于没有公共危机事件应急处理的基本法律，从而导致了政府在处理不同危机事件时所依据的法律规范有所差异，政府所能采取的紧急应急措施也不尽一致。

2. 从整个法律体系来讲，我国迄今为止还缺少公共危机事件应急处理和救援的基本法律作为“龙头”，没有关于紧急状态的专门立法，不能为其他法律法规的制定和实施提供支持。现有的法律法规缺乏对公共危机共同规律的总结，不具有普遍的指导性。从法律体系的内部结构上说，我国的公共危机管理立法体系比较散乱，不够统一，可操作性不强。我国的国家应急法制是由基本法和单项法组成的有机体系，各种法律有其特定的功能。国家应急法制只有在基本法和单项法的基础上才能发挥作用，可操作性受到很大限制。① 同时，我国仅仅针对不同类型的公共危机事件分别立法，难免造成立法冲突和矛盾较多，下位立法容易出现“恶法”现象，并且难免出现法律规范之间的冲突。

3. 现行的相关应急法律制度比较分散，并且我国的紧急状态处理多是单行立法，如《防洪法》、《传染病防治法》等。每一部单行的法律只能适用于一种紧急状态，涉及对公民权利的限制与保护不统一。一旦紧急状态的原因复杂或新的灾种出现，或复合危机并发，就很难有一个统一的紧急状态下的指挥机制，对于政府可以采取的紧急措施的范围和具体的行政程序也是规

---

① 明燕飞、钟昭华：《委托代理视角下地方政府公共危机预警失灵研究》，载《求索》2009 年第 8 期，第 31～34 页。

定不足，公民权利也难以在国家的紧急状态下得到充分保障，因而也不利于保护公民的基本权利。

（三）应急救援的法律之间冲突现象亟待清理

在缺乏紧急状态基本法的情况下，应对公共危机事件的规范多为行政法规或者规章，相互冲突者甚多，也导致在公共危机事件应对中容易造成混乱。即使在《突发事件应对法》公布之后，这种情况依然存在。[①] 我国立法模式具有严重的部门色彩和排他性，各部门容易从自己单位、部门的角度出发，部门立法过程大量隐含各部门利益、权力扩张、责任规避等问题。中央一级的立法以行政法规和部门规章居多，这虽然保证了公共危机事件由行政机构应急处理的特点，但由于缺少上位基本法的控制，致使法律之间的冲突现象层出不穷，甚至出现了法律效力层次不一、责任机构各自为政的现象。现行的消防、防汛、地震、公共卫生事件等各专业性的法律法规，是各个部门按职权制定的，各管危机救援的一面，囿于科学论证不够，造成救灾队伍繁多，无法形成合力，遇到综合性的、较复杂的安全问题就更无所适从、程序紊乱。

另外，我国在制定统一的“紧急状态法”或“应急管理法”或“应急救援法”的时候，需要对现有法律中的一些重要概念如“突发事件”、“紧急状态”、“危机管理”、“应急管理”、“应急救援”等作出解释，这也是重要的清理工作。

（四）许多应急救援的法律内容过于抽象、原则，可操作性不强

许多立法在内容上较为原则、抽象，缺乏具体的实施细则、办法相配合，尤其是紧急行政程序法律规范严重不足，致使可操作性不强。

（五）一些领域的应急管理和救援法律规范仍不健全和完善，有些公共危机事件的应急制度还缺少法律规定

目前我国公共危机管理方面的单行法律规范主要集中在事故类公共危机和灾害类公共危机方面，但其他领域则鲜有涉及。针对公共安全事件虽然制定了许多相关应急法，但总体上很不均衡、不完善。有学者建议，在灾害领域比较可行的立法思路应当是分门别类，就不同的灾种单独立法，并在遵循相同或相似的立法原则基础上，建立部门灾害立法体系。[②] 一方面，与公共危机事件应急制度比较健全的其他国家相比，中国的应急制度还不够完善，

---

① 李洁：《我国公共危机处置法治化略论》，载《法学杂志》2009 年第 3 期，第 64 页。

② 郝永梅、孙斌、章昌顺、黄勇：《公共安全应急管理指南》，气象出版社 2010 年版，第 83 ~ 84 页。

还有一些亟须建立但尚未通过法律、法规、规章甚至规范性文件建立的应急制度，如重大计算机系统故障、外来生物入侵、价格干预等方面公共危机事件的应急制度。另一方面，在已经确立的公共危机事件应急制度中，有的是由部门规章或者规范性文件确立的，其规范性不强、效力不高，给及时有效地应对公共危机事件带来了困难，不利于有关部门之间的协调与配合。[①]

（六）危机管理和救援立法内容缺乏紧急情况下的特殊行政程序规范

我国目前危机管理和救援立法重视对政府实体应对权力的配置，缺乏如何正当行使这些权力的程序性规定。虽然近几年加大了相关的立法力度，但多数相关立法在内容上仍表现为过于原则、抽象，缺乏具体的实施细则、办法相配合，尤其是缺乏必要的行政程序法律规范。

（七）社会组织、非营利组织、志愿者参与公共危机管理和救援的法律体系尚待规范

目前的法律条文中没有对公众参与危机管理的职责、范围、途径等方面的相关规定，从而导致社会力量参与危机管理的愿望无法通过正规的途径和方式得以实现。在公共危机事件的应对工作中，行政主导色彩较浓，不重视社团组织和志愿者等社会力量的参与。

（八）缺乏公共危机应急救援状态下对公民合法权利的保护及其救济的专门法律和规定

我国宪法和法律对紧急状态下政府可以采取的紧急措施规定得不够明确，没有对政府权力作出明确的限制，相应地对公民的基本权利也没有作出明确保障，更没有对紧急状态下政府权力与公民权利作出明确的法律关系界定。公民的权利保障模式存在严重不足，危机管理的权利救济机制不完善，缺乏相应的司法救济途径。我国的公民权利模式倾向于相对保障模式，我国还不存在司法机关的违宪审查制度，宪法本身也不被认为具有直接的司法适用效力，一般不存在由普通法院通过具体案件的审理来解释各种宪法权利的可能，公民权利受侵害在实践中较难获得司法救助。这样造成了公民权利很容易在紧急状态时期遭受各方面的侵害而无法获得法律上的有效救济。[②]

（九）公共应急救援法制的实施环境有待改善，已有的应急救援的法律规范执行不到位

从法律实施角度看，公共危机管理法律的实施效果有待提高。从实践效

---

① 曹康泰：《为确立紧急状态制度提供宪法依据》，载《中国人大》2004 年第 10 期，第 11 页。

② 陶建钟：《公共危机的依法管理及其法制完善——危机状态下权力与权利的平衡》，载《行政论坛》2007 年第 1 期，第 56 页。

果来看，公共应急管理和救援法制的社会基础条件，如公共应急法制的公众知晓度、认同度、适应度和配合度以及社会心理状况等，亟待进一步改善和落实。在现有的公共危机法律规范执行方面，仍有很多不规范、不到位现象，主要表现为有法不依、执法不严、违法不究（行政不作为）、难获救济、玩忽职守等。另外，我国缺乏统一的处理公共危机事件的应急机构也是造成应急法律规范执行不到位的一个重要原因。

（十）对紧急情况下行政越权和滥用权力的监督机制不健全

由于是应对危机状态的法律，所以公共应急法制和常规立法相比，具有权力优先性、紧急处置性和程序特殊性，这就赋予了应急管理的主体——各级政府过大的权力。这样，一方面很容易为政府随意扩大行政紧急权力留下法律上的漏洞；另一方面危机管理的权利救济机制不完善，对公民的权利保障没有底线，很容易造成公民权利在紧急状态时期遭受各方面的侵害而无法获得法律上的有效救济。① 为了规范行政强制的设定和实施，保障和监督行政机关依法履行职责，维护公共利益和社会秩序，保护公民、法人和其他组织的合法权益，2011 年 6 月 30 日通过、2012 年 1 月 1 日实施的《行政强制法》规定："发生或者即将发生自然灾害、事故灾难、公共卫生事件或者社会安全事件等公共危机事件，行政机关采取应急措施或者临时措施，依照有关法律、行政法规的规定执行。"此条规定了行政机关依照有关法律法规行使行政紧急强制权力，但该法并没有明确规定对行政机关的行政强制权力进行限制和监督。

（十一）公共危机救援法律责任不明确

法律责任包括民事责任、行政责任和刑事责任三大类型，另外还有党的纪律责任，在军队内部还有军纪责任。公共危机管理中，相关失职领导人员的行政责任追究、因违法行政导致的行政侵权责任的承担、行政相对人行政违法责任的追究、行政补偿责任的落实等，是研究公共危机管理法制化问题不可或缺的内容，为此亟待建构一个兼容行政违法责任、行政侵权责任、行政违约责任、行政赔偿责任、行政补偿责任的理论体系，以此推动行政责任立法，建立有效的责任监督机制，确保行政活动法治化、规范化。②

总的来说，我国应急管理和救援法制缺位，现有法律法规对公共危机应急管理和救援及其力量的规律和运行等总结不足。我国虽然也制定和颁布了

① 傅思明：《突发事件应对法与政府应急管理》，知识产权出版社 2008 年版，第 39 页。

② 蔡金荣、黄麟：《公共危机治理中的行政法机制》，载《湖北警官学院学报》2008 年第 6 期，第 82 页。

各种单一的应对公共危机事件并对公共危机进行应急管理和救援的法律法规，但是缺乏统一的公共危机应急管理和救援的法律体系，况且这些法律本身具有很强的部门特征，难以整体协调，其核心问题在于我国缺乏一部关于紧急状态与行政紧急处置的法律。应急管理和救援只有纳入法制化轨道才能有效运作。

## 二、公共危机应急救援法律主体及关系有待明确

### （一）公共危机应急救援法律主体尚需明确

公共危机应急管理和救援行为大部分属于政府行使行政紧急权的行为。在公共危机应急管理和救援过程中，公共危机应急管理和救援的行为可以分为管理行为、组织行为、指挥行为、运行行为、救援行为、保障行为等。相应地，管理和救援行为的法律主体可以分为管理主体、组织主体、指挥主体、运行主体、救援力量主体、保障主体等。这些应急管理和救援主体有：国家、政府、政府部门、政府应急办、政府工作人员、公司、企事业单位、救援队伍（包括消防队伍和其他救援队伍）、其他社会团体和组织、公民个人和国际组织及其工作人员、外国公民、无国籍和多国籍人。因为我国公共危机应急管理和救援法律不健全、不完善，所有的应急管理和救援相关法律都没有明确或者没有完全明确上述公共危机应急管理和救援法律主体。

我国公共危机应急救援力量缺乏一个统一的、独立的、高效的综合协调部门或者管理机构，必须用法制化的方式明确机构的性质、组成、职能、权限、运转流程和经费保障以及相关法律责任等。除了明确的综合协调部门或者管理机构以外，其他法律主体的性质、地位、组成、职责、任务、权利、义务、管理、指挥、运行、联动、保障、责任等也都需要以法律的形式予以明确。

### （二）公共危机应急救援法律主体的法定职权和职责尚需明确

由于公共危机应急管理和救援法律主体都没有明确或者没有完全明确，所以其法定职权和职责也就不明确。虽然《突发事件应对法》和其他有关的应急管理和救援法律、法规、规章等也规定了某些应急管理和救援法律主体的法定职权、职责和任务以及其应承担的法律责任，但这种规定主要指向行政管理方的职权，如政府、政府各部门享有的各种应急权，包括应急管理权、指挥权、强制权等，又如各种应急救援队伍的职权和任务。但是，公共危机应急管理和救援法律主体种类较多，在应急管理和救援中享有大大小小的权力、权利和义务，有时行政主体成了行政相对人，有时行政相对人成了

行政管理者，管理和救援法律主体的角色或者地位、权力、权利和义务相互转换，具有非常的复杂性。除了行政法上的行政法律关系、行政法律主体及其职责外，在危机应急管理和救援中还存在大量的民事法律关系，即平等法律主体之间的权利和义务关系，这种法律关系主要存在于救援过程中。此外，在危机应急管理和救援期间，还可能会发生一定的刑事犯罪行为，这种行为产生了刑事法律关系，在公共危机应急管理过程和危机救援过程中都存在。以《突发事件应对法》为代表的应急管理和救援的法律主要规定的还是政府、政府相关各部门和应急救援队伍的法定职权和职责，而其他管理和救援主体的职责、权利、义务等并不明确。总之，我国没有对公共危机应急救援力量的法定职权和职责制定统一的法律规定，没有制定权责明晰的公共危机应急救援的快速反应机制，各种救援力量归属不同的部门，部门相互独立且服从不同的领导人员，各自为政，政府间、不同职能部门间的应急救援职能未能从立法的角度加以明确。

（三）公共危机应急救援法律主体间的关系尚需明确

应急管理和救援法律主体的关系体现在以下方面：国家、政府、政府职能部门、政府应急办、政府工作人员、公司、企事业单位、救援队伍（包括消防队伍和其他救援队伍）、其他社会团体和组织、公民个人和国际组织及其工作人员、外国公民、无国籍和多国籍人之间相互的行政、民事、经济、刑事和国际法律关系。就政府、政府各部门的管理行为和紧急处置权力行使行为来说，主要是应急管理关系；对各种应急救援队伍的救援行为而言，主要是救援关系。无论法律关系多么复杂，因其主要表现为行政法律关系，因此对与危机应急管理和救援最重要的法律主体的基本的和主要的权力、权利和义务还是可以以法律、法规、规章或其他规范性文件规定下来的。

## 三、公共危机应急救援保障亟待法律规范

应急保障是贯穿应急管理和救援始终的物质基础和智力支持的重要部分。各种应急保障相互联系、相互作用、相互依赖、相互支持，形成了应急管理和救援的保障系统。目前，我国应急法律保障不断健全，各级政府及其职能部门，包括消防部队在内的各种武装力量救援部队以及其他应急救援队伍都分别依据法律法规等制定了有关的法规和规范性文件，对公共危机应急管理和救援所需的各种保障提供了法律根据，同时，依法履行各自的职责，应急救援保障能力不断提高，保证了应急管理和救援保障工作的顺利进行。但是，近年来，我国公共危机事件频发，应急保障水平不能满足公共危机应

急管理和救援的需要，主要表现在以下几个方面：

（一）人力资源保障缺乏

应急救援人力资源不足，没有形成有效的应急保障队伍，难以适应处置公共危机的需要。我国消防部队是各类公共危机救援的骨干力量，是专业性救援队伍，但现有的以公安消防部队为骨干的专业应急救援队伍普遍存在人力资源不足的情况。除了现役制消防人员以外，志愿者制度的完善对于扩充应急救援队伍的编制也有益处，应急救援中应急专业人员如技术人员、医疗人员、社会工作者等的参与严重不足。应急管理和救援的专家组、智囊库建设滞后，专家数量少，附属于行政机关，专业研究人员少且水平不高，“智囊团”的组成和运用没有制度上的保障。因此，应急力量还须进一步扩充编制，全面加强人力保障建设。

（二）经费保障欠缺或浪费或非法使用

应急保障经费不足，缺乏与社会保障的密切配合，应急保障建设工作开展困难。一方面，目前我国的应急保障主要依赖政府财政部门的临时调度和社会捐助，没有建立起专项储备资金。另一方面，由于各种功能单一的救援部门都从本部门的利益出发，花费专项经费，购置器材，有的长期放置不用，有的器材功能还相互重合，会造成资金的浪费。同时，由于没有统一的组织、管理机构，造成管理和指挥系统基础建设重复，经费浪费巨大。另外，在危机应对的恢复阶段，有个别应急资金严重浪费甚至被挪用的情况。近年来，政府应急管理资金拨付后存在严重的资金浪费现象，有的甚至将应急资金挪用于其他方面的建设。①

（三）物资器材装备保障储备不足

我国目前的应急救灾抢险的救援物资主要依赖中央财政集中调度、各地市支援和慈善机构的社会募捐。在公共危机发生后，居民大多采取自主救援，应急物资储备也不能满足救灾需要。

（四）协调保障困难

我国现有应急管理和救援的各部门和各种救援力量条块分割明显，跨力量之间协调保障困难。因为条块分割明显，动态协调和调动难以实现，没有建立跨区域的应急保障机制，从而没有形成有效的应急保障来为大型公共危机时的应急管理和救援服务。各辖区内的保障通过相应的预案体系已经发挥出应有的作用，基本满足实战需要，但跨区域救援中的保障机制还没有形

① 李万伟、管泽锋、郑佳：《公共财政背景下应急管理保障机制的建构》，载《商业现代化》2009年第3期，第78页。

成，亟待解决。由于应急救援力量的分散，应急力量和资源还缺乏有效的整合和统一协调机制，当发生重特大公共危机事件尤其是发生涉及多种公共危机事件或跨地区、跨行业和跨国的重特大公共危机事件时，某一部门的应急救援力量和资源往往十分有限，而临时组织的应急救援力量往往存在职责不明、机制不顺、针对性不强等问题，难以协同救援、发挥整体应急救援能力和效果。

（五）预案保障乏力

从应急保障预案上看，应急保障预案体系化薄弱。我国应急管理和救援预案体系以《国家突发公共事件总体应急预案》为法律依据，然而目前，我国各省市都建立了应急救援管理预案，既有总体应急公共危机事件的预案体系，又有各个灾种的专项预案，对应急管理的整体活动进行了过程规划、职能划分及责任明确，但还没有专门针对应急保障的预案。应急保障中的人力、物质、财政和技术保障资源在灾前的储备、筹集，灾中的调集、投放及灾后的评估、完善都缺乏体系化的规划与管理，尤其是应急保障相关部门的责任、职能划分与明确尚未有规范化的说明，较大规模跨区域应急救援保障预案所属的管理部门繁多，因此救援保障预案尚缺乏系统的制定、管理和完善。

除了上述人力资源保障缺乏、经费保障欠缺或浪费或非法使用、物资器材装备保障储备不足、协调保障困难和预案保障乏力以外，还存在技术保障不高、信息保障不畅、宣传保障不到位、法律（强制）措施笼统、法定程序不明、法律责任不清、法律救济不足、法律监督不到位等问题。因此，公共危机应急管理和救援保障体系亟待法律规范。

## 第二节　公共危机应急救援力量法律体系建设的主要内容

### 一、公共危机应急救援力量法律体系建设的原则

公共危机应急管理和救援是公共行政的重要内容。公共危机应急救援是公共危机应急管理的有机组成部分，也是公共危机管理的主要内容。为有效应对公共危机事件，西方发达国家首先开展的工作就是建立和完善相应的法规制度，统一政府在应急管理中的职、权、责，确定依法管理的法制原则。我国以往在处理各种公共危机事件时，一般都建立在政府管理的基础上，人

治色彩较浓，这样一旦重大公共危机事件出现，必然会出现各种各样的越权违法和侵害公民个人权利的行为。只有将公共危机管理置于国家宪法和法律的保障之下，才能从根本上保障政府公共危机处理工作的顺利进行，依法行政。[①] 公共危机应急管理和救援的法律原则是行政法原则的重要体现和具体展开。只有公共危机应急管理和救援符合法律的基本原则，才能将应急管理和救援纳入法制化、法治化轨道。就法治行政的一般要求而言，公共危机应急救援应遵循以下几项原则：

（一）合法性原则

行政合法性原则，是指行政权力的设定、取得和行使必须依据法律，符合法律要求，不能与宪法和法律相抵触；行政主体必须严格遵行行政法律规范的要求，超越法定权限的行为无效，可能被纠正或撤销；行政主体应对其行政违法行为承担相应的法律责任。行政合法性原则的核心是：要求行政机关必须严格依法办事，即基于法定的事实、法定的权限，按照法定的程序进行。行政合法性原则包括实体合法和程序合法两方面的要求。行政合法性原则的内容包括：①行政主体职权法定。②具体行政行为依法实施。③行政主体行使行政职权必须遵守实体法律规范。④行政主体行使行政职权必须遵守程序法律规范。⑤行使行政权是履行法定职责。⑥行政主体对违法行使行政职权的行为承担法律责任。

公共危机应急管理和救援要遵循合法性原则。在公共危机应急管理和救援过程中，政府行政权力的行使要符合行政合法性原则。公共危机管理要依法行政、依法管理，公共危机应急救援也要依法行政、依法救援。公共危机应急救援工作必须依靠完备的法律进行规范和保障，依据有关法律和行政法规加强管理，使应急救援工作规范化、制度化和法制化。各级应急管理和救援机构及其工作人员要依照法定权限和程序行使应急管理和救援的权力、履行职责，各应急救援队伍也要依法组建、组织和管理，依法制定应急救援预案，依照法定权力和法定程序实施应急救援，依法建构和实施保障体系，依法承担法律责任。公共危机应急救援的合法性要求：

1. 公共危机管理和救援的权力有立法上的明确规定。在应急管理和救援状态下，政府行使的各种管理手段和救援措施应有法律上的明确规定，符合法律的要求。

2. 公共危机管理和救援实施主体由法律规定。通过立法，明确公共危机

① 周晓丽：《灾害性公共危机治理》，社会科学文献出版社 2008 年版，第 154 页。

管理主体的地位、职权、法律责任，尤其是政府在行使紧急权力时的范围和边界。

3. 公共危机管理和救援主体行使紧急权应遵循法定条件和法定程序。在公共危机状态下，危机管理和救援主体虽然享有比平时更多且更具强制性的权力，但权力的行使应囿于法律设定的条件范围。

4. 公共危机应急管理和救援状态下，管理和救援主体的权力与相对人的义务由法律界定。现代法治对公共危机状态下政府等管理和救援主体行为的规范主要有两方面：一是确定其管理和紧急救援权力的范围与边界，防止其无限扩张紧急权力和滥用紧急权力；二是确定其处置紧急事件的职责范围，防止其应对紧急状态失职和不作为。与此同时，现代法治在充分保护公民合法权益时，也规定了公民应当履行的法定义务。尤其在公共危机状态下，相对于平常时期，公民的权利要受到克减，其应当履行更多的法律义务。[①]

5. 公共危机应急管理和救援状态下，管理和救援机构、组织和人员的责任追究法定化。应当尽快通过立法，明确公共危机状态下的各种管理和救援的法律主体的法律责任，防止因为法律责任制度不健全而导致临阵磨枪现象的再次发生，防止救援不力或救援造成次生危机或其他严重后果。

（二）合理性原则

政府行政权力的行使要符合行政合理性原则。行政合理性行为要符合法理，合乎法律的精神，符合公平、正义。行政合理性原则，是指行政主体行使行政权，特别是在行使自由裁量权时，在内容上和形式上要做到客观、适度、理性，符合公正规则，即符合法律的基本精神和目的，具有客观、充分的事实根据和法律依据，与社会生活常理相一致。行政合理性原则要求行政主体的行为应当符合立法目的、出于正当考虑、合乎情理公德、彼此关系协调，否则应承担一定的后果。

行政合理性原则分为形式上的行政合理性和内容上的行政合理性。形式上的行政合理性，是指行政主体实施行政行为的方式及程序应当合理公正。形式上不合理的行政行为，即使在内容上是合理、公正的，也可能导致人们对该行为内容上的公正性产生怀疑。形式上的行政合理性内容比较广泛，主要包括举行听证、利害关系回避、防止不正当接触等。内容上的行政合理性，是指行政行为的适当性。内容上的合理性是行政合理性的实质，是形式上的合理性所要达到的最终目的。内容上的行政合理性是针对行政自由裁量

① 宋超：《公共危机管理的法律规制》，载《中国行政管理》2006年第9期，第21页。

权提出的要求。

公共危机应急救援的行政合理性原则，要求在自由裁量权行使中准确体现法的精神和法的原则，要求：(1) 行政自由裁量权的行使必须符合法律的目的。(2) 行政自由裁量权的行使必须符合法律的授权要求，出于合理的正当动机。(3) 行政自由裁量权行使中对法律的解释必须符合法律的原意。(4) 行政自由裁量权的行使必须做到事实客观、依据充分，将相关因素纳入考虑，将不相关因素不纳入考虑。(5) 行政自由裁量权的行使必须符合法律的公正适用原则。(6) 行政自由裁量权的行使必须符合执法的效率原则，注重法律效益。

针对公共危机事件，政府要行使紧急权力实施各种不同的措施，各种救援力量也要采取各种救援方式和途径。为确保政府采取的措施符合实际情况以及救援力量采取救援的方法适当，应在应急管理和救援法律法规中对其作出严格的规定和限制，防止不切实际地运用紧急权和救援处置权，防止违背宪法和法律的基本要求，从而造成更大的危害后果。

(三) 应急原则

行政应急原则是现代行政法治原则的重要内容。政府行使公共行政权要符合行政应急原则。行政应急原则，是指行政主体为保障重大公共利益和行政相对人的根本利益，维护和及时恢复正常的经济与社会秩序，保障社会稳定协调发展，在面临重大公共危机事件等紧急情况下积极行使行政应急权，实施行政应急措施所遵循的标准和规则。

公共危机事件严重威胁、危害社会的整体利益，任何关于应急管理的制度设计都应当将有效地控制、消除危机作为基本出发点，以利于控制和消除面临的现实威胁。因此，必须坚持效率优先，授予行政机关充分的权力，以有效整合社会各种资源，协调指挥社会各种力量，确保危机最大限度地得到控制和消除。行政应急原则改变了一般法律规范确定的国家机关与公民之间的权利义务关系，将重心向国家机关倾斜，授权政府在第一时间采取紧急处置手段，有助于及时、迅速、有效地控制公共危机事态的发展。①

在公共危机状态下，政府拥有了较平时更为膨胀的权力，可能会导致腐败，侵犯人民的自由和权利，因此，行政应急原则的运用需要有相应的法律救济机制作为保障。政府和有关部门、人员以及救援力量对公共危机应急管理和救援所采取的一切应急措施和行动必须符合行政应急原则，在应急的范

① 丁文喜：《突发事件应对与公共危机管理》，光明日报出版社 2009 年版，第 191 页。

围、程序、权力、措施等方面进行应急管理和救援，并采取有关的相应应急补救措施，承担应急责任。

（四）比例原则

比例原则是现代民主宪政国家所奉行的基本法治原则。比例原则是一个广义的概念，包括了适当性原则（合目的性原则）、必要性原则（最小侵害原则）以及狭义的比例原则（公民、法人均衡性原则）。比例原则源于正义的请求，它在保护与平衡的意义上对个人利益与公共利益进行斟酌，以得到较为合理的结果，防止过分的、错误的立法与行政决定，尤其是要具体斟酌国家与公民利益在冲突状况下的失衡度。

在危机状态下遵循比例原则，政府在公共危机管理过程中不能给公民造成过度的或不必要的侵害。因此，在政治文明意义上，比例原则是调整国家权力和公民个人权利之间关系应坚持的一项基本准则。比例原则在危机应对上的适用，不但体现在行政紧急权力和处置措施的实施上，还体现在对紧急立法和公共危机事件（尤其是紧急状态）的确认或决定上。在危机处置中，政府的紧急权力或紧急措施要有常规程序和紧急程序予以确认和限制，要有更完善的行政救济和法律救济制度以补偿受损权益和问责政府应急行为。比例原则通过对紧急权力的制约来达到对个人权利的关怀与保障，其最核心、最终极的价位目标就在于对权利的保障。这也正是比例原则的旺盛生命力之所在。①

（五）依法维护国家、社会、公共利益和公民个人合法权益原则

我国是社会主义国家，各级政府是人民的政府，为人民服务是各级人民政府的根本宗旨，维护公共安全既是政府的政治社会责任，也是政府的道德责任和法律责任。公共危机应急处置和救援属于政府对社会进行公共管理、为社会提供公共服务的重要组成部分，是政府的职能活动，其目的是保护国家、社会、集体以及公民的生命和财产安全，维护社会秩序的稳定。在进行公共危机管理和救援过程中，政府可以依法行使紧急权，各种救援力量采取各种处置措施，包括以适当限制公民权利的方式来维护社会秩序。因此，在建设公共危机应急救援及其力量的法律体系时要最大限度地保障公民的权利特别是宪法和法律赋予的公民的基本权利。在公共危机应急救援力量体系建设的过程中，政府部门及其工作人员也要依据宪法和其他法律法规行使各项权力，把国家、社会、公共利益和公民个人合法权益放在重要位置，尽量协

① 周海生：《公共危机应对中的公民义务权利限制及其保障》，载《实事求是》2010年第1期，第29~30页。

调它们之间的利益矛盾和冲突。因应急救援行动所采取的措施造成国家、社会、公共利益和公民生命、财产和权利损失或受到侵害的，应当及时给予必要的赔偿和补偿，对有关救援机构、组织和救援力量、人员追究应承担的法律责任。

在依法维护国家、社会、公共利益的同时，需要特别强调人权保障和救济原则。人权保障原则要求处置公共危机事件，必须坚持以人为本的原则，切实保彰公民的权利。法律应设定权利保障的最低限度，防止行政机关滥用行政裁量权来任意限制公民权利。一方面，当政府紧急权由于违法或不当行使损害了公民、组织的合法权益应当予以赔偿；另一方面，公共危机与紧急状态下，公民除了那些不可克减的基本人权外，还应享有知情权、监督权、紧急救助请求权、申请行政复议或提起行政诉讼权、补偿和赔偿请求权等。

（六）依法承担法律责任原则

要保障政府实行危机管理权力符合宪法和法律的要求，必须建立与行使危机管理权力相对应的责任制度，这是各国政府危机管理法律制度所确立的重要法律原则之一。在公共危机事件中，政府行使行政紧急权力和公共危机应急救援力量进行紧急救援必须依法进行，不得非法使用和随意滥用，不得侵犯公民基本权利和无视公共利益。为了防止其发生，应在公共危机应急管理和救援的法律法规体系中建立与行使行政管理和救援、处置相对应的责任制度，构造权力与责任对等的平衡机制。公共危机应急管理部门的管理和组织、应急救援力量的行为和应急救援力量的应急救援过程应遵循一定的权限、手段和程序。如果组织、管理和救援没有法律依据、违反法定职权、违反法律程序，其违法行为和违法造成损失的行为要承担相应的法律责任。政府在公共安全危机管理中如果没有履行自己应尽的义务，应当承担相应的法律责任，致使公民的生命和财产安全遭受侵害的，公民可以向政府提起诉讼，要求政府进行赔偿。政府在公共安全危机管理中如果没有依法行事，也要依法承担相应的法律责任，甚至受到法律的制裁。①

## 二、加强公共危机应急救援力量体系建设的法律依据

依法治国、依法行政是党领导人民治理国家的基本战略，政府的所有管理行为，包括危机治理必须依法进行。法治是政府进行危机管理的必由之路。公共危机应急管理和救援法制化建设是应急救援力量体系建设的基础和

---

① 郭太生：《公共安全危机管理》，中国人民公安大学出版社2009年版，第88页。

保障，也是开展各项应急管理和救援活动的根本依据。公共危机应急管理和救援法制化是由我国依法治国的基本方略决定的，是依法进行危机管理和救援的客观需要，是有效和有序应对危机的手段，是避免法治危机、保障人权所必需的，也是当今各国实践经验的科学总结。[①]

加强公共危机应急救援力量体系建设的法律依据主要为：

（一）宪法依据

现行宪法没有对公共危机、应急管理、应急救援及有关制度作出明确规定，仅就紧急状态的决定和宣布机关作出了规定，没有确立统一的紧急状态制度，没有对适用于各类公共危机事件引起的紧急状态进行统一规定。与之相关，现行宪法对戒严、动员和战争状态等几个问题也仅作了原则规定。因此，要在宪法体系中规定公共危机应急救援的管理、救援和公共危机应急救援力量建设，在《宪法》中要明确国家对公共危机治理的基本精神，体现对公共危机应急救援力量的规定，为紧急状态法治化提供宪法依据。

（二）法律依据

公共危机应急管理和救援的法律依据可以分为基本法律依据和一般法律依据，其中包括军事法律依据。基本法律是全国人民代表大会会议通过的法律，在我国包括《民法通则》、《刑法》、《民事诉讼法》、《行政诉讼法》、《立法法》、《选举法》、《反分裂国家法》等。在我国基本法律中，没有关于公共危机应急管理和救援的明确规定。相关的规定如《刑法》对“战时”的概念的规定，但其仅适用于军人违反职责的刑事犯罪和刑罚。因此，我国全国人大常委会应制定公共危机应急管理和救援的基本法律“紧急状态法”或者“公共危机应急管理法”等。一般法律是全国人大常委会制定的法律。军队是参与处置国家公共危机事件的重要力量，在各种公共危机事件处置中发挥了重要作用，因此，有关军事法律也在一般法律范围内。公共危机应急管理和救援的一般法律依据数量较多、类型多样，涉及社会各个领域。公共危机应急管理和救援的一般法律可以分为一般性法律（基本性法律）、专门性法律和其他相关性法律。一般性法律（基本性法律）就是2007年颁布实施的应对一般性突发事件的基本法《突发事件应对法》。专门性法律如1989年《职业病防治法》、1989年《传染病防治法》、《水污染防治法》、《大气污染防治法》、1996年《戒严法》、1997年《防震减灾法》、《防沙治沙法》、1997年《防洪法》等。其他相关性法律不是关于公共危机事件预防、应对

① 李娟：《我国公共危机应急法制建设研究》，载《长江工程职业技术学院学报》2010年第9期，第44页。

和救援的专门立法，只是其部分条款与公共危机事件的管理、应对和救援相关，内容相对简单，但具有很强的针对性，如自然灾害类的《水法》、《森林法》、1989 年《气象法》、《草原法》、《环境保护法》、《海洋环境保护法》，事故灾难类的《矿山安全法》、1998 年《消防法》、《劳动法》、《煤炭法》、2002 年《安全生产法》，公共卫生事件类的《食品卫生法》、《国境卫生检疫法》、《动物防疫法》，社会安全事件类的《国家安全法》、1994 年《监狱法》、1995 年《人民警察法》、1997 年《国防法》、《预备役军官法》、《兵役法》、《人民防空法》、2009 年《人民武装警察法》、2010 年《国防动员法》、2011 年通过的《行政强制法》等。

（三）行政法规规章依据

1. 行政法规是国务院或者中央军委或者国务院和中央军委共同制定的规范性文件，如条例、办法、规定、规则、意见、通知、条令、法律解释等。行政法规层面的专门性或者单行性立法数量最多，如 1988 年《森林防火条例》、《草原防火条例》、《仓库防火安全管理规则》、《高层居民住宅防火管理规定》、《公共娱乐场所消防安全管理规定》、1991 年《传染病防治法实施办法》、1993 年《核电厂核事故应急管理条例》、《核电厂核事故应急报告制度》、《核事故辐射影响越境应急管理规定》、《核电厂核事故应急演习管理规定》、《核事故医学应急管理规定》、《铁路行车事故救援规则》、《民航运输机应急救援规则》、1994 年《化学事故应急救援管理办法》、1995 年《破坏性地震应急条例》、《地震监测设施和地震观测环境保护条例》、《地质灾害防治条例》、《地质灾害管理办法》、《水库大坝安全管理条例》、《水土保护工作条例》、《黄河重大水污染应急调查处理规定》、《黄河水量调度突发事件应急处置规定》、2000 年《建设工程质量管理条例》、2001 年《国务院关于特大安全生产事故行政责任追究的规定》、《国务院关于预防煤矿生产安全事故的特别规定》、《矿山安全法实施条例》、《生产经营单位安全培训规定》、《企事业单位内部治安保卫条例》、2002 年《危险化学品安全管理条例》、2003 年《特种设备安全监察条例》、2003 年《突发公共卫生事件应急条例》、2003 年《建设工程安全生产管理条例》、2004 年《铁路运输安全保护条例》、2005 年《军队参加抢险救灾条例》、2005 年《防汛条例》、2005 年《重大动物疫情应急条例》、2007 年《生产安全事故报告和调查处理条例》、针对 2008 年汶川大地震后面临的艰巨而又复杂的灾后重建工作所制定的区域性立法《汶川地震灾后恢复重建条例》、2010 年《自然灾害救助条例》、2010 年《军队处置突发事件应急指挥规定》等。

2. 行政规章。行政规章是国务院各部委，或者中央军委各总部、各军兵种、各大军区、武警总部，或者国务院各部委和中央军委各总部、各军兵种、各大军区、武警总部等共同制定的实施细则、办法、通知、条令、解释等。相关的行政规章有：2003 年卫生部《传染性非典型肺炎防治管理办法》、2006 年国家安全生产监督管理局《生产安全特大事故和重大未遂伤亡事故信息处置办法（试行）》、《国家安全监督管理总局关于建设国家矿山危险化学品应急救援基地的通知》、《民政部关于加强突发灾害应急救助联动工作的通知》、《武装警察部队处置突发事件规定》、公安机关内部的《公安机关人民警察内务条令》等。

（四）其他规范性文件依据

其他规范性文件包括地方性法规、地方性规章、地方性规范性文件、国家政策、地方政策、行政解释和司法解释等，甚至报告、公告、宣言、白皮书、纲要等都可以看作国家和政府政策的体现、指向或说明。各地方根据法律、行政法规等又颁布了适用于本行政区域的地方立法。地方性法规数量最为庞大，规章的数量相对较少。地方性法规与规章的立法多数是实施性立法。目前，为了应对和处置各类公共危机事件，我国各省（市、自治区）、各大中城市根据本地区实际情况，针对公共危机事件也制定了一些地方性法规，地方各级政府也纷纷出台了应急性规章和其他规范性文件，如各省都制定的“关于重大安全生产事故行政责任追究的规定”类的法规、2002 年《南宁市社会应急联动规定（试行）》、2008 年《山西省地震应急救援规定》、2004 年《河北省建设工程质量安全事故应急救援管理规定》。

此外，从国务院到各部委、地方各级人民政府还以“意见”、“通知”、“预案”、“规划”、“计划”、“方案”、“纲要”、“公告”、“报告”、“说明”、“宣言”、“白皮书”等形式下发了大量文件，如 1996 年公安部《关于做好预防和毒气事件、化学品爆炸等特种灾害事故工作的通知》、2006 年《国务院办公厅关于加强基层应急管理工作的意见》、2006 年《国家突发公共事件总体应急预案》、2006 年《国务院关于全面加强应急管理工作的意见》、2006 年《国务院关于进一步加强消防工作的意见》、2009 年国务院办公厅《关于加强基层应急队伍建设的意见》、2010 年《国务院关于进一步加强防震减灾工作的意见》、《关于加强地震重点监视区的地震救灾工作的意见》、2003 年《北京防治传染性非典型肺炎应急预案》、2005 年《浙江省突发公共事件总体应急预案》、《青海人民政府突发公共事件总体应急预案》、《乌鲁木齐市人民政府办公厅关于印发乌鲁木齐市生活必需品应急预案的通知》、

2006 年中央军委批准的《军队处置突发事件总体应急预案》、中央军委《军队非战争军事行动能力建设规划》、总参谋部《军队应急专业力量建设方案》等。目前，全国所有省、市、自治区和市、县都制定了自己的应急预案和相关规章制度。另外，有关应对各种公共危机的各类行政解释和司法解释也可以认为是公共危机应急管理和救援在法律上的依据，如 2003 年最高人民法院、最高人民检察院联合发布的《关于办理妨害预防、控制突发传染病疫情等灾害的刑事案件具体应用法律若干问题的解释》。

上述法律法规政策都对发生的危害公共安全的公共危机事件的应急管理和救援作出了相应的规定和部署、提出了要求，其实施和执行对于提高全社会应对包括自然灾害在内的公共危机事件的能力，及时有效地控制、减轻和消除公共危机事件引起的严重社会危害，保护人民生命财产安全具有重要的指导意义。可以说，迄今为止，我国法律、法规对紧急状态下如何采取紧急措施，如何调整政府与公民之间的关系以及社会公众之间的关系，基本上建立了一套有效的紧急状态法律制度，不论是自然灾害导致的紧急状态，还是人为原因导致的紧急状态，政府都能够依据相应的法律、法规来采取必要的措施，来应对各种公共危机问题，维护正常的社会秩序。①

## 三、明确公共危机应急救援的法律主体

### （一）应明确规定公共危机应急救援的法律主体

如前所述，法律主体即法律关系主体，包括自然人和单位组织。根据法律关系的不同，法律主体基本上可以分为宪法主体、民事法律主体、行政法律主体、刑事法律主体、经济法律主体、国际法律主体等。行政法律主体可以分为行政主体和行政相对人。行政主体分为行政机关和法律法规授权的组织两类。能够作为行政主体的行政机关有：国务院；国务院的组成部门；国务院直属机构；国务院各部、委管理的国家局；地方各级人民政府；地方各级人民政府职能部门；地方人民政府的派出机关。行政机关的公务员是在各级行政机关中担任一定行政职务，行使行政权力，执行行政公务的人员。无论是国家机关，还是公民、法人或其他组织以及外国人、无国籍人、外国组织，都可以作为行政法律关系的行政相对方主体。

在公共危机应急管理和救援中，应急管理和救援行为的法律主体有国家、政府、政府部门、政府应急办、公务人员、公司、企事业单位、救援队

① 郭济：《政府应急管理实务》，中共中央党校出版社 2004 年版，第 81 页。

伍（包括消防队伍和其他救援队伍）、其他社会单位、组织和团体、公民个人和国际组织、外国国家和地区、外国组织及其工作人员、外国公民（包括无国籍人和多国籍人）。根据应急管理和救援的进程与阶段以及从事的行为，这些应急管理和救援主体可以分为管理主体、组织主体、指挥主体、运行主体、救援力量主体、保障主体等。公共危机治理主体由政府、民间组织、企业、媒体、公民组成，他们按照一定的规则和程序，共同参与公共危机治理，扮演好自己的角色，发挥出各自的优势。在多元主体结构中，政府是公共危机治理的主导力量，也是核心主体；民间组织是公共危机治理的重要力量，也是联系政府与公民的纽带；企业和公民是公共危机治理的基础；媒体是公共危机治理的重要媒介，也是政府与其他主体合作互助信息平台的主要搭建者。①

从现有法律法规规定的公共危机应急救援法律主体来看，其具有以下特点：①上述法律主体是由不同效力、不同层次、不同位阶的法律法规规章和文件规定的。②上述法律主体几乎包括了法律上所有的主体。③上述法律主体种类繁多、层次多样、称谓不一、相互重复和交叉。④上述法律主体的权力职责、权利义务各异；不同的法律主体享有不同的法律权力、权利，负有不同的法律职责和法律义务。⑤上述法律主体有的权力职责、权利义务不明确、不具体，没有规定或者规定笼统，如某些社会组织、社会团体。⑥上述法律主体有的权力职责、权利义务不统一、不对应，有的法律主体只有权力、职权和权利，没有义务，有的法律主体只有义务和责任，没有职权和权利，如志愿者个人及志愿组织、志愿队伍。⑦有的法律主体是临时性的，具有不固定性。它因应急启动而临时成立，也因应急结束而随时撤销，如某些应急管理机构和应急指挥机构、派出的工作组、各级公共危机事件应急处理指挥部、专家组、综合性应急救援队伍等。⑧上述有关法律和文件对国际组织、外国国家和地区、外国组织及其工作人员、外国公民（包括无国籍人和多国籍人）、外国军队参与应急管理和救援没有明确规定，更没有规定其享有的权力、权利和义务以及法律责任。

由于我国公共危机应急管理和救援法律不健全、不完善，所有的应急管理和救援相关法律都没有完全明确上述公共危机应急管理和救援法律主体。公共危机应急管理和救援法律主体尚需明确。只有将公共危机应急管理和救援纳入法制化、规范化、制度化、常态化轨道，才能保证公共危机应急管理和救援的顺利展开，保证公共危机应急管理和救援的健康发展。①制定一部

① 罗重谱：《公共危机治理主体的多元化及结构分析》，载《攀登》2010 年第 4 期，第 65 页。

高层次、权威的公共危机应急管理和救援的统一法律，制定相关制度。②设立全国统一的专门处置公共危机的常设综合组织协调机构，并以法制化的形式明确其法律地位、组成、职权。在危机来临时，该机构具有调动一切机构和人员的权力，统一组织协调整个应对措施；并在地方政府中设立相应部门，承担预警和快速反应的职责。③重视社团组织、团体和志愿者等民间、社会力量的参与，将之纳入公共危机事件应对制度框架中。公共危机事件是人类面临的共同灾难，应调动个人、社会、国家、国际的全部力量，将损失降至最小，以最低的成本化解危机。政府是危机应对的主力和中心，民间组织是重要的协助力量。大力培育健康有序发展的志愿者组织，有利于政府整合社会资源，进而提高政府的危机管理能力，维护社会和国家的稳定。④立法规范公民个人在公共危机救援中的权利和义务，明确其法律地位，积极发挥其应有的作用。国家要重视公民个人在危机应对和处理中的个人参与的力量，加强对其参与的引导，重视其资金的参与、物资的参与、劳力和技术的参与和信息的参与等。⑤立法明确国际组织和外国组织及其个人的参与。为了将损失降到最低，加强全球合作已经是应对公共危机事件的有效途径。我国立法应有预测性，超前立法，以应对未来外国参与公共危机事件处置的各种行为。

### （二）应明确规定公共危机应急救援法律主体的职权、权利和义务、职责

公共危机应急管理和救援法律主体的行为主要是行政行为，因此其职权、权利和义务、职责也是围绕行政行为展开的。在行政法律关系中，作为行政主体的国务院、国务院的组成部门、国务院直属机构、国务院各部委管理的国家局、地方各级人民政府、地方各级人民政府职能部门、地方人民政府的派出机关享有法律赋予的行政职权。行政职权包括行政立法权、行政决策权、行政决定权、行政命令权、行政执行权、行政处罚权（行政制裁权）、行政强制执行权、行政司法权（行政调解、仲裁、裁决和复议）。行政相对人（行政相对方）是行政行为被管理方。《突发事件应对法》和其他有关的应急管理和救援法律、法规、规章等也规定了某些应急管理和救援法律主体的法定职权、职责和任务以及其应承担的法律责任，包括应急管理权、指挥权、强制权等，各种应急救援队伍的职权和任务等。

在公共危机事件应急管理和救援中，政府处于重要的地位，政府是危机管理和救援的领导者和指挥者。政府通过内部权力的划分以及对外的授权形成若干大大小小的权力主体。政府具有处理公共危机事件的最高决策权，能

够有效地指挥相关部门，调配相关资源，协调各方面的冲突，对各部门和机构的救援进行指挥和监督。国务院是公共危机事件应急管理工作的最高行政领导机构。在国务院总理领导下，通过国务院常务会议和国家相关公共危机事件应急指挥机构，负责公共危机事件的应急管理工作；必要时，派出国务院工作组指导有关工作。国务院办公厅设国务院应急管理办公室，履行值守应急、信息汇总和综合协调职责，发挥运转枢纽作用。地方各级人民政府是本行政区域公共危机事件应急管理工作的行政领导机构，负责本行政区域各类公共危机事件的应对工作。我国现有公共危机应急管理和救援的法律、法规和文件规定了政府在应急中的领导权、组织权、决定权、命令权、采取措施权、指挥权、协调权、调动权、指导权、协助权、处置权、征用权和补偿义务、应急预案体系制定和修改权、危险预防权、建立应急救援队伍的职权和职责、应急培训和演练职责、保护应急救援人员的职责、应急宣传职责、应急经费保障权、应急储备保障职责、应急通信保障职责、应急监测与预警职责、公共危机事件信息发布职责、事后恢复与重建职责、应急宣传教育职责、国际合作与交流职责等权利和职责。

国务院办公厅设国务院应急管理办公室，履行值守应急、信息汇总和综合协调职责，发挥运转枢纽作用。地方各级政府设置了相对应的应急管理办公室。在应急状态下，负责落实国务院、各级政府的有关决策，具体协调各部门、各地区的应急救援行动，收集和分析各方面的重大信息并提出对策建议。在常态状态下，负责组织编制总体应急计划和预案，指导应急培训、演练和宣传教育工作，进行综合风险评估和预测，具体协调各方关系等工作。公共危机应急管理和救援的法律、法规和其他有关文件对应急管理机构的设置、职责进行了规定。当前，应急办应重点考虑如何加强组织、协调，提高应急管理的整体效能。

国务院有关部门依据有关法律、行政法规和各自职责，负责相关类别公共危机事件的应急管理工作。具体负责相关类别的公共危机事件专项和部门应急预案的起草与实施，贯彻落实国务院有关决定事项。地方各级人民政府是本行政区域公共危机事件应急管理工作的行政领导机构，负责本行政区域各类公共危机事件的应对工作。公共危机应急管理和救援的法律、法规和文件对政府组成部门在应急中的职责规定了其领导权、指导权、协助权、决定权、命令权、采取措施权、征用权和补偿义务、应急预案体系制定和修改权、建立应急救援队伍的职权和职责、保护应急救援人员的职责、应急宣传职责、应急演练职责、应急教育职责、维持秩序权、保护公共安全的权力、新闻媒体管理权、心理干预职责等。

公安消防机构是政府公安部门的组成部分，对消防救援实施管理和监督。公安消防队伍是公共危机应急救援的骨干力量、突击力量和专业救援力量。有关应急的法律法规等规定了其应急救援的领导权、组织权、指挥权、调动权、协调权等权力和职责。例如，2006 年《国务院关于全面加强应急管理工作的意见》在“加强应急救援队伍建设”中规定：“落实‘十一五’规划有关安全生产应急救援、国家灾害应急救援体系建设的重点工程。建立充分发挥公安消防、特警以及武警、解放军、预备役民兵的骨干作用，各专业应急救援队伍各负其责、互为补充，企业专兼职救援队伍和社会志愿者共同参与的应急救援体系。”2007 年《突发事件应对法》第 8 条第 2 款规定：“县级以上地方各级人民政府设立由本级人民政府主要负责人、相关部门负责人、驻当地中国人民解放军和中国人民武装警察部队有关负责人组成的突发事件应急指挥机构，统一领导、协调本级人民政府各有关部门和下级人民政府开展突发事件应对工作；根据实际需要，设立相关类别突发事件应急指挥机构，组织、协调、指挥突发事件应对工作。”第 14 条规定：“中国人民解放军、中国人民武装警察部队和民兵组织依照本法和其他有关法律、行政法规、军事法规的规定以及国务院、中央军事委员会的命令，参加突发事件的应急救援和处置工作。”2008 年《消防法》第 4 条第 1 款规定：“国务院公安部门对全国的消防工作实施监督管理。……”第 37 条规定：“公安消防队、专职消防队按照国家规定承担重大灾害事故和其他以抢救人员生命为主的应急救援工作。”第 38 条规定：“公安消防队、专职消防队应当充分发挥火灾扑救和应急救援专业力量的骨干作用……提高火灾扑救和应急救援的能力。”第 41 条规定：“机关、团体、企业、事业等单位以及村民委员会、居民委员会根据需要，建立志愿消防队等多种形式的消防组织，开展群众性自防自救工作。”第 42 条规定：“公安机关消防机构应当对专职消防队、志愿消防队等消防组织进行业务指导；根据扑救火灾的需要，可以调动指挥专职消防队参加火灾扑救工作。”第 45 条规定：“公安机关消防机构统一组织和指挥火灾现场扑救，应当优先保障遇险人员的生命安全。火灾现场总指挥根据扑救火灾的需要，有权决定下列事项……”第 46 条规定：“公安消防队、专职消防队参加火灾以外的其他重大灾害事故的应急救援工作，由县级以上人民政府统一领导。”各省市县要以公安消防队伍为依托，建立或确定“一专多能”的以消防队伍为骨干的应急救援队伍，在相关公共危机事件发生后，立即开展救援处置工作。以消防队伍为骨干的应急救援队伍除承担消防工作以外，同时承担综合性应急救援任务，包括地震等自然灾害，建筑施工事故、道路交通事故、空难等生产安全事故，恐怖袭击、群众遇险等社会安全事件的抢险救援任务，同时协助有关专业队伍做好水旱灾害、气象灾害、地质灾害、森林草原火灾、生物灾害、矿山事故、危险化学品事故、水上事故、环境污染、核与辐射事故和突发公共卫生事件等公共危机事件的抢险救援工作。

其他救援队伍包括防洪防汛抗旱抢险、气象灾害、地质灾害、卫生应急、交管、医疗卫生、人防、地震救援、石化、水电气、通信、民政、环保、气象、海上搜救、矿山救护、森林消防、核与辐射、环境监控、危险化学品事故救援、铁路事故、民航事故、基础信息网络和重要信息系统事故处置以及水、电、油、气等工程抢险救援队伍等，还包括解放军、武警部队和预备役部队、民兵等武装力量等。各类型的救援救护队都有相关的领导部门和行业部门。相关应急法律法规和文件如2003年《突发公共卫生事件应急条例》、2005年《军队参加抢险救灾条例》、2006年《国务院关于全面加强应急管理工作的意见》、2007年《突发事件应对法》等规定了其对公共危机应急管理和救援的领导权、组织权、指挥权、参加权、协调权、保障权，建立应急救援队伍的职责，应急抢险救援队伍建设职责，应急救援专门训练的职责，参与制定预案权，应急经费保障权，宣传报道管理权等内容。

国务院和各应急管理机构建立各类专业人才库，可以根据实际需要聘请有关专家组成专家组，为应急管理提供决策建议，必要时参加公共危机的应急处置工作。

社会其他单位、个人，包括各企事业单位、民间组织、志愿者、其他社会组织（如殡葬组织、文艺团体、心理咨询组织、宗教组织、慈善组织等）、国际援助（外国国家和地区、外国组织、国际组织、外国专家、外国个人）。社会其他单位、组织和个人是公共危机应急救援力量的有机组成部分。这类救援力量可以为应急救援提供特殊的专业和技术支持，可以提供辅助性的工作以弥补人力的不足，可以为受害者提供精神上的理解、安慰和关心。我国有关应急法律、法规和文件规定了其中部分组织和个人的应急参加、预防、应急演练、宣传、教育的权利和义务。

公共危机管理和救援的法律主体包括国家机关和政府相关部门、非政府公共部门、企业、其他社会组织和公民个人。多元合作主体的地位并不是完全平等的，政府依然占据着优势。突发性公共事务需要在政府的统一领导和协调指挥下，消除潜在的公共危机，保护和实现公共利益。无论自主权利的形成，还是合作秩序的供给和维护，政府都起到难以替代的作用。其他社会行为主体在作为公共事务治理的参与者的同时，还保留着作为普通社会行为主体的角色，仍要接受政府的管理。非政府主体在公共领域秩序中处于协作的位置，即在不与现行法律和政策相冲突的大前提之下，机动有序地参与公共危机管理的治理，这样才能达到结构上的最大优化，形成持续长效的良性系统。①

目前，对以上应急救援主体，以《突发事件应对法》为代表的应急管理和救援的法律主要规定的还是政府、政府相关各部门和应急救援队伍的法定职权和职责，而其他管理和救援主体的职责、权利、义务等并不明确。总之，我国没有对公共危机应急救援的各种法律主体和力量的法定职权和职责制定统一的法律规定，各种救援力量归属不同的部门，部门相互独立且服从不同的领导人员，各自为政，政府间、不同职能部门间的应急救援关系未能从立法的角度加以明确。亟须通过各种相应法律法规明确各种法律主体的权力、职权、权利和义务、职责、责任，规范相互之间的权利义务关系，建立完善的公共危机应急管理和救援的法律体系，将公共危机应急管理和救援纳入法制化建设轨道。①我国应加快公共危机管理法制化建设的进程，建立统一高效的公共危机应急管理和救援的组织管理、决策、指挥、协调系统，进一步增强预防和处理公共危机事件的主动性和能力。应尽快通过制定相关法律，建立国家主管应急救援的机构即应急救援指挥中心，地方各级政府成立相应的应急救援指挥中心，负责统一组织管理、指挥和协调处理各类公共危机事件，从而形成全国统一、联动、高效、权威的系统。②完善社会力量参与管理和救援的法律和机制。当代中国，随着社会参与积极性的逐渐高涨，社会力量参与危机管理的制度供给速度已经远远落后于实践的需求，因此建立制度化的参与机制已经成为当务之急。

## 四、界定公共危机应急救援法律主体之间的法律关系

如前所述，在公共危机应急管理和救援的整个过程中，法律主体之间的法律关系主要有行政法律关系和民事法律关系，还有经济法律关系，还可能存在衍生性的刑事法律关系，特别是表现为大量的行政法律关系。这种多种法律关系并存的情况致使法律主体之间的法律关系非常复杂，并且呈立体型、层次型存在。公共危机应急管理和救援的行为主要是行政行为，其有管理行为、组织行为、指挥行为、运行行为、救援行为、保障行为等，行为不同，法律主体之间的权利义务等法律关系也不同，不同的行为产生不同的法律关系，因此，相应地会存在管理与被管理的关系、组织与被组织的关系、

---

① 杨玲：《公共危机管理多元参与消防应急救援》，载《第十届中国科协年会论文集（一）》，2008 年，第 1102 页。

指挥与被指挥的关系、救援与被救援的关系、保障与被保障的关系等，这些不同类型的法律关系又可分为许许多多的具体的法律关系。就政府、政府各部门的管理行为和紧急处置权力行使行为来说，主要是应急管理关系；对各种应急救援队伍的救援行为而言，主要是救援关系。我国有关法律法规和文件对上述法律主体之间的法律关系作出了明文规定，如2006年《国务院关于全面加强应急管理工作的意见》在“加强应急管理体制和机制建设”和“全力做好应急处置和善后工作”部分的规定。但是，公共危机应急管理和救援法律主体之间的关系存在许多问题：①规定法律关系的法律法规之间存在矛盾、不统一，导致法律权利义务关系也不一致；②不同法律主体本身的权利与义务不统一、权力与职责不统一；③不同法律主体之间的权利和义务、权力和职责不明确、不具体；④有的法律主体只享有权利、权力，没有职责和义务，有的法律主体只有义务和责任，没有职权和权利；⑤国际法律关系没有相关规定。因此，公共危机应急管理和救援法律主体之间的法律关系的调整需要明确法律依据。根据我国的实际情况，推进政府应急机制法制化进程，主要明确以下几个方面的权利与义务关系：

第一，完善公共危机事件应对组织的制度建设，明确中央与地方各自的权责，同时将行政机关之间的横向协调与合作制度化。公共危机事件的应对通常需要快速反应，通过立法将不同机关的职责明晰化是有效应对的前提。我国立法中对机关之间的关系通常采用原则性规定，中央与地方、地方政府之间、部门之间等的关系没有制度化。应当在以后的立法中完善公共危机事件应对中的行政协助制度，包括将行政协助明确为被请求机关的义务、协助发生的情形、协助产生的费用负担、协助产生的法律责任承担等问题。[①]

第二，要依法明确各级应急指挥组织和各级政府职能部门的权利和责任，明确应急救援三种关系，整合救援资源，完善联动救援机制。同时，要依法规范各级政府的应急组织指挥系统及其组成人员。各级政府的职能部门是政府行使职权的重要机构，必须依法纳入紧急状态下政府应急机制的法律规范范围，把它作为政府应急机制的重要组成部分。目前，有关部门、行业系统分别组建了各自的专业救援队伍，但没有真正实现救援资源大整合，应创新工作模式，突破现有的机制体制，实现应急救援调度指挥一体化、实战训练一体化、危机处置一体化、应急保障一体化。除《紧急状态法》、《国家突发公共事件总体应急预案》之外，还应注重加强应急救援体系建设的立法

① 王万华：《略论我国社会预警和应急管理法律体系的现状及其完善》，载《行政法学研究》2009年第2期，第8页。

工作，为建立起符合国情、利国利民的应急救援力量体系提供法律保障，重点明确主体关系、结构关系和指挥关系。公安消防部队作为社会应急救援的主体，并不等于包揽一切，承担所有公共危机事件的救援任务。

第三，明确政府与军队的关系。军队是我国公共危机事件应对中的重要力量，必须解决军队与应急机关的关系，这是我国未来应急管理和救援立法中必须面对的一个问题。

第四，要依法明确各个社会组织和社会公众的权利和义务。在紧急状态下，这既有利于各级政府职能部门执行任务，又能避免公民的权利受到侵害。制定政策和法律鼓励和保护志愿者及其队伍参与应急救援，充分利用其技术和专业资源，维护其合法权益，并制定相应的管理措施，进行分类并注册，签订协议，统一培训和专业训练。企事业单位、社团、公民个人与其他单位特别是政府和应急救援力量之间的法律关系也需要明确。

## 五、完善公共危机应急救援法律保障

如前所述，我国公共危机应急管理和救援力量的法律保障包括人力资源的法律保障、经费法律保障、物资器材装备法律保障、宣传法律保障、技术法律保障、信息法律保障、协调法律保障、救援措施和程序以及救济的法律保障等。我国公共危机应急管理和救援的法律法规和文件对应急法律保障作了相关规定。

### （一）公共危机应急管理和救援保障的法律规定

2003年《突发公共卫生事件应急条例》、2003年《关于进一步加强和改进公安工作的决定》、2005年《军队参加抢险救灾条例》、2006年《国务院关于全面加强应急管理工作的意见》、2007年《突发事件应对法》、2008年《消防法》、2009年国务院办公厅《关于加强基层应急队伍建设的意见》、2011年通过并于2012年实施的《行政强制法》等法律法规和有关规范性文件对人力资源的法律保障、经费法律保障、物资器材装备法律保障、宣传法律保障、协调法律保障、法律强制措施、法定程序以及法律救济、法律监督保障都作了相关的规定。

### （二）公共危机应急管理和救援法律保障存在的问题

从上述法律法规和有关文件对应急人力资源、经费、物资器材装备、协调、信息、法律强制措施、法定程序、法律监督保障等方面的法律规定来看，我国公共危机应急管理和救援法律保障还存在以下问题：

1. 缺乏统一的应急管理和救援法律保障体系。目前，我国虽然制定了包括《戒严法》、《防洪法》、《防震减灾法》等在内的紧急状态法律，但《宪法》中没有关于应对紧急状态的明确规定。《突发事件应对法》等法律仅仅提出了应急保障的总体目标，却缺乏实现这些目标的具体措施以及必要的约束性手段，用于应急融资的商业工具在法律上更是付之阙如，实践中也呈现空白。因此，尽快填补上述空白，是完善应急法的另一重点。[①]

2. 从法制规范上看，应急保障缺乏系统化的法制规范。我国应急救援保障体系主要依据各种法律法规文件，但针对各部门之间动态协调的保障规范没有法制化，应急保障体系管理缺乏法律支持。

3. 现有法律法规条款笼统，制度存在缺失。应急保障人力资源如何培养和培训、补助或抚恤的标准、经费如何拨付和转移、如何建立风险保险体系、物资器材装备调拨数量和配送程序、应急物资储备库的建设、军地和政府各部门如何协调和联动、法律监督的后果以及责任的追究程序等都没有相关实施细则或办法予以规定，没有建立相关法律制度，现有法律规定又不明确、不具体，缺乏可操作性，执行性差。

（三）公共危机应急管理和救援法律保障的完善

我国还没有建立一个针对各类公共危机事件的人力、资金、卫生、设备、保险、协调、信息、技术、法律等综合的公共危机应急保障体系，很难应对公共危机事件特别是重大危机事件的冲击。未雨绸缪，只有建立起全方位的应急保障机制，全面整合社会资源，建立完备的危机保障系统，才能在公共危机发生后，迅速集中全社会的力量来应对灾难，保证应急救灾工作的顺利开展，这对于灾后重建和恢复也有极其重要的意义。

法律保障应主要在以下几个方面进行完善：

1. 人力资源法律保障的完善。公共危机应急管理和救援的管理水平和救援能力以及效果如何，直接取决于管理和救援人员素质的高低。消防、公安、交管、医疗卫生、市政、人防、地震、防汛、矿山、石化、水电气、通信、民政、环保、气象等部门和行业队伍都是抢险救援队伍。要进一步优化、强化以消防等专业队伍为主体、群众性队伍为辅助的应急救援网络。各类救援队伍要合理部署，并合理配备各类先进的救援装备器材和通信、交通工具。应定期组织跨部门、跨行业的综合性演练和训练，以加强组织协同和专业保障，提高救援队伍的快速反应和协同应急救援的能力，确保队伍完成抢险救援任务。同时，各类救援队伍在编制、待遇、抚恤、教育培训、专业

① 林鸿潮：《公共应急管理机制的法治化》，华中科技大学出版社2009年版，第15页。

人才建设等方面也要建立完备的保障体系。上述每一方面、每一环节都亟须制定和完善相关的法律法规，在法律上予以保障，为现实中保障的真正落实打下法律基础、提供法律依据。

2. 经费法律保障的完善。要保障公共危机应急救援的正常进行和应急救援力量的正常运转，就必须加大资金投入，要努力形成多渠道、多元化的经费保障机制，完善应急救援经费保障法规体系，加强经费保障的监管。公共危机应急救援管理和队伍建设，特别是物资装备的建设是离不开经费保障的。应急救援经费和资金是现代社会中公共危机应急救援不可缺少的重要组成部分。公共危机应急救援队伍建设所需的经费和资金，除了政府划拨和征用、补助以外，还可以利用市场经济的调节和商业化保障，如政府发行国债、救援队伍提供有偿服务收取一定的费用、公司企业提供一定救援费、鼓励人民群众和各单位根据保险法的规定投保，还可以发挥社会资源的优势，由社会提供捐助、捐献、贷款，个人依法提供赞助、捐赠，设立消防或应急救援基金会，还可以考虑由国际组织如国际银行、红十字会等提供国际无偿或低息贷款、国际援助等。同时，还要预防经费和资金被挪用、盗用、贪污、诈骗、抢劫、勒索、丢失、侵占等，严厉打击违法和犯罪行为，依法严格追究民事和行政法律责任甚至刑事法律责任。所有这些经费和资金的来源、储存、邮寄、汇划、支出、使用、借贷等都需提供法律保障。公共危机应急救援队伍建设的经费和资金保障涉及多种多部门的法律。国家和地方各级政府、部门要不断制定和完善财政法、征用法、国家补偿法、物权法、保险法、社会捐赠法、合同法、贷款法、国际援助法等法律法规，特别是制定一部应急救援法或单列制定一部应急救援资金保障法，完善应急救援经费保障法规体系，制定针对性和可操作性强的应急救援经费保障工作规章，对公共危机应急救援的组织管理、队伍建设、救援行动、恢复重建等所需费用作出明确和详细的规定，明确军地各级、各部门、各单位及相关人员在应急救援经费保障工作中的职责、任务、行动方式、协作办法，使各领域、各部门、各环节在应急救援经费保障中能够互相配合，使得应急救援经费保障工作向着规范化、制度化、法治化的方向发展。另外，还要加强经费保障的监管，完善法规制度以及应急救灾经费管理的各项法规规章，使得经费保障监管工作有法可依，建立全过程、全方位监控机制。

3. 物资器材装备法律保障的完善。要完成公共危机应急救援任务、成功处置各类危机事件，必须有现代化的技术装备做保障，这是管理和处置公共危机的物质基础。物资、器材、装备的保障也不仅仅是生产、运输、分配和使用的问题，也是一个法律问题，需要制定和完善相关法律，为应急救援队伍的应急和救援所需的物资、器材、装备等提供法律保障。特别注意的是，要完善应急物资的保障制度。应在完成储备库建设的基础上，科学制定物资储备规划，优化资源配置，制定相关政策或在物资储备库相邻地区签订协议，建立紧急采购程序，加强信息机制建设，以保证信息交流，畅通物资调用渠道。

4. 法律措施等保障方面的完善。主要是要不断完善其他各项相应的行政处理形式，包括行政强制措施、行政规制、行政征用、行政指导、行政协助。

## 第三节　公共危机应急救援力量法律体系建设的对策建议

目前，我国已经颁布了关于公共危机应急管理和救援法律上百部，初步建立了应急管理和救援的法律框架，应急法律体系初步形成，并在不断健全和完善，同时也建立了各种各样的法律制度。这些法律和制度在公共危机应急管理和救援中发挥了重要作用，但是，在公共危机应急管理和救援的应对、应急处置工作和应急救援综合协调、恢复重建等方面的问题仍然十分突出，体现在公共危机应急管理和救援的法律意识，应急管理和救援的预案的编制、演练和执行，危机预警情报收集、处理、传递和共享，应急管理和救援的法律依据和法律保障，应急管理和救援的组织体制、指挥和决策机制、运行机制、力量协调和人力经费器材通信等资源保障，应急救援力量的组成、联动和保障，社会力量的参与，善后恢复机制以及国际合作机制等方面，这些问题严重制约了我国应对公共危机事件的管理和应急救援的效果。下面仅从四个方面进行论述。

### 一、增强公共危机应急救援法律意识

由于传统历史文化、法律宣传和教育等多方面的原因，相对而言，政府及人民群众的法律意识比较淡薄，对公共危机的应对和处置的法律认识模糊。在这种背景下，政府和人民大众的公共危机管理和救援的法律意识与依法治理的意识淡薄，对公共危机应急管理和救援的法治化认识不足。由于对公共危机事件意识淡薄，公共危机事件出现时就不能依法采取得力的应对措施。由于法律意识的淡化，政府及其工作人员仍然存在“官本位”思想，不按照法律规定的权力和程序应对和处置公共危机，政府紧急应急权不受法律约束，并且无限膨胀，这一方面导致公共危机管理和救援在实体和程序上的

非法性，法律依据不足，救援效率低下，救援效果不明显；另一方面侵犯了公民个人的人权和利益，甚至还侵犯了国家利益和社会公共利益。同时，社会组织和公民法律意识的不足造成不依法进行救援，应用法律手段不够，也不服从、不配合政府部门的应急管理工作。另外，在自己的利益受到侵犯时不知道救济的途径。公共危机应急管理和救援法律主体的法律意识的欠缺体现在应急法律法规的制定、政府部门的行政应急管理和救援力量的救援、司法机关对应急期间法律条款的适用和社会所有单位与全体公民的守法等各方面，其后果是造成应急管理和救援行为的非法性，各种民事违法和侵权、行政违法和行政不当、刑事犯罪屡屡发生，严重影响了应急管理和救援的进程与效果，损害了法治政府、服务型政府的形象，破坏了我国社会主义法治建设的成果。

因此，应大力培养公共危机应急管理和救援的法律意识，提高法律认识，加大法律宣传，深入普法教育，普及法律知识，形成依法治理的观念，走上公共危机应急管理和救援的法治化道路。

## 二、完善公共危机应急救援法律组织管理体制、指挥运行和协调机制

我国公共危机事件发生后，各部门各救援力量之间的密切配合来源于行政体系的命令，尚未形成有效的具有约束力的规范和机制，影响了救援工作和救援效率。因此，要加强统一领导协调，通过立法尽快建立常设性应急管理机构和协调部门。当前应在日常管理、决策和协调等环节上加强应急机构和救援组织机构建设，机构的名称、级别、形式可以灵活，但职责、经费、机构和人员一定要由法律法规明确规定并保持相对稳定。

### （一）通过立法建立和强化专门的应急管理与救援的机构

各级政府要尽可能地设置专门的应急管理和救援的常设机构，当发生公共危机事件后能组织救援力量迅速由平常状态转入非常状态，承担起应急救援的应对和处置工作。

### （二）通过立法建立高效的应急指挥决策机构

各级政府要建立健全领导、专家和群众相结合的民主决策机制，完善应急救援的决策规制和程序，实行严格的应急救援决策和指挥责任制度。

### （三）通过立法建立快捷和畅通的应急救援预警机制和部门

各级政府要建立健全应急报告制度和举报制度，确定应急的级别。

### （四）通过立法建立健全应急救援队伍的指挥运行机制

明确各组成部分的协调运行方式，提出协同作战时的主要内容，包括编

制相关应急救援预案，明确战斗编制、组织指挥、通信联络、应急保障等内容，并立足实战确定处置程序、攻防措施和行动要则。

（五）通过立法建立协调有力、响应高效的应急力量联动机制

不同应急救援力量和队伍的预案编制、组织管理、指挥协调、资源整合、信息共享、协同演练、综合救援、整体合力、网络运行、救援保障、关系地位、责任承担等都需要法律法规的明确，并使其规范化、制度化。

## 三、加强公共危机应急救援的法律保障

公共危机应急管理和救援的法律保障是公共危机应急管理和救援应急保障的重要组成部分，是公共危机应急管理和救援依法进行的基础，为公共危机应急管理和救援的正常、有序开展提供了法律依据。因此，必须重视和加强公共危机应急管理和救援的法律保障，主要加强以下方面的建设。

（一）制定公共危机应急管理和救援保障法

加强立法，制定一部应急保障的统一法律，完善保障法律体系。我国现行公共危机应急管理和救援法律保障的规定分散于《突发事件应对法》、《国务院关于全面加强应急管理工作的意见》、《消防法》、《国务院办公厅关于加强基层应急队伍建设的意见》、《军队参加抢险救灾条例》以及《国家突发公共事件总体应急预案》等法律法规和规范性文件中，立法层次不高，条款相互冲突，规定不一致、不协调，不同层次立法存在矛盾，条文不明确、不详细，可操作性差，没有建立相关的法律保障制度。因此，公共危机应急管理和救援保障法律应该系统化、规范化、可操作性强，并建立起一整套相关制度，为公共危机应急管理和救援的预案制定、应急的准备、启动和响应、应急的管理和救援、恢复重建和评估、监督和追责等整个过程的各种行为提供应有的法律保障。

（二）建立和完善人力资源法律保障制度

针对公安消防、卫生、医疗、交通、矿山、危化、军队、海事、水电气等专业救援力量人力资源保障方面的欠缺和不足，应积极完善现行人力资源体制，加强各种应急救援队伍人力资源法律保障的建设，建立适应社会发展需要的新型救援队伍。第一，增加各应急救援队伍的人员编制，特别是应急救援现役人员的编制，扩充公共危机应急救援人员数量，增加一线执勤力量。第二，改革和调整现行的国家人事政策，延长干部和技术人员的工作年限，特别是现役中长期战斗在一线的指挥员、士官、士兵的服役年限。第三，对实践经验丰富、技术水平高或者有特殊技能的专业技术人才实行返聘

制，保障应急管理和救援所需的人才储备。第四，建立应急救援专家人才库储备制度，吸收专家为政府应急工作提供专业咨询，定期组织开展培训及形势分析会议。

（三）建立公共危机应急管理和救援应急资金投入制度

政府应急管理资金投入机制的建立可以分为预防性投入机制的建立和准备性投入机制的建立。预防性投入属于日常所需，包括对国防、科教文卫、社会保障等项目的投入。加强这方面的投入，在一定程度上可以降低公共危机事件的发生概率及其破坏程度。因此，要着力转变现有的财政支出结构，适当减少经济建设和行政管理支出，增加社会文教费、社会保障费的支出，提高公共危机事件的防御能力。准备性投入要求提高预备费的计提比例，对预备费实行基金式管理，同时扩大预备费基金的来源。各级政府应合理调整公共财政支出范围，投入的资金做到专款专用，确保有效应对公共危机事件。

（四）建立公共危机应急管理和救援应急物资管理、使用和监督制度

建立应急物资采购、储存、调配、使用、管理等规章制度，规范平时管理、供需对接、应急调用、用后返还等程序方法，做到物资保障有具体单位，供需对接有保障措施，应急调用有组织方法，用后返还有制度规定，确保物资保障有效有序。在灾后重建的过程中，应加强应急管理中财政资金运用的监督，保障资金的安全性、规范性和有效性。在处理涉及面较广、危机程度较大的公共危机时，对于国家和社会各界提供的应急物资的使用需要建立监督机制。在我国目前的体制下，应该建立由纪委、监察等相关部门组成的监督体系，制定相关的审批程序和监督系统，对财政应急专项资金的管理使用实行跟踪监控和内部审计，保证资金专款专用。接受社会捐赠物资要严格按照有关法律法规，切实做到手续完备、专账管理、专人负责、账款相符和账目清楚，从而切实保证捐赠的物资能够用于应对公共危机。①

## 四、严格界定公共危机应急救援的法律责任

法律责任一般分为行政法律责任、民事法律责任和刑事法律责任三大类型，另外还有党的纪律责任，在军队内部还有军纪责任。在公共危机应急管理和救援的整个过程中，各种违法犯罪行为所应承担的责任主要是行政法律责任和民事法律责任，并且多是政府承担的法律责任。法律责任的主体是：

① 丁文喜：《突发事件应对与公共危机管理》，光明日报出版社2009年版，第91页。

政府部门或国家机关及其工作人员；党政人员；公司、企事业单位；其他社会团体和组织、公民个人和国际组织及其人员。这些法律主体对在公共危机应急管理和救援的整个过程中的各种各样的违法犯罪行为都应当承担相应的责任。

我国要加快公共危机应急管理和救援的法制建设，形成有中国特色的应急管理和救援的法律法制体系，把应急管理工作纳入规范化、制度化、法制化轨道，要不断健全和完善各级党委、政府及其有关人员和应急救援队伍以及其他相关人员在应急管理和救援中的法律责任。在公共危机应急救援工作中实行严格的责任追究制。实行应急救援法律责任制和救援过错责任追究制，完善并严格执行应急救援民事和行政赔偿制，各救援力量各负其应负的法律责任，做到有救援职权必有救援职责、救援职权受到法律监督、救援侵权要赔偿、救援违纪要处分、救援违规要处罚、救援犯罪要刑罚。对不报、谎报、虚报、迟报、缓报、瞒报和漏报关于公共危机应急救援重要情况或者在应急救援中有其他失职、渎职、过错、违法犯罪行为的，对政府、相关机构和单位、组织、官员、工作人员和公民个人的违法犯罪行为，依法对有关责任人给予党纪、政纪、军纪纪律处分和行政处分，要追究相应的行政责任、民事责任、经济责任和党纪政纪组织纪律责任或军事责任，有民事侵权的要承担民事赔偿责任，对行政违法的要给予行政处分和行政处罚，对于构成犯罪的，要严格依法追究刑事责任。

### （一）公共危机应急救援违法违纪行为及其法律责任的模式设计

公共危机应急管理和救援期间，各种违法违纪和犯罪行为及其应承担的相应责任可以考虑采用以下模式予以追究。

第一条　各有关部门、单位、组织和个人违反有关法律、法规、命令、指令，由其主管部门、上级行政机关或者监察机关按照管理权限责令改正；有下列情形之一的，根据情节对直接负责的主管人员和其他直接责任人员依法给予行政处罚或行政处分，构成犯罪的，依法移交司法部门追究其刑事责任：

（1）不服从统一领导、指挥、管理和调配的；

（2）不履行应急救援有关职责，造成事故蔓延、扩大或其他严重后果的；

（3）扰乱应急救援现场秩序，或者拒不执行救援现场指挥员指挥，影响应急救援的；

（4）贻误战机、指挥不当，造成严重后果的；

(5) 未采取措施或者未采取必要的措施防止事故蔓延、扩大的或者导致发生次生、衍生事件的;

(6) 未立即组织应急救援或者不及时采取应急救援的;

(7) 对事故处置不当,造成严重后果的;

(8) 破坏消防装备、器材,影响应急救援正常进行的;

(9) 未按照国家有关规定及时上报,或者隐瞒事实真相、谎报实情、拖延不报,导致事故应急救援工作延误,造成严重后果的;

(10) 在应急救援工作中,拒绝执行命令或者借故逃避、逃匿,临阵逃脱,擅离职守,情节恶劣的;

(11) 阻碍消防车、消防艇执行任务的;

(12) 阻碍、干涉事故调查工作,拒绝调查取证、提供有关情况和资料的,或者伪造、故意破坏现场、作伪证及指使他人作伪证的;

(13) 未及时组织开展善后工作的;

(14) 不按规定使用应急救援经费,或者滥用应急救援经费的;

(15) 发生事故造成人员伤亡及他人财产损失,而拒不依法承担赔偿责任,或者负责人逃匿的;

(16) 其他违反有关法律、法规、命令、指令的。

第二条 各有关部门、单位、组织和个人违反有关法律法规、规定、命令等,构成违反治安管理行为的,由公安机关依法给予处罚。

第三条 各有关单位、组织和个人违反有关法律法规、规定、命令、指令等给国家、公共利益、他人人身、财产安全造成损害的,应当依法承担民事责任。

第四条 对于违纪行为,按照党和政府的有关规定追究党纪、政纪和军纪责任。

第五条 党员领导干部违反有关规定,符合《党员领导干部问责制》的追究范围,依照相关规定执行;构成刑事犯罪依法移送司法机关。

**(二) 公共危机应急救援中的民事法律责任**

民事责任是民事法律责任的简称,民事法律责任是指民事主体违反民事法律规范,无正当理由不履行民事义务或因侵害他人合法权益所应承担的法律责任。民事责任除具有一切法律责任所固有的一般特征外,还有其自身独具的法律特征:民事责任以民事义务为基础;民事责任具有国家强制性;民事责任主要是财产责任;民事责任在内容性质和原则方面具有区别于其他法律责任形式的特征;具有强制性、财产性和补偿性。民事法律责任分为一般侵权责任和特殊侵权责任。民事责任归责原则有：过错责任原则、过错推定原则、无过错责任原则、公平责任原则和严格责任原则。民事责任的承担方式，又称为民事责任的形式，是指民事主体承担民事责任的具体措施。根据《民法通则》第134条的规定，承担民事责任的方式主要有：停止侵害，排除妨碍，消除危险，返还财产，恢复原状，修理、重作、更换，赔偿损失，支付违约金，消除影响、恢复名誉，赔礼道歉。以上承担民事责任的方式，可以单独适用，也可以合并适用。

公共危机应急管理和救援的法律法规中规定了较多的民事法律责任的条款，主要是政府及其工作人员的民事侵权责任和民事违约责任。2007年《突发事件应对法》第67条规定："单位或者个人违反本法规定，导致突发事件发生或者危害扩大，给他人人身、财产造成损害的，应当依法承担民事责任。"政府民事责任（侵权赔偿或补偿责任）是政府行为或制度设计违反相关法律给相对人造成了伤害时所承担的财产上的赔偿和补偿责任。1995年《国家赔偿法》第2条规定："……由于政府在公共危机事件中管理不当而对公民造成损害的，理应视为侵犯公民的合法权益，公民应当得到赔偿。"强调政府在公共安全危机管理中的赔偿责任，是国家赔偿制度的立法宗旨和价值体现。政府赔偿制度的建立，也是政府取信于民、敢于承担过错、间接树立政府良好形象的有效途径。如果不对其承担赔偿责任，实在难以体现现代法公平、公正的价值要求。我国国家赔偿法的立法宗旨是保障公民、法人和其他组织的合法权益，要使这样的立法宗旨真正落到实处，恐怕仅仅依靠目前国家赔偿法中有限的赔偿范围很难具有说服力，在公共危机管理中落实政府的赔偿责任不可忽视。[①] 对在公共危机应急管理和救援中发生的民事违法行为，政府应制定和完善相关的法律法规和制度，颁布民事赔偿和补偿法或者应急管理和救援特别赔偿补偿法律，以维护公民和有关组织的合法权益。

### （三）公共危机应急救援中的行政法律责任

行政法律责任，是指行政法律规范所设定的一种法律责任。狭义的行政责任，仅指行政主体因违反行政法律规范或不履行行政法律义务而依法应承担的行政法律后果，即行政法律责任是行政主体因行政违法或行政不当，违反其法定职责和义务而应依法承担的否定性的法律后果。

行政法律责任的特点是：表现为行政法律责任的承担主体的多样性；行政法律责任追究机关和追究程序的多元性；违反明确的法律条文的规定。行

① 郭太生：《公共安全危机管理》，中国人民公安大学出版社2009年版，第91页。

政责任具有以下特征：①行政责任是行政主体及其公务员的责任，而不是行政相对人的责任。②行政责任是一种法律责任，与道义责任、政治责任或其他性质的法律责任不同。③行政责任是行政违法或行政不当所引起的法律后果。

关于行政责任的形式和内容，根据责任主体的不同，行政责任可以分为行政主体的责任和行政公务人员的责任。①行政主体承担行政责任的方式和内容：通报批评；承认错误，赔礼道歉；恢复名誉，消除影响；履行职务；撤销违法；纠正不当；返还利益；恢复原状；行政赔偿。②行政公务人员承担行政责任的方式和内容：通报批评；赔偿损失；行政处分。行政责任必须具备一定的条件才能构成。行政法律责任包括行政处罚和行政处分两个方面。一般来讲，行政责任的构成条件有以下几项：一是存在行政违法或不当；二是行政责任主体是行政主体及行政公务人员；三是引起行政责任的行政违法或不当必须发生在行政公务行为中；四是存在承担行政责任的法律规范的依据；五是主观上有过错。其中，行政违法和行政不当构成及客观存在是确定行政责任的前提条件，也是确认行政主体及其公务人员该不该承担责任以及承担何种责任的直接依据。行政违法的形态有：行政失职、行政越权、行政滥用职权、认定事实错误、适法错误、程序违法、行政侵权。行政责任的追究，是指有权机关确认行政违法的行为人的违法行为及应承担的法律责任，并强制其承担行政责任的行为。追究行政责任应符合下列原则：一是责任法定原则，即行政责任应由行政法律规范规定。二是责任自负原则，即行政责任应由违法行为人自己承担。三是责罚相适应原则，即违法行为人承担行政责任的轻重程度与其行为的违法程度相适应。四是教育与惩罚相结合原则。建立行政责任的追究制度是实施行政责任的关键。追究行政责任的主体即依法确认和强制责任人承担行政责任的国家机关。在我国，依法享有追究行政责任权的主体，主要是权力机关、司法机关和行政机关。

在我国，关于公共危机应急救援的法律多是行政性法律，同时存在大量的行政法规和规章。这些法律法规对政府、政府有关工作部门及其工作人员的行政责任都有明确的规定。例如，1995 年《破坏性地震应急条例》、2002 年《危险化学品安全管理条例》、2003 年《突发公共卫生事件应急条例》、2003 年《特种设备安全监察条例》、2005 年《防汛条例》、2005 年《重大动物疫情应急条例》、2006 年《国家突发公共事件总体应急预案》、2006 年《国务院关于全面加强应急管理工作的意见》、2007 年《生产安全事故报告和调查处理条例》、2007 年《突发事件应对法》、2008 年《消防法》、2010 年《自然灾害救助条例》等。

目前，我国的政府官员问责机制不健全。从我国目前情况看，公共危机事件发生后，很少把责任人承担的责任与其对事故的预防所作的投入联系起来，同时监督机制也存在漏洞，表现为缺乏对公共危机事件应急处置实施的责任追究机制，不能依法对相关负责人给予行政处分，甚至追究其刑事责任。政府行政责任是政府行为或制度设计违反行政法律规范所应承担的义务。要保障政府实行危机管理权力符合宪法和法律的要求，必须建立与行使危机管理权力相对应的责任制度。在公共危机事件中，政府行使行政紧急权力和公共危机应急救援力量进行紧急救援必须依法进行，不得非法使用和随意滥用，为了防止行政应急管理权和救援权的非法行使，应建立与行使管理和救援、处置相对应的责任制度，构造权力与责任对等的平衡机制。公共危机应急管理部门的管理和组织、应急救援力量的行为和应急救援力量的应急救援过程应遵循一定的权限、手段和程序。如果组织、管理和救援没有法律依据、违反法定职权、违反法律程序，其应对违法行为和违法造成损失的行为承担相应的法律责任。政府在公共安全危机管理中如果没有履行自己应尽的义务，或者没有依法行事，或者行政不当，都应当承担相应的法律责任，甚至受到法律的制裁。在公共危机事件应急预案和应对中，要建立有法可依、执法必严、违法必究的法律体系和责任追究机制，把高层官员和主要部门作为问责对象。强化政府责任意识，打造“有权必有责，用权受监督，侵权要赔偿”的现代责任政府。同时，为了避免问责不及时从而使问责效果大打折扣，在公共危机事件发生之后，有关部门就应当依法及时介入，将责任追究作为应急处置过程的一个不可或缺的环节。[①]

2003 年《突发公共卫生事件应急条例》追究的法律责任主要是政府公务人员的责任，忽略了公共危机应急管理和救援组织机构、政府及其有关部门、有关组织所应承担的法律责任，也忽略了对行政相对方的行政救济和司法救济。综观我国政府对公共安全危机的处理实践，其合法或违法行为造成的损失，以及对受害群众的救助，更多的是通过补偿的方式实现的。行政补偿制度是现代法治国家行政法制建设中的一项重要内容。我国也没有统一的行政补偿法，所以要使行政补偿制度更有效地发挥作用，通过立法加以完善是当务之急。因此，面对公共危机应急管理和救援，国家应适应形势所需，制定和完善相关的法律法规和制度，制定统一的国家行政补偿法和应急救援特别赔偿补偿法律法规，以保障受到侵害的公民和有关组织的合法权益得到

① 徐凤琴：《论突发公共安全事件应急管理体系之构建》，载《河南广播电视大学学报》2009年第4期，第5页。

法律的救济。

（四）公共危机应急救援中的刑事法律责任

刑事责任，是依据国家刑事法律规定，对犯罪分子依照刑事法律的规定追究的法律责任。刑事责任以构成犯罪为前提。根据我国《刑法》的规定，一切危害国家主权、领土完整和安全，分裂国家、颠覆人民民主专政的政权和推翻社会主义制度，破坏社会秩序和经济秩序，侵犯国有财产或者劳动群众集体所有的财产，侵犯公民私人所有的财产，侵犯公民的人身权利、民主权利和其他权利，以及其他危害社会的行为，依照法律应当受刑罚处罚的，都是犯罪；但是情节显著轻微危害不大的，不认为是犯罪。构成犯罪，必须具备四个基本要件，即犯罪的客体、犯罪的客观方面、犯罪的主体、犯罪的主观方面。刑事责任承担的主要形式是刑罚。刑罚是由国家最高立法机关在《刑法》中确定的，由人民法院对犯罪分子适用并由专门机构执行的最为严厉的国家强制措施。根据《刑法》的规定，刑罚分为主刑和附加刑。此外，我国刑法还规定了非刑罚的处理方法。

我国应急管理和救援的法律法规和其他规范性文件大都规定了有关犯罪主体的刑事责任。例如，1995 年《破坏性地震应急条例》、2002 年《危险化学品安全管理条例》、2003 年《突发公共卫生事件应急条例》、2003 年《特种设备安全监察条例》、2005 年《防汛条例》、2005 年《重大动物疫情应急条例》、2006 年《国家突发公共事件总体应急预案》、2006 年《国务院关于全面加强应急管理工作的意见》、2007 年《生产安全事故报告和调查处理条例》、2007 年《突发事件应对法》、2008 年《消防法》、2009 年《人民武装警察法》、2010 年《自然灾害救助条例》。我国司法机关也对公共危机应急管理和救援期间的刑事犯罪行为的法律适用公布了有关的司法解释。例如，《最高人民法院、最高人民检察院关于办理妨害预防、控制突发传染病疫情等灾害的刑事案件具体应用法律若干问题的解释》（法释〔2003〕8 号）、《最高人民法院、最高人民检察院关于办理危害矿山生产安全刑事案件具体应用法律若干问题的解释》（法释〔2007〕5 号）、《最高人民法院、最高人民检察院关于办理生产、销售假药、劣药刑事案件具体应用法律若干问题的解释》（法释〔2009〕9 号）和《最高人民法院、最高人民检察院关于办理诈骗刑事案件具体应用法律若干问题的解释》（法释〔2011〕7 号）。

上述法律法规中，有的规定比较详细，有的规定比较笼统，仅是宣示性规定。从犯罪客体来看，公共危机应急管理和救援期间的犯罪以财产类犯罪、贪污贿赂和渎职类犯罪、妨害社会管理秩序类犯罪、危害公共安全犯罪居多，特别是财产类犯罪、贪污贿赂和渎职类犯罪是多发和高发性犯罪，还有侵犯公民人身权利、民主权利的犯罪和破坏社会主义市场经济秩序的犯罪。对军人来说，危害国防利益的犯罪和军人违反职责罪并不多。从犯罪主体来说，各类犯罪都存在，自然人犯罪较多，其身份各异，有普通公民，也有国家公职人员和其他从事公务的人员，年龄阶段以青年为主，性别以男性为主，因国外单位和人员参加救援的比例极少，所以几乎没有外国犯罪人；单位犯罪以国家机关、公司企业单位居多，社会团体极少。从犯罪的行为角度看，因为犯罪不同，犯罪行为也各式各样，差别较大，犯罪行为以作为为主，不作为较少。犯罪行为以盗窃、诈骗、故意毁坏财物、贪污、受贿、挪用公款、私分国有财产、滥用职权、玩忽职守、故意杀人、过失致人死亡、故意伤害、过失致人重伤、强奸、非法拘禁、拐卖妇女儿童、侵犯通信自由、遗弃、放火、破坏交通工具、破坏交通设施、破坏广播电视设施或公用电信设施、交通肇事、重大责任事故、生产销售伪劣产品、生产销售有毒有害食品、串通投标、合同诈骗、非法转让倒卖土地使用权、挪用资金和特定款物、妨害公务、招摇撞骗、非法获取国家秘密、非法侵入计算机信息系统、聚众扰乱社会秩序、窝藏包庇、毁坏文物、妨害传染病防治、医疗事故、重大环境污染、阻碍军事行动、非法获取军事秘密、间谍等为主，包括分布于刑法分则各章节的犯罪。从犯罪形态上讲，犯罪既遂形态和未遂形态比犯罪预备和犯罪中止多。单独犯罪和共同犯罪都大量存在。在犯罪主观方面，都有犯罪故意和犯罪过失，犯罪故意中直接故意和间接故意都大量存在，犯罪过失中疏忽大意的过失较多。值得注意的问题是，上述应急管理和救援法律法规规定的犯罪行为，不一定都构成犯罪，如果构成犯罪，必须符合犯罪的构成要件，再者，根据刑法规定的罪刑法定原则，刑法没有明文规定为犯罪行为的，不得定罪处刑。因此，如果犯罪证据不足，也就不能追究行为人的刑事责任。对于这种情况，有两个途径可以解决：一是立法增设有关刑事犯罪的条款和罪名，以严厉打击和惩治应急管理和救援中的犯罪行为，为应急管理、救援和恢复重建创造良好的环境，保障应急管理、救援和恢复重建的顺利进行。这种方法包括全国人大及其常委会修订刑法、制定刑法修正案、制定单行刑法和发布刑法司法解释。二是由司法机关发布刑法条款如何适用的司法解释，以适应当时特殊环境下打击犯罪的需要。

（五）公共危机应急救援中的党纪、政纪责任

党纪、政纪责任分为党纪责任和政纪责任。对违反党纪、政纪的行为应给予党纪、政纪处分，承担党纪、政纪责任。予以党纪处分的就要承担党纪

责任，予以政纪处分的就要承担政纪责任。党纪、政纪处分，是指各级党委、政府及其主管部门，具有处分权的各级纪检监察机关，各派驻纪检监察机构等，依照党内法规或国家法律法规规定的权限、程序，对违纪的党员或国家公务人员作出党纪、政纪处分决定及处理建议而实施的一种制裁措施。党纪处分是纪律处分，是纪律检查委员会对党员的处罚；政纪处分是行政处分，是监察部门对公务员的处罚。政纪处分与组织处分或者说是组织处理密切相关，但是，组织处理和行政处理、党纪处分、司法处理是不同的概念，不能相互替换，不过，它们可以同时适用。

在我国，规定党纪、政纪处分的法律有2003年《中国共产党纪律处分条例》（试行）、2007年《中国共产党章程》等，它们都规定了抢险救灾期间违反党纪政纪、行为的处理条款。为了维护党的纪律和政治纪律，维护党的形象和政府形象，上述条例对公共危机应急管理和救援期间违反党纪、政纪的责任作了规定，为打击违纪行为提供了法律依据。但是，上述规定如何在现实工作中得到贯彻执行，如何真正地认真遵守，是问题的关键所在。除了予以处分外，就是依靠加强教育，依靠行为人本人。

（六）公共危机应急救援中的军纪责任

军纪就是军队的纪律、部队的纪律。纪律是军人的生命。没有纪律就没有战斗力。严明的纪律是我军建设的重要内容，是建设正规化、现代化革命军队不可缺少的组成部分，是部队坚强团结、集中统一和战无不胜的保证，是军队保持和提高战斗力、完成自己光荣使命的有力保证。军纪对于加强部队建设和完成历史使命都具有重要的地位和作用。

军队纪律是党和军队意志得以贯彻执行的可靠保证，是维护军队团结和提高战斗力的重要因素。我军的军纪主要规定在2010年《中国人民解放军纪律条令》、《中国共产党军队纪律检查委员会工作条例》等法规中。根据《中国人民解放军纪律条令》的规定，我军纪律的基本内容有：执行中国共产党的路线、方针、政策；遵守国家的宪法、法律、法规；执行军队的条令、条例和规章制度；执行上级的命令和指示；执行三大纪律、八项注意。要求每个军人必须做到：听从指挥，令行禁止；严守岗位，履行职责；尊干爱兵，团结同志；军容严整，举止端正；提高警惕，保守秘密；爱护武器装备和公物；廉洁奉公，不谋私利；拥政爱民，保护群众利益；遵守社会公德，讲究文明礼貌；缴获归公，不虐待俘虏。

违反军纪的行为要受到军纪处分，承担军纪责任。处分的目的在于严明纪律，教育违纪者和部队，加强集中统一，巩固和提高部队战斗力。2003年

《中国共产党纪律处分条例（试行）》第170条规定："中央军委可根据本条例，结合中国人民解放军的实际情况，制定补充规定。"2009年《人民武装警察法》第34条规定："人民武装警察在执行任务中，不履行职责或者违抗上级决定、命令的，违反规定使用警械、武器的，或者有本法第十九条所列行为之一的，按照中央军事委员会的有关规定给予纪律处分……"2010年《中国人民解放军纪律条令》集中规定了军纪处分的目的、原则、项目、条件、权限和实施。

面对公共危机应急管理和抢险救援，军队包括解放军和武警部队依照《突发事件应对法》、《军队参加抢险救灾条例》和军队内部的法律法规的规定派出大量的部队参加抢险救灾。在各种应急抢险中，不能排除发生违反军纪的行为。对于违反军纪的行为，除了依照其他有关法律法规给予相关处分、承担有关法律责任外，还应当严格依照军纪的规定，作出相应的处分。随着国际合作的加强，国外军队可能会进入我国参加公共危机处理和救援，对违反我国法律和军队纪律的行为如何处理，除了按照双方参加或签订的有关国际性、区域性和双边协议外，应当积极立法，作出明确的规定。

# 第三章
# 公共危机应急救援力量预案体系建设

## 第一节　公共危机应急救援力量预案体系建设的主要问题

在公共危机应急救援力量体系中，预案体系是整个体系架构中的一条主线，贯穿应急救援中事故预防、事故处置、事故善后的全过程，是整个体系架构中不可或缺的组成部分，如何让预案切实服务于应急救援的实战需要，并使整个力量体系高效运转是预案体系建设面临的主要问题。

我国当前预案体系建设取得了多方面的成就，全国公共危机应急救援预案框架体系已初步建立，且部类齐全，涵盖了公共危机事件的主要方面。通过明确职责和处置程序，预案发挥了指导和辅助救援行动的重要作用，预案的宣传和演练活动，还增强了全民的危机应急意识和能力。但是，仍然存在一些问题影响了预案的实际效用，值得引起重视并积极解决。

### 一、预案编制和预案体系的规范性有待加强

预案作为应急救援的行动计划和实施指南，为救援行动提供了科学合理的处置程序和切实有效的处置步骤，是一种标准化的应急程序，但是当前预案编制和预案体系的规范性有待进一步加强。

一是预案的编制生成过程不够规范，包括预案制订、修订程序不规范，预案的评审、检验不规范，预案的培训、演练不规范，预案的发布、备案不规范。①

二是预案编制缺乏统一标准格式。当前我国尚无编制应急救援预案的相关技术标准，各层次各部门预案格式多种多样，缺乏规范性，导致实战应用和力量联动中咨询查找相对困难。

---

① 陈安、陈宁、倪慧荟：《现代应急管理理论与方法》，科学出版社2009年版，第127页。

三是预案层次复杂，预案种类繁多。当前我国公共危机应急救援力量结构呈现出地域分割和行业分割的特征，多种救援力量相对独立、各自为政，各种层次的总体预案、专项预案和部门预案造成了预案体系的层次复杂和种类繁多，往往导致各种救援力量联动迟缓，限制了预案在救援行动中的实效性。

## 二、预案内容的完整性和实效性有待加强

预案作为行动指南，要具有危机假想和事故应急的周密性，还要具有指导实战的针对性和可操作性，但是当前部分预案内容不够完备，预案实效性有待进一步加强。

一是部分预案只提供应急救援工作的总体框架，偏重指导原则和部门职责而缺乏应急处置的实质内容，导致救援行动带有较大随意性，对有些事故情况缺少预判和应急准备，导致预案实际可操作性较差。

二是部分预案的内容不够完备，未能针对实际情况进行危机假想、风险分析和应急资源调查等，缺少必要的组成要件。例如，部分预案中的辅助决策部分不够完善，事故发生后，指挥者仅能根据有限信息，凭借经验作出应急决策，这不仅违背现代指挥决策的科学性原则，又使预案成为一纸空文。此外，部分预案未能将次生灾害与衍生灾害控制纳入预案编制，缺少危机处置的全程管理意识。

三是部分预案对处置流程、部门职责、处置措施的编制不够明确，执行主体不清，难以在实战中应用；部分预案千篇一律，未能定期更新修正，与实际情况脱节，成为案头摆设。

## 三、预案体系的规划性和协调性有待加强

随着全国公共危机应急救援预案框架体系的初步建立，预案体系建设的重点应当从完备性向协调性转移。当前公共危机应急救援力量预案体系在各层次各部门的衔接联动方面还有待进一步加强。

一是部分预案明确了各种救援力量的职责分工，但是在处置流程和处置措施中对各种救援力量的调动、集结和部署，以及相互之间的协同救援缺乏统筹安排，降低了联合作战能力。

二是部分预案对协同救援的保障工作缺乏考虑，导致有多种救援力量参加的救援行动，往往由于通信、技术、物资保障不力而进展不畅。

三是部分预案的灵活性较差，表现为预案编制形式化和救援行动步骤格式化，难以与实际情况和救援现场相协调，也使计划指挥与临机指挥难以

协调。

四是各层次各部门预案脱节，如应急救援中心与各地各部门在预案编制中未能做好统一规划，就会造成各方面部署（现场设置、任务分工、救援路线、物资调配等）不协调，当应急救援中心调动多种力量实施救援时，还可能造成任务重叠或冲突，使预案失去作用。此外，存在“上下预案一般粗”的问题，各层次预案未能根据编制对象和实际情况进行有针对性的规划，导致相互之间难以衔接和协调。

### 四、预案演练和评估修正工作有待加强

当前应急救援预案的演练和评估修正工作有待进一步加强。

一是部分应急救援预案缺少实践检验，或者未曾组织过实战演练，同时，部分预案演练危机情景预设简单，不具有突发性，参演人员和部门按部就班开展演练，无法达到对应急救援预案可行性进行检验的效果。

二是部分预案未能就演练效果进行评估，也未能根据实际情况的变化对应急资源进行及时更新和修订，导致预案在诸多现实因素的变化过程中逐渐贬值和失效。

## 第二节　公共危机应急救援力量预案体系建设的主要内容

### 一、公共危机应急救援力量预案体系建设的原则

公共危机应急救援预案是应急处置的实施指南和行动计划，提供科学合理的处置程序和切实有效的处置步骤，是执行各项应急管理工作的基本依据。预案的本质是通过对公共危机中隐性的常态因素显性化，来实现对公共危机作出预判和进行应急准备，预案的目的是降低因公共危机的不确定性而失去对关键时机、关键环节的把握，或浪费资源的概率。[①] 应急预案建设的前提是符合应急管理发展方向，在应急管理领域中具有引领性和前瞻性。应急预案作为应急理念的载体，要体现公共危机应急管理中“全过程”的理念，改变轻预防、重处置的预案编制导向，改变重编制、轻修订的预案管理理念，并将次生灾害与衍生灾害控制纳入预案编制；预案作为应急行动的宣传载体，要体现高度的参与性和较强的动员能力，遵循“全参与”的应急管

---

① 丁文喜：《突发事件应对与公共危机管理》，光明日报出版社 2009 年版，第 99 页。

理理念，增强家庭预案编制意识，提高预案管理过程的公众参与度；要体现“全风险”的应急管理理念，加强规范性和辅助决策功能，提高预案间衔接和联动效率。

（一）系统性与针对性相结合

应急救援预案首先应具有系统性，具有完整的结构和完备的内容，涵盖公共危机应急救援的全过程，同时应当具有针对性，避免将预案编制成适用于各类事故的通用手册，在基本的应急救援程序和措施之外，还应当根据编制对象的不同特点，制定具有针对性的特殊处置方案。此外，在注重由各层次各部门各事故类型组成的预案体系的系统性建设的同时，还应当着力于针对力量体系的预案编制，突出编制内容中各种救援力量的联动协调。

（二）周密性与灵活性相结合

应急救援预案应当做好事前、事发、事中、事后的全程应急规划，包括对响应等级、组织指挥、力量部署、现场环境、应急保障、善后恢复等进行预先的周密考虑，最大限度地假想危机情景，作出最周全严密的应急准备。与此同时，还应当具备可适应、可调节的灵活性，避免将处置措施作为教条，死板地应用于现场处置中；公共危机事件具有突发性，涉及因素众多，现场情况瞬息万变，难以预测，因此应急救援预案必须具有一定的灵活性，能够根据现场实际情况随机而动，通过制定分级预案和多套预案，可以使现场应急救援的指挥人员具备临场处置的灵活性，提高应变能力和处置成功的保险系数。

（三）科学性与实效性相结合

预案作为处置参考，必须具有科学性，提供合理的处置程序和专业的处置措施，建立应急资源数据库，为科学决策提供支撑。同时，预案的科学性必须以紧贴实际为出发点，以切实有效为根本，以服务实战为目的，并且通过实践检验来评估科学性的应用效果。因此，预案编制要将科学性与实效性相结合，以科学性服务于实效性，以实效性推动科学性，共同实现科学有效的预案编制目标。

## 二、加强预案体系的系统性建设

公共危机应急救援力量预案体系是一个完整系统，具有整体关联性、等级结构性、功能拓展性和动态平衡性等特性。因此，加强预案体系的系统性建设需要从以下几个方面入手。

第一，从预案体系的整体关联性出发，充分考虑预案内容的全面和周密，即包括所有潜在的危机类型，包括公共危机应急救援所涉及的所有利益关系者，包括应急救援准备—响应—处置—恢复的全过程，确保预案体系完整，使其具备对公共危机事件的预测、识别、处置和评价功能。

通过对现有预案的归纳分析，系统构建预案编制的六个功能组成，即危机情景预设、组织指挥体系、现场处置措施、应急救援保障、善后恢复和演练修正，并在编制过程中统筹考量相互之间的协调和支撑，使各功能部分构成一个内容完备、相互呼应的预案体系，如图 3－1 所示。

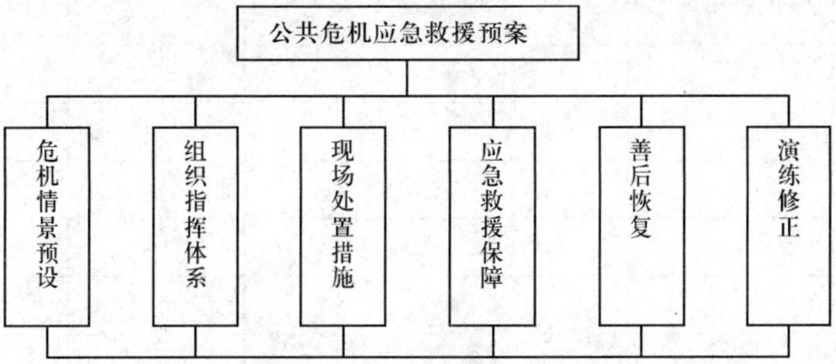


图 3－1 公共危机应急救援预案编制功能组成

1. 危机情景预设是公共危机应急救援预案编制的前提，对力量部署、处置对策等内容起决定性作用。当前部分预案多为原则性的内容或概括性的文档，针对性和可操作性较差，因此需要通过危机情景预设明确应急处置的目标，提高预案编制的针对性和可操作性。危机情景预设的内容主要包括事件类型，事件发生的时间、地点，事发情景设定，事件规模，事发场所的人员密度和分布情况，事件发生区域的气象、地理、社会环境条件等。

2. 公共危机事件的突发性和紧急性使应急决策面临巨大的时间压力，这就要求高度的集中指挥，以便实现快速反应。统一的组织结构可以避免多系统指挥下各个指挥系统之间横向沟通协调造成的时间浪费，达到快速、有效反应。因此，组织指挥体系是公共危机应急救援预案编制的核心，包括应急组织机构与职责、组织体系框架描述和指挥与协调三部分。

首先，应建立统一的应对系统和指挥中心，以统一指挥贯穿应急处置的全过程，明确应急救援中承担相关职责的所有应急机构和部门、负责人和替补负责人及其联系方式，明确其在应急准备、应急响应和应急恢复各个阶段的职责（见表 3－1）。

表 3－1　公共危机应急救援预案机构与职责制式表格

<table>
<tr><td colspan="2">预案名称</td><td colspan="6">×××公共危机应急救援预案</td></tr>
<tr><td colspan="2">事件类型</td><td>事件规模</td><td>事发地点布局结构</td><td colspan="3">功能设置</td><td>人员密度与分布</td></tr>
<tr><td colspan="2"></td><td></td><td></td><td colspan="3"></td><td></td></tr>
<tr><td colspan="2">组织指挥体系</td><td>组成</td><td colspan="2">职责</td><td colspan="2">联系人</td><td>联系电话</td></tr>
<tr><td colspan="2">总指挥部</td><td></td><td colspan="2"></td><td colspan="2"></td><td></td></tr>
<tr><td colspan="2">现场指挥部</td><td></td><td colspan="2"></td><td colspan="2"></td><td></td></tr>
<tr><td rowspan="4">公安部门</td><td>公安</td><td></td><td colspan="2"></td><td colspan="2"></td><td></td></tr>
<tr><td>消防</td><td></td><td colspan="2"></td><td colspan="2"></td><td></td></tr>
<tr><td>交警</td><td></td><td colspan="2"></td><td colspan="2"></td><td></td></tr>
<tr><td>……</td><td></td><td colspan="2"></td><td colspan="2"></td><td></td></tr>
<tr><td colspan="2">解放军、武警</td><td></td><td colspan="2"></td><td colspan="2"></td><td></td></tr>
<tr><td colspan="2">卫生部门</td><td></td><td colspan="2"></td><td colspan="2"></td><td></td></tr>
<tr><td colspan="2">环保部门</td><td></td><td colspan="2"></td><td colspan="2"></td><td></td></tr>
<tr><td colspan="2">安监部门</td><td></td><td colspan="2"></td><td colspan="2"></td><td></td></tr>
<tr><td colspan="2">交通部门</td><td></td><td colspan="2"></td><td colspan="2"></td><td></td></tr>
<tr><td colspan="2">市政部门</td><td></td><td colspan="2"></td><td colspan="2"></td><td></td></tr>
<tr><td colspan="2">通信部门</td><td></td><td colspan="2"></td><td colspan="2"></td><td></td></tr>
<tr><td colspan="2">……</td><td></td><td colspan="2"></td><td colspan="2"></td><td></td></tr>
<tr><td colspan="2">专家姓名</td><td colspan="4">专长</td><td colspan="2">联系电话</td></tr>
<tr><td colspan="2">……</td><td colspan="4"></td><td colspan="2"></td></tr>
<tr><td colspan="2">……</td><td colspan="4"></td><td colspan="2"></td></tr>
<tr><td colspan="2">……</td><td colspan="4"></td><td colspan="2"></td></tr>
<tr><td colspan="2">备注</td><td colspan="6"></td></tr>
</table>

其次，以公共危机应急响应的全过程为主线，以应急准备和保障为支线，明确公共危机事件发生、报警、响应、结束、善后等处置环节的主管部门与协作部门及其职责（如图 3－2 所示）。在应急处置过程中，根据具体的应急功能合理设置战斗小组，每一个战斗小组的任务可能需要多方面救援力量共同完成，因此应进一步明确小组负责人和协同单位及其职责。为更好地满足应急协同联动的要求，应附图表说明。

3. 公共危机应急救援应根据具体的事件类型、特点、规律等快速反应。

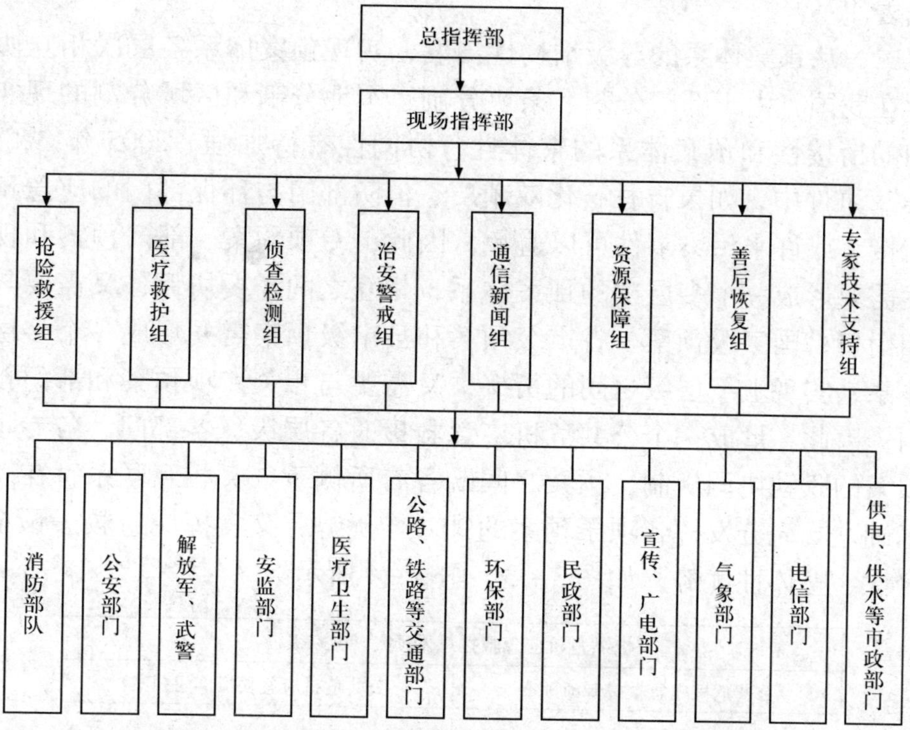


图3－2　公共危机应急救援预案组织指挥体系框架图

尽管不同的事件类型具体处置方法不同，但基本的处置程序类似，主要包括调度指挥、侦查检测、紧急救生、有效防护、人员疏散、设置警戒、排除威胁等环节。

4. 应急救援保障主要包括人力、物力、财力、交通运输、医疗卫生、通信及临时避难安置场所保障等工作，为保证应急状态下的救援需要，其重点是应急通信保障、救援设备保障、应急物资保障和社会动员保障等。

5. 善后恢复主要包括治安管理、人员安置、经济补偿、征用物资补偿、救援物资供应、恢复生产生活等事项。善后恢复要求妥善安置和慰问受灾人员，尽快消除事故灾难影响，保证社会稳定。在应急预案的制定过程中，对受灾人员生活安置、心理干预、社会心理调查等，应引起足够重视，并纳入应急计划之中。

6. 由于经验、理论和技术等方面的限制，预案在实施过程中往往会面临超出编制内容的突发情况。编制的预案内容是否可行需要检验，而检验最好的方法是演练。应急预案演练是检验、评价和提高应急能力的重要手段，有助于在事前暴露预案内容和处置程序的缺陷，发现应急资源的不足和存在的问题，检验各级预案之间的协调性，并针对一些突发情况和遗漏环节进行修改和完善。①

第二，从预案体系的等级结构性出发，实现预案体系各层次相互协调和衔接。在我国，由于部门分割、条块分割、军地分割和区域分割的现实，预案之间的衔接性和预案体系的整体性、协同性有待加强。2005 年“松花江水污染”事件中，如果吉林石化双苯厂、消防部门与环保部门的应急预案能相互衔接，或许水污染事件可以避免。因此，专项预案、部门预案和现场处置方案需要形成一个多层次的预案体系，相互之间需要协调，又需要与地方预案相衔接；国家级预案、省市级预案和县市级预案需要形成一个多层次的预案体系，实现上下层级之间的衔接，又需要与相关专项预案和部门预案相互协调；由此，形成一个公共危机应急救援时各层级、各部门、各专项、各地方预案的联动协调机制，预案之间既各有所侧重，又相互联系，在总体预案的基础上既充分发挥各项子预案的针对性优势，又发挥应急救援预案体系的综合性、整体性优势，如图 3 –3、图 3 –4 所示。

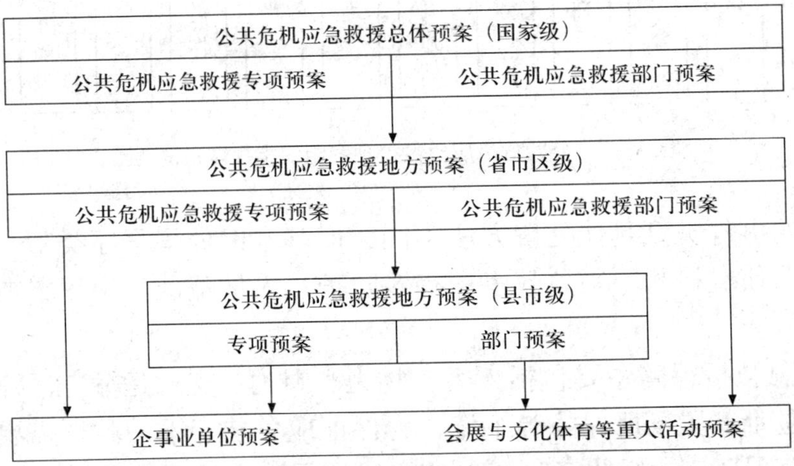


**图 3 –3　公共危机应急救援预案体系层次图**

此外，预案内容要与应急救援管理部门的机构设置和职能有效衔接，这种衔接体现在预案编制过程中，也体现在预案启动、应急处置和恢复重建等各个阶段。

第三，从预案体系的功能拓展性出发，在预案体系基本架构之上增强其

① 部分内容参考“十一五”国家科技支撑计划项目“社会治安动态预警、综合防控技术体系研究与示范”之课题二“典型社会公共场所突发事件应急处置关键技术研究”（课题编号：2006BAK08B02）的支撑报告二“社会公共场所突发事件现场应急指挥模式研究报告”，负责人：杨隽。

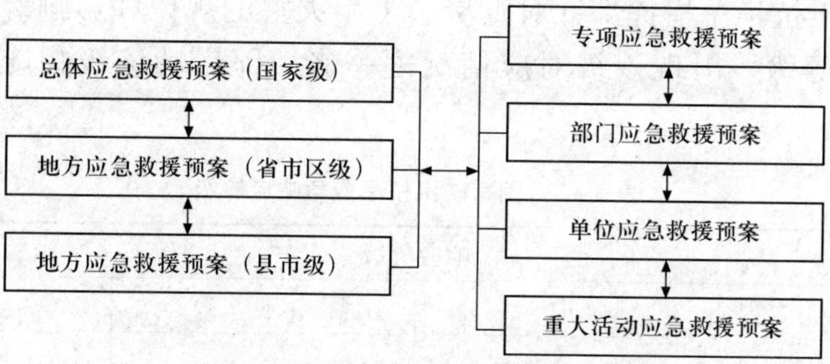


图3-4　公共危机应急救援预案体系衔接联动图

拓展性功能。由于各地应急平台建设水平、危机处置能力、应急资源配置情况、应急保障情况等各不相同，预案体系应在保证基本架构的基础上具备一定的功能拓展性，使得预案体系能够结合建设需要和实际情况进行功能多样化拓展。

增强预案的拓展性功能主要通过编制分级预案、备用预案和跨区域、跨部门预案实现，从而使现场应急处置的指挥人员具备临场处置的灵活性，以提高处置成功的保险系数。

《国家自然灾害救助应急预案》（2011 年 10 月 16 日修订）规定了国家自然灾害救助响应等级，当某一省（区、市）行政区域内，发生自然灾害，一次灾害过程出现规定情况之一的，将按规定响应等级启动应急预案（见表 3-2）。

表3-2　国家自然灾害救助响应等级

| 响应等级 | 死亡人数 | 紧急转移安置或需紧急生活救助 | 倒塌和严重损坏房屋 | 干旱灾害造成缺粮或缺水等生活困难，需政府救助人数占农牧业人口比率或总人数 | 组织协调机构 |
|---|---|---|---|---|---|
| Ⅰ | 200 人以上 | 100 万人以上 | 20 万间以上 | 30% 以上，400 万人以上 | 国家减灾委主任统一组织领导 |
| Ⅱ | 100 人以上，200 人以下 | 80 万人以上，100 万人以下 | 15 万间以上，20 万间以下 | 25% 以上，300 万人以上 | 国家减灾委副主任（民政部部长）组织协调 |
| Ⅲ | 50 人以上，100 人以下 | 30 万人以上，80 万人以下 | 10 万间以上，15 万间以下 | 20% 以上，200 万人以上 | 国家减灾委秘书长组织协调 |
| Ⅳ | 30 人以上，50 人以下 | 10 万人以上，30 万人以下 | 1 万间以上，10 万间以下 | 15% 以上，100 万人以上 | 国家减灾委办公室组织协调 |

国家防汛抗旱总指挥部针对洪涝、干旱灾害的规模和影响等因素，规定了应急响应等级。出现该级对应情况之一者，即启动该级响应（见表3－3）。

表3－3　国家防汛抗旱应急响应等级

| 响应等级 | | | |
|---|---|---|---|
| Ⅰ | Ⅱ | Ⅲ | Ⅳ |
| 1. 某个流域发生特大洪水 | 1. 数省、自治区、直辖市同时发生严重洪涝灾害 | 1. 数省、自治区、直辖市同时发生洪涝灾害 | 1. 数省、自治区、直辖市同时发生一般洪水 |
| 2. 多个流域同时发生大洪水 | 2. 一个流域发生大洪水 | 2. 一省、自治区、直辖市发生较大洪水 | 2. 数省、自治区、直辖市同时发生轻度干旱 |
| 3. 大江大河干流重要河段堤防发生决口 | 3. 大江大河干流一般河段及主要支流堤防发生决口 | 3. 大江大河干流堤防出现重大险情 | 3. 大江大河干流堤防出现险情 |
| 4. 重要大型水库发生垮坝 | 4. 一般大型及重点中型水库发生垮坝 | 4. 大中型水库出现严重险情 | 4. 大中型水库出现险情 |
| 5. 多个省、自治区、直辖市同时发生特大干旱 | 5. 数省、自治区、直辖市同时发生严重干旱 | 5. 数省、自治区、直辖市同时发生干旱灾害 | 5. 多座大型以上城市同时因干旱影响正常供水 |
| 6. 多座大型以上城市同时发生极度干旱 | 6. 多座大型以上城市同时发生严重干旱 | 6. 多座大型以上城市同时发生中度干旱 | |
| | 7. 一座大型以上城市发生极度干旱 | 7. 一座大型城市发生严重干旱 | |

针对不同事件类型，各应急救援部门、企事业单位等规定了相应的响应等级，但是，由于公共危机事件发生、发展的不确定性，快速、准确地确定应急响应级别成为公共危机应急救援技术中的难题。分级响应的目的是针对不同等级的事件使用相应等级的应急资源进行处置，强调在最短响应时间内，根据对事件的掌控和事件的进展，通过逐级动员外部辅助资源满足不同级别应急响应的要求。分级响应有助于缓解不断变化或增加的事件风险和应急资源有限的矛盾，通过逐级求助的安排使应急资源得以最大合理化地利用。

因此，确定分级响应的标准主要是：一是应急救援组织的响应能力、响应效率；二是公共危机事件的规模、范围、影响程度、发展规律。通过风险评估，找出这二者之间的对应关系，结合事件类型，确定分级响应级别。在制定分级响应级别时，要同时明确该级别相对应的应急救援组织协调机构（即应急响应召集和负责机构）和应急救援行动，明确逐级提高应急响应级别的条件和程序。在各个响应级别中，一级响应应当发挥响应时间上的快速优势，当上一级应急响应启动时，下一级应急响应同时或已经启动，上一级响应应当履行对下一级响应进行定期评估监督的职能。

预案分级响应机制需要健全的应急信息系统作为支撑，将事件的发生、发展的信息传递给相应级别的应急指挥调度中心，根据对事件情况的评价，实施相应级别的应急预案。[①] 以下按公共危机预期损失程度、影响范围、事态发展和事件性质[②]等要素划分并确定分级响应等级框架，为制定分级响应预案提供指导原则。针对自然灾害、事故灾难、公共卫生事件和社会安全事件及各种具体事件类型时，应结合具体事件性质和特点进一步明确响应条件和响应活动，明确各分级响应预案启动的时间、权限和方法，对力量调动权限、调动顺序、响应时限、后勤保障等作出明确规定（见表3－4）。

**表3－4　公共危机应急救援分级响应等级框架**

| 响应等级 | 响应条件 | 响应机构 | 响应活动 |
|---|---|---|---|
| Ⅰ<br>国家响应 | 1. 已经或可能导致30人以上死亡（含失踪）<br>2. 已经或可能导致100人以上重伤（中毒）<br>3. 可能造成直接经济损失1亿元以上的特别重大事件<br>4. 需要紧急转移安置10万人以上<br>5. 超出省（市、区）人民政府应急处置能力的公共危机<br>6. 跨省级行政区、跨领域（行业、部门）、跨国界的公共危机<br>7. 事件影响不断蔓延，需要扩大增援 | 国家级相关事件类型应急管理部门 | 1. 相关事件类型国家应急指挥中心全面启动<br>2. 报告国务院应急管理办公室<br>3. 派出国家现场指挥协调组和专家组<br>4. 所属及相邻省级应急机构全面启动<br>5. 通知其他相关专业应急救援中心<br>6. 随时派出各级救援力量和资源<br>7. 必要时，调配军队等部门力量和资源 |

① 吴宗之、刘茂：《重大事故应急预案分级、分类体系及其基本内容》，载《中国安全科学学报》2003年第1期，第15～18页。

② 刘铁民、刘功智、陈胜：《国家生产安全应急救援体系分级响应和救援程序探讨》，载《中国安全科学学报》2003年第12期，第5～8页。

（续表）

| 响应等级 | 响应条件 | 响应机构 | 响应活动 |
| --- | --- | --- | --- |
| Ⅱ<br>省、自治区、直辖市响应 | 1. 已经或可能导致 10 ~ 29 人死亡（含失踪）<br>2. 已经或可能导致 50 ~ 100 人重伤（中毒）<br>3. 可能造成直接经济损失 5000 万元以上，1 亿元以下的重大事件<br>4. 超出市（地）人民政府应急处置能力的公共危机<br>5. 跨省内行政区、行业、部门的公共危机<br>6. 事件影响不断扩大，可能需要增援 | 省级应急管理部门 | 1. 所属省级应急指挥中心全面启动<br>2. 派出省级现场指挥协调员和专家组<br>3. 报告相关事件类型国家应急管理部门，国家应急指挥中心进入预备状态<br>4. 相邻省级应急机构进入预备状态<br>5. 通知其他相关专业应急救援中心<br>6. 随时派出所辖救援力量和资源<br>7. 可能调配其他省级或有关专业救援力量和资源 |
| Ⅲ<br>市、地、盟响应 | 1. 已经或可能导致 3 ~9 人死亡（含失踪）<br>2. 已经或可能导致 30 ~ 50 人重伤（中毒）<br>3. 可能造成直接经济损失较大的公共危机<br>4. 协助区域内其他公共危机的应急救援响应<br>5. 事件的影响范围在两个或以上县或县级市<br>6. 事件影响有扩大的趋势 | 市级应急管理部门 | 1. 所属市级应急指挥中心全面启动<br>2. 派出市级现场观察协调员和专家组<br>3. 报告国家应急指挥中心<br>4. 相邻市级应急机构进入预备状态<br>5. 随时派出所辖救援力量和资源<br>6. 可能调配其他市级或有关专业救援力量和资源 |
| Ⅳ<br>县或单位响应 | 1. 已经或可能发生 3 人（不含 3 人）以下伤亡<br>2. 协助区域内其他公共危机的应急救援响应<br>3. 事件的影响范围局限在县域或单位区域之内，并且可被现场人员遏制和控制在该区域内，其预期影响不会扩大到该区域外 | 县级应急管理部门或单位应急工作办公室 | 1. 所属县级应急指挥中心全面启动<br>2. 报告上级应急指挥中心<br>3. 随时派出所辖救援力量和资源 |

第四，从预案体系的动态平衡性出发，实现预案体系的稳定更新。主要表现为预案编制与修订的动态管理过程，对于风险分析、处置措施等不确定因素，要在编制完成后，经过严格的审核和审批，通过培训、演练和实战，发现与实际情况的不符之处，及时进行修改调整，既考虑不变因素，又考虑可变因素，按“风险评估—编制预案—演练评审—修订完善—生成预案”这一修订过程推进，使预案具有更强的针对性和指导性，如图 3 –5 所示。

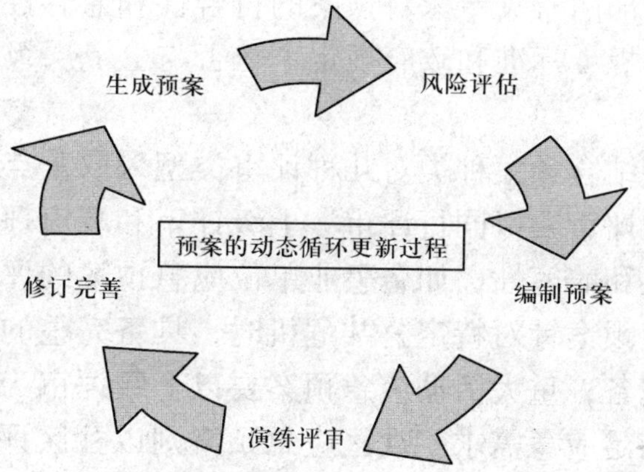


图 3－5　公共危机应急救援预案动态循环更新过程

自然威胁和技术威胁的不断变化决定了预案体系的动态平衡性，因此不管编制完成的预案是否符合应急救援的需求，都必须不断重新评估潜在风险，执行再评估—再编制—再评审—再修订的过程。由此，预案编制是一个动态的状态，需要通过不断地循环更新来确保预案体系达到最佳备灾状态。

预案编制完成后需要通过严格评审和多次修改才能正式发布，评审修改是完善预案的重要环节，主要有内部评审、同行评审、社区评审、上级评审和政府评审等类型。[①] 依据不同方面的评审准则，经过不同评审人员的层层把关，预案内容在多次修改后愈益完善，可操作性和针对性愈益突出，能够付诸实践并公开发布。

内部评审是预案编制人员对预案完整性的初步评估，评审的标准主要是应急功能、应急过程和适应范围等是否完整。同行评审是预案专业编制人员对预案规范性的专业评审，评审的标准主要是预案组成要件是否完备、层次结构是否清晰、适应事件性质及种类是否准确等。社区评审主要针对预案的可操作性，评审的标准主要是预案是否简洁易懂，提供的处置程序和措施是否具有实践性，普通民众在执行预案时是否具有把握性等，避免预案出现纸上谈兵、不切实际的问题，一般由社区公众和媒体等进行评审。上级评审是对预案有监督职责的组织主要就预案的准确性进行的评审，通过对预案中应急职责、辅助决策信息等是否准确的审查，确定预案是否准确反映了应急需求，以及所提供的应急资源能否满足应急需求等。政

① 姜平、贾洁萍、孔庆兵：《公共危机管理与突发事件应对》，红旗出版社 2011 年版，第113～115 页。

府评审主要由政府部门有关专家对预案的符合性和兼容性作出评审，即预案是否符合法律、法规、标准和政府规定，是否与上下层级预案对接、与其他预案一致等。

在实践中，要结合预案种类对几种评审类型采取重点选用的方法，如政府综合应急预案的评审要以同行评审、上级评审和政府评审为主，确保预案的规范性、准确性和兼容性；如企事业单位应急预案的评审要以内部评审和同行评审为主，使预案针对特定公共危机时，具备完整的应急功能和应急过程，且组成要件完备；重大活动应急预案要以上级评审为主，确保突发情况下应急资源能够满足应急需求；社区应急预案则以社区评审为主，达到促进普通公众对预案加深理解和熟悉，并具备实际可操作性的目的（如图3－6所示）。

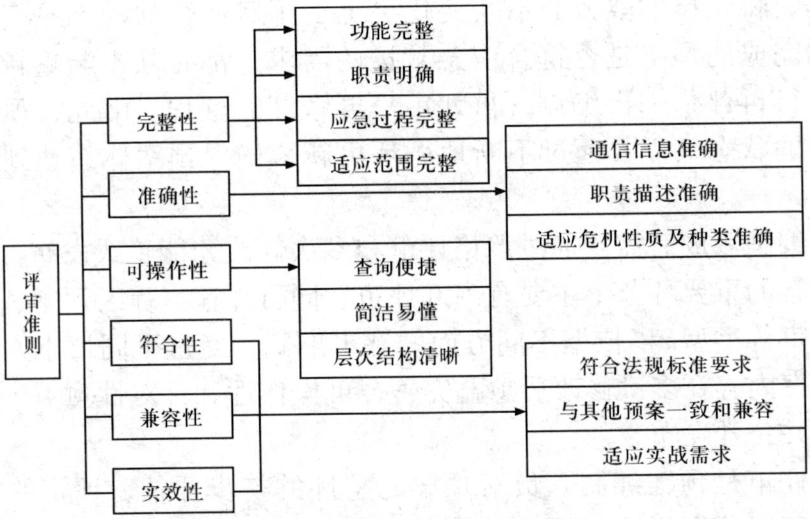


图3－6　公共危机应急救援预案评审准则

预案实现稳定更新的另一个重要环节是修订完善。《国务院有关部门和单位制定和修订突发事件应急预案框架指南》要求预案管理与更新需要“明确定期评审与更新制度、备案制度、评审与更新方式方法与主办机构等”，但是从国家层面尚未对应急预案修订条件和程序进行专门规定；各地、各部门和单位多是对预案修订作出原则性规定，缺少实施细则，在实践中预案的定期修订更新制度并不健全，且落实不到位。因此，需要从国家层面对预案管理制度进行完善，详细规定预案修订的条件、程序和需要修订的内容，使预案动态更新达到制度化和常态化。

同时，预案修订应坚持“即时修订与定期修订相结合”的原则。即时修订，是指编制对象的实际情况和救援力量的执勤实力发生变化或者通过培训、演练和实战发现预案规划与实际不符的时候，及时对预案进行局部修订和完善。定期修订，是指每季度或半年组织一次预案修订或重新编制，主要是对预案的危机情景预设、组织指挥、力量调集部署、现场处置、应急保障、应急资源数据库等进行重新评估，并进行相应的调整，确保各项处置措施更加符合应急救援的规律和要求。

定期修订中需要检查和修改的信息主要有：

预案的完整性；

组织指挥系统是否运行畅通；

救援人员确认和联系方式；

救援人员准备情况与救援技能；

救援器材、装备、物资的准备情况与储放位置；

信息传递是否畅通；

联动互助单位与部门的合作情况；

增援力量、物资等应急资源的提供、准备情况；

重大危险源的名称、数量、性质及所处位置；

重点场所结构地形图的变化；

道路交通等城市环境的变化；

应急服务和保障机构的变化；

应急资源的变化；

新增重点场所和居民区等；

国家或地方有关应急法律法规的变化；

即时修订中需要检查和修改的信息：

培训和演练中发现的问题；

重大灾害事故的救援经验与教训。

## 三、加强预案体系的规范性建设

预案是指导应急救援行动的标准化运作程序，规范有序是其题中应有之义。加强预案规范性建设的原则是标准化与具体化、差异化的结合，避免由标准化带来的脱离地区或部门公共危机具体情景、机械重复等模板化问题。为推动应急预案规范化建设，各部门、系统和行业制定了应急预案管理办法、应急预案编制导则、应急预案评审指南和应急预案操作手册等类型的规章，指导各地、有关部门和单位加强预案编制和管理工作。但是不同部门、系统和行业分别制定的规章，在重大公共危机的跨区域、跨部门预案衔接和联动中难以统一，同时其在权威性和强制性方面也有待加强，以避免预案管理的各项制度流于形式。加强预案体系的规范性建设主要从以下两个方面入手。

第一，建立健全法律法规和管理机制。

从管理办法、编制导则、评审指南等方面的法律法规建设入手，形成制度化的预案管理模式，在法律法规层面上对预案编制的重要性和强制性进行界定，对预案培训、演练的制度、机制等进行规定。即加强管理办法、编制导则、评审指南等规章的标准化建设，形成相关技术标准，解决各层次各部门预案多种多样、缺乏规范性等问题。2006 年国务院应急预案工作组制定的《生产经营单位安全事故应急预案编制导则》以安全生产行业标准 AQ9002—2006 下发，是规范和指导生产经营单位制定和完善应急预案编制和发布的规范性文件。但是，其他类型公共危机以及其他应急管理职能部门的应急预案编制标准仍需进一步完善，并形成国家标准。

明确预案编制、修订程序，严格预案发布、备案程序，以此加强预案管理的规范性。制定与应急救援预案相配套的规章制度，如责任制度、培训制度、监督制度、例会制度等。同时，在管理工作中要明晰预案层级，厘清预案种类，整合重复预案，提高应急救援中预案的联动性和衔接效率。

预案体系是国家公共安全体系的重要组成，也是地方政府和相关部门、单位发展战略的重要组成。作为一种安全管理手段，通过编制应急救援预案，可以促进政府领导对本区域公共安全形势进行全面掌握，了解重大危险源和易发灾害事故的整体情况，进而制订有针对性的防灾减灾计划。同时，预案也是政府管理者的一种动态管理手册，借助预案编制—评审—演练—修订的动态更新过程，实现动态的危机管理，持续性地实施防灾减灾计划，不断改善并稳定公共安全形势，进而取得危机管理的累积性效果。

随着经济发展和社会转型，工业化、城镇化、信息化和市场化等发展新趋势的交织，致灾因素明显增多，自然灾害、事故灾难等公共危机事件发生概率和防控难度也相应增加，防灾减灾工作任重道远，这些决定了编制与修订应急救援预案是政府部门与社会单位的长期工作。因此，应当以立法形式予以规定，通过建立健全法律法规和管理机制，将预案体系建设提升到战略地位，将完善公共危机应急救援预案体系作为维护国家公共安全、保障社会和谐稳定的长期性、基础性工作。

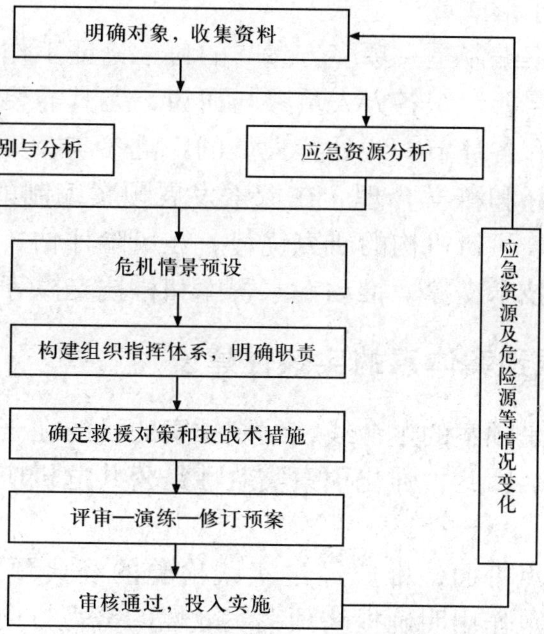


图 3－7 公共危机应急救援预案编制程序①

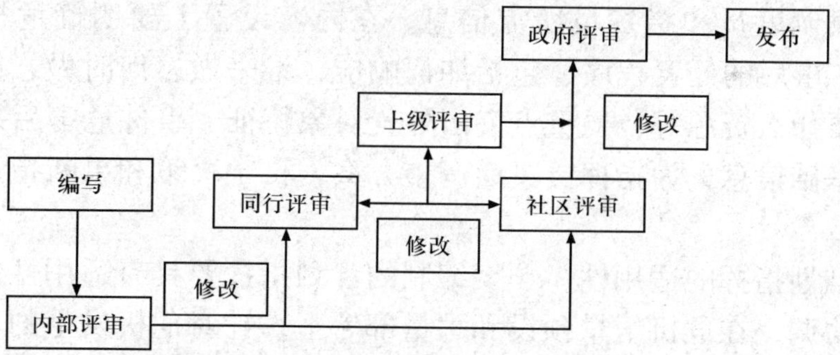


图 3－8 公共危机应急救援预案评审发布程序

第二，加强预案编制专业化建设。

首先，应当制定预案编制相关技术标准，统一编制格式，发展预案编制的专业中介力量，探索成立预案编制咨询公司，作为独立的评审、检验机构，提高预案编制的社会化程度。预案编制咨询公司主要提供预案编制、评审、培训、修订等服务，有助于提高预案编制的专业化水平，落实预案评审、培训、修订等环节，避免部分预案因缺少专业编制力量而导致预案的动

① 杨隽：《典型社会公共场所突发事件应急处置关键技术研究报告》，中国人民武装警察部队学院，2009 年，第 127 页。

态更新过程流于形式或严重缺失。

其次，预案编制是一项多方参与的科学论证工作，不能仅由预案编制部门单独承担，需要组织各方人员参与研讨，尤其需要各相关领域专家、各救援力量负责人和各环节一线处置人员的广泛参与，集思广益，以此保证预案编制的切合实际和科学合理。在探索发展预案编制的专业中介力量的同时，充分发挥高校、科研机构的研究优势，在风险评估、预案培训、预案效能评估等方面加强技术支撑，推动专家智库和科技支撑等辅助决策系统建设。

## 四、加强预案体系的实效性建设

管不管用是预案的生命线，编制预案的目的在于切实有效地指导和辅助应急救援行动。因此，强化预案实效性是公共危机应急救援力量预案体系建设的重点。

第一，以点带面，推广经过实践检验的经典预案和编制演练的成熟经验，通过其示范作用明确提高预案实效性的努力方向。编制富有实效性的应急救援预案主要从以下几方面入手。

注重内容设定的实战化。充分考虑危机发生和处置过程的多变性，有针对性地提供调度员和指挥员所需信息，在内容设置上要明确危机事前、事发、事中、事后的处置程序，包括如何响应，谁来做，何时做，做什么，怎样做，需要什么资源等，要重点突出处置对象特征、事件危害后果和应急资源配置等基础信息，为指挥员灵活调整方案，科学决策和果断指挥提供完善的支撑。

注重计划指挥的适用性。预案编制的计划指挥要具有适用性，以便与临机指挥相协调，在危机情景预设和力量部署上，针对危机发生的不同区域和形式，结合危机发生、发展、蔓延、消退等不同阶段的特点，通过等级接调警制度进行分级设置和战斗部署，以提高预案计划指挥对不同情况的适用性。

注重操作流程的简明快捷。公共危机现场处置情况复杂多变，要求预案具有查阅迅速、操作便捷的特点，因此经典预案要建立简单明了的操作指示界面、合理完备的功能设置以及科学化的组织指挥流程，保证预案实施的最高效率。为了提高预案的可操作性，应当简练预案编制，在主体内容设定上实行一张纸预案，将核心内容——处置程序、部门职责和操作流程简明扼要地表述出来，发挥预案提纲挈领的总体性指导作用。

过分强调细节是预案编制中需要避免的倾向，对此，有学者指出了过分强调细节导致的几个问题：①非常具体的预案包含了过多的细节，以至于所有的应急功能几乎同样重要，导致响应先后次序不清晰或响应混乱；②越详细的预案就越复杂，使得救援人员更难明确自身在整体响应中的角色，导致不能有效实施预案；③具体细节会随时变化或很快过时，导致不得不频繁更新预案。[①] 此外，预测到所有危机事件是不可能的。因此，预案编制要注重操作流程的简明快捷，发挥预案在应急响应中的总体性指导作用。

注重处置程序的兼容性。复杂的预案层次和繁多的预案种类，往往造成同一危机事件存在不同类型的重复预案，影响预案启动和响应效率。因此，预案编制在注重针对性的同时，还应当着力于整合重复预案，强化处置程序的兼容性，对于相近类型的危机事件采用统一的处置程序，避免预案编制中的重复建设，提高预案的实际应用效率。

注重经典预案的示范性。让救援人员和社会民众充分参与到经典预案的编制—宣传—培训—演练过程中，发挥其教育、引导和动员作用，使预案成为应对事故灾难的教案，增强救援人员和社会民众的危机意识和应急能力，由此，当公共危机发生时，预案才能真正发挥指导和辅助应急救援行动的实际效用。

第二，落实培训—演练—评估—修订的预案管理程序，特别是通过实战演练加强预案的可操作性和针对性，检验预案的实效性。

实际工作中，部分预案编制完成后便被束之高阁，缺乏对预案的宣传和培训，相关人员不熟悉预案内容，不了解应急处置程序，使预案形同虚设。因此，应当建立完善的预案培训制度，探索多种方式开展定期培训，使相关人员通过学习和交流，掌握必需的应急处置技能，以此适应实战要求。

在日常培训的基础上，还要通过实战演练来检验并提高预案的实效性。演练作为实战模拟，以提高实战能力为目的，需要具有身临其境的真实性，因此，在定期组织的专业演练和综合演练之外，还应当进行突击演练，同时进行实时评估，不断将救援力量、资源的投入与救援效果进行对比分析，适时对指挥决策进行调整，以期达到科学客观的演练效果，并据此对预案进行修订完善。在演练和评估中，要将救援任务落实到位，以此检验紧急状态下应急救援中心的组织指挥能力、各种救援力量的沟通协调能力和应急资源的保障供给能力等；要引导社会广泛参与，将演练与普及应急知识、提高应急能力结合起来。

应急预案演练主要有全面演练、功能演练和桌面演练等类型。针对不同

① Michael K. Lindell, Carla S. Prater, Ronal W. Perry, Introduction to Emergency Management, John Wiley & Sons Inc., 2007, pp. 264 - 265.

预案种类，其适用的演练类型也各有侧重。政府综合应急预案及跨区域、跨部门应急预案应以全面演练为主，重点检验组织指挥体系的联动协调能力和综合保障能力；专项预案及重大活动应急预案应以功能演练为主，重点检验预案的功能设置是否符合应急需求，辅助决策系统能否提供应急救援所需的技术和信息资源支持等；所有预案均应进行定期的桌面演练，形成新的政策，对新程序概念化，达到进一步明确职责任务并定期修订预案等目标。

表 3-5　公共危机应急救援预案演练的重要问题①

| 问题 | 事务 |
|---|---|
| 理念 | 明确目标、确定演练管理组织、进行社会动员等 |
| 演练计划 | 考虑危险分析和风险评估结果、以往处置经验和不足等 |
| 时间 | 演练进度表等 |
| 地点 | 演练地点、范围等 |
| 规模 | 参加演练及管理的人员、机构数量等 |
| 机构 | 哪些机构参与、是否需要支持机构等 |
| 费用 | 确定预算 |
| 装备 | 必备装备及特殊装备 |
| 备勤情况 | 确保所有参演单位处于备勤状态，能够处置演练期间的突发事件等 |
| 天气状况 | 制订特殊天气状况下的演练方案 |
| 管理 | 提供管理支持和公共信息，明确保险问题等 |
| 后勤 | 卫生、食宿、交通、消费品等 |
| 法律 | 法律支持和要求 |
| 设计 | 确定演练类型和场景，确定组织管理人员和参演人员等 |
| 伤亡模拟 | 确定伤亡人数、伤者类型、道具等 |
| 文件 | 演练须知、通信管理、媒体发布、会议记录等 |
| 演练实施 | 沟通监察、跟踪进程等 |
| 演练结束 | 损失控制监察及总结等 |

评估是避免演练流于形式的重要途径，未经评估的预案是无效的预案，在实际工作中应将演练与评估同步进行，在演练之前有目的地对一些重要问题进行明确，并针对这些重要问题，确定评估要素，建立评价指标体系，实现同步评估，确保演练切实达到预期目标。

① 王宏伟：《应急管理导论》，中国人民大学出版社 2011 年版，第 63 页。

评估的一级指标包括先期处置、处置准备、现场处置、外部协调、社会动员、扩大应急、后期处置、信息管理、应急保障、辅助决策功能等，并根据预案种类确定下级指标和评估方法。演练结束后，形成评估报告，对提高预案针对性和实效性提出改进建议，对影响救援力量快速高效处置的应急准备缺陷等问题进行修订，对可能影响应急救援效能的应急准备缺陷等问题进行改善。通过落实培训—演练—评估—修订的预案管理程序，特别是通过实战演练和同步评估可以增进预案的可操作性和针对性，提高预案的实效性。

第三，适应实战需要，不断创新预案的载体形式。公共危机往往具有跨区域和多灾种等复杂性，因此预案要针对编制对象的特征，采用先进技术手段，指导现场处置，辅助科学决策。

为适应多种救援力量跨区域联合作战时统一指挥和高效协同的需要，建立数字化预案。通过搭建应急救援平台，将各方面信息转化为数据，根据应急处置程序，结合危险源评估、危机发生发展规律分析、危害后果模拟、救援技能分析、立体动态救援网络构建等内容，建立数字化模型，形成规范化、网络化、智能化、实战化的具体直观的应急救援预案。数字化预案实现了各种数据的网络互联和共享，通过影音动画功能，实现了预案的快速查询和生动演示；同时，通过将数字化预案链接到城市公共信息平台上，实现与公共通信网络、全球定位系统、地理信息系统等数字城市系统的互联，可以极大地提高跨区域联合作战时的信息沟通能力和力量协调能力。

## 第三节　公共危机应急救援力量预案体系建设的对策建议

### 一、注重预案编制中的组织指挥统一性

公共危机应急救援力量预案体系建设的着力点是通过预案编制来促进应急救援力量的组织管理顺畅、运转高效有序和配合协调紧密，因此要注重预案编制中的组织指挥统一性。

公共危机应急救援具有突发性和紧急性，面临紧迫的时间压力是应急救援的主要特征之一。这就要求高度的集中指挥，以便实现快速反应。统一的组织结构可以避免在多系统指挥时各系统之间横向沟通协调的时间浪费，避免分散指挥造成的各自为中心、只见局部不顾全局的局面，可以集中优势资源抓住关键环节、解决最紧急的问题。应急处置需要调用大量资源，而资源匮乏是应急救援面临的又一主要特征。这也要求必须强化统一指挥原则，以

提高资源使用效率，统一指挥资源调动，避免不同部门或力量之间争夺资源的冲突和局部过激反应造成的资源浪费。因此，组织指挥统一性是公共危机应急救援力量体系预案编制的核心。

应急救援状态下必须有强有力的统一指挥的组织机构来协调和决策，加强组织指挥统一性需要明确危机处置的组织机构，建立统一的应急系统和指挥中心，以统一指挥贯穿应急处置的全过程，保证救援力量的高效协同和快速反应。现场指挥遵循属地为主的原则，建立政府统一领导下以事件主管部门和主要救援力量为主、各部门参与的应急救援协调机制（包括决策机制、报告请示制度、信息分析、专家咨询和损失评估等程序）。以应急处置的全过程为主线，以应急准备及资源保障为支线，明确各种救援力量在各环节的职责任务，明确其在应急准备、应急响应和应急恢复各个阶段的主管部门与协作部门，避免含混不清而造成任务交叉或疏漏。

统一的指挥系统针对公共危机具有全权决策的权力，通过明确划分责任与权利，规定不同部门、力量、岗位及其相应的职责任务，有助于分工明确、责权到位，有助于危机处理环环相扣、流程顺畅，同时避免出现问题时相互推诿，逃避责任。①

## 二、注重预案编制中的力量联动部分的编制

公共危机应急救援力量体系预案编制要对力量调配与联动机制进行重点构建。充分考虑政府职能部门、各种专业救援力量、应急救援专家、应急救援志愿者等应急救援队伍资源之间的联动协同和跨区增援的组织实施，统筹谋划，优势互补，科学合理地设置综合行动方案，建立统一的应急救援联动协同预案，使各种资源得到快速有效的整合。针对不同类型、等级的公共危机，建立具体可行的预案启动权限、程序、运行和保障方式，实现各职能部门预案与政府总体预案的对接。要明确日常管理和应急处置的不同状态下，各部门和救援力量之间资源整合、信息共享的途径与方式，兼顾常态和危机状态下的两种角色转换，合理设置常态下的综合指挥调度程序和危机状态下的现场报告与指挥程序，建立统一、高效、畅通的联动平台。

---

① 杨隽：《典型社会公共场所突发事件应急处置关键技术研究报告》，中国人民武装警察部队学院，2009年，第118页。

## 三、注重预案编制中的专家智库和科技支撑等辅助决策系统建设

公共危机日渐综合性、复杂性的发展新趋势，要求应急救援预案编制必须具备科学前瞻性，因此专家智库和科技支撑等辅助决策系统的重要性愈加突出。

在预案编制中存在两种看似截然相反实则相辅相成的观点，一种是主张一张纸预案，突出应急处置过程的简明快捷，这是由预案具有查阅迅速、操作便捷的特点所决定的。另一种是主张系统化预案，突出预案的体系性，以全方位的辅助决策系统来支撑预案内容，实现预案切实有效地指导和辅助应急救援行动的目标。这两种观点实际是在不同层面对预案提出了不同要求，两者并不相悖。

由于公共危机现场处置的紧急性，要求预案应当具备简单明了的处置指示流程，以此保证预案实施的最高效率。在实践中，为了提高预案的可操作性，应当简练预案编制，在主体内容设定上实行一张纸预案，将核心内容——处置程序、部门职责和操作流程简明扼要地表述出来，发挥预案提纲挈领的总体性指导作用。

这是在预案主体内容层面提出的要求，且避免过分强调细节是对设定处置流程而言的。完备的决策支持功能和详尽的决策支持信息，实则是在预案辅助系统层面提出的要求。

尽管预测到所有公共危机是不可能的，但是预案的本质是把非常态事件中隐性的常态因素显性化，对历史经验中带有规律性的做法进行总结、提炼，进而在对事件对象风险评估和处置部门应急资源评估的基础上，作出前瞻性的规划和指导。并且由于公共危机具有各种不确定因素的耦合性以及信息不对称性，需要强大的、合理完备的辅助决策系统来应对瞬息万变、复杂多样的现场情况，进行科学决策，避免出现指挥者依靠有限信息进行经验决策的问题。因此，预案在注重简明快捷的同时，还要注重必要组成构件的完整性，针对实际情况进行事件假想、风险分析和应急资源调查，在界定相关部门和应急救援力量的职责任务时，提出具体、可操作性的要求，避免过于原则性和宏观性的弊病。同时，遵循“全过程”的应急管理理念，将次生灾害等衍生情况纳入辅助决策系统。

针对不同预案类型，需要避免“上下预案一般粗”，下级部门照搬上级部门预案的问题，体现出不同层次和级别预案的特殊性。尤其是地方预案中的专项预案、部门预案，企事业单位预案、重大活动预案等应当在预案框架

中突出辅助决策功能。在预案编制过程中充分考虑现场应急处置的各种可能情况，根据不同事件类型，储备各专业各领域的专家智库，定期进行考核和资格认证，保证其应急救援咨询时的权威性和时效性。同时，提供尽可能完备的资源数据库和技术支撑系统，辅助救援人员快速科学决策。特别是在信息支持系统中，要对运用何种手段、通过何种途径获取信息、实现部门间信息通报和共享作出明确规定，提高获取信息、分析信息的效率。

在此，预案通过科学的前瞻性预备，提高了应急处置中获取信息、分析信息的效率，压缩了决策时间，减轻了决策压力，保证了决策的科学性。

美国国家应急预案（NRP）包含了大量的辅助决策信息，其中的应急支持功能附件（ESF）包括以下部分：

ESF#1 交通运输

ESF#2 无线通信与信息技术

ESF#3 公用事业与工程

ESF#4 灭火救援

ESF#5 应急管理

ESF#6 大众关怀

ESF#7 资源支持

ESF#8 公共卫生与医疗服务

ESF#9 城市搜救

ESF#10 危险化学品救护

ESF#11 农业与自然资源

ESF#12 能源

ESF#13 公共安全与安保

ESF#14 社区安全与经济稳定

ESF#15 应急公共信息与外交①

结合我国实际，加强预案辅助决策系统建设可以从以下几个方面着手：

1. 风险分析附件：重大公共危机类型及影响范围；重大危险源登记表与分布图；重要防护目标登记表与分布图；危机后果预测与评估；其他风险分析资料，等等。

2. 法律法规附件：《突发事件应对法》、《国家突发公共事件总体应急预案》等；专项、部门、地方等预案体系和相关法律法规；相关衔接预案，等等。

① 陈安、陈宁、倪慧荟：《现代应急管理理论与方法》，科学出版社2009年版，第123页。

3. 应急资源附件：应急救援专业力量分布；专兼职救援力量分布；后备和志愿救援力量分布；医疗救护能力信息和医疗救护机构分布；救援装备、应急设施、应急物资的数量、储存地点和获取方式；通信系统情况；警报系统分布及覆盖范围；人员疏散、避难、安置场所分布，等等。

4. 技术支持附件：应急信息管理系统；应急决策支持系统；重大危险源信息数据库；危机事件案例库；急救手册；防护手册；其他技术支持附件，等等。

5. 通信运输附件：应急救援机构、人员、专家名录；广电、新闻媒体名录；周边地区应急机构、上级部门名录；应急服务、物资供应单位名录；公路、铁路、民航、航运交通信息，等等。

6. 联动程序附件：与相关救援力量和部门建立的联动协议；与邻近城市或地区建立的互助协议；与社会专业技术服务机构、物资供应企业建立的互助协议，等等。

7. 公共信息附件：包括国家、城市交通运输信息、地质地形信息、气象信息、人口信息；重大危险源和重要防护目标的地理信息、建筑结构信息及人员分布等必要信息。

## 四、注重预防与应急相结合，常态与非常态相结合

公共危机应急救援力量预案体系建设，要坚持预防与应急相结合，常态与非常态相结合的原则。应对公共危机事件应当依靠完善的预案，但是又不能完全依靠预案，由于预案编制者认识的局限性、危机事件发生的不确定性以及事件现场的千变万化等因素，再完善的预案也无法涵盖危机现场的所有可能性，总会有一些情况超出事先准备的能力范围。因此，预案体系建设一方面要立足预防，加强风险分析，查找危险源，掌握重大隐患，了解可能产生的危害，尽可能做好各项应急准备工作，以此提高预案编制质量。另一方面，在做好非常态下的应急处置规划的同时，还要做好常态下的培训、宣传、演练、评估和修订工作，实现从注重事发后的应急处置向预防、处置和恢复全过程管理的转变。

## 五、注重提高预案编制与演练的公众参与度

在现代城市硬件设施条件下，洪灾、台风、地震等自然灾害对框架结构的城市建筑物较难造成破坏，而相较之下，人类的血肉之躯更易遭受伤害，狂风暴雨中倾倒的树木和广告牌，被水淹没的汽车等都是带来人员伤亡的致命威胁。因此，在多数自然灾害情况下，避险、疏散、撤离等预防

措施是避免损失最直接的方法。但是，以台风为例，为何屡屡会有人员伤亡的案例出现？1996年“莎莉”台风登陆广东湛江，造成300多人死亡，2012年“启德”台风同样在湛江登陆，却未造成人员死亡的情况，其间的进步源于完备的预警系统，更是政府应急管理能力和公众应急避险意识的增强。

现实层面如此，在理论层面，依据应急管理流程，事件的避免和准备阶段是最易控制并且最简便经济的阶段。公共危机爆发之前必然存在预警信号，科学高效的应急管理不能局限于制订应急管理计划和提高应急救援能力，积极识别并防范可能的公共危机，强化防灾备灾工作，应当被置于更重要的位置上，作为有效应急管理的核心。因此，防灾备灾是每个公民的工作，无论是政府部门、社会组织、志愿组织、行业协会、企事业单位还是每个公民都应该事先做好灾前规划。我国当前的预案编制和演练主要集中在政府部门和企事业单位，社区与家庭的防灾备灾预案编制处于起步阶段，尚未引起足够重视。因此，公共危机应急救援预案体系建设亟须提高预案编制与演练的公众参与度。

结合我国实际，家庭的防灾备灾预案规划需要注意以下几点：

1. 确定所在社区或村镇中最易发生的灾害、事故。可与当地应急管理部门或消防部门联系，获得相关信息和指导。

2. 制订家庭防灾备灾预案。召集家庭成员讨论当社区或村镇发生灾害、事故时如何逃生自救和互救，并确定备灾的详细步骤。

3. 实际行动。每一个家庭成员不管年龄大小，都要帮助家庭做好防灾备灾预案。备灾行动包括拨打紧急报警电话、安装烟雾探测器、确定逃生路线、装配应急包、学习急救措施等，尤其是对老人、儿童及其他特殊成员要进行专门的指导和教育。

4. 实践并维护预案。要定期实践预案，保证家庭成员熟悉预案内容，明确灾害、事故发生时如何行动。

我国目前的应急救援预案多是针对政府部门和企事业单位的处置程序或行动方案，指导广大公众如何防灾备灾的应急预案仍需加快编制和实践步伐。政府部门和应急机构在编制面向公众的应急预案时，应当注重防范指导信息的细致、全面。只有全面而细致的防范指导措施才能帮助公众正确避险，如果措施表述笼统而简单，便失去了预案的核心意义。例如，针对台风的防范指导预案，需要包括公众个人的疏散撤离预案指导（撤离路线、目的地、必备应急物品等）、家中避险预案指导（做好应对强风准备、储备必需应急物品、家中避险方法等）和遇险应对预案指导等。

以美国红十字会的飓风预案为例：

1. 明确飓风观测和警告的含义。

（1）观测：通常36小时内，飓风有可能在特定观测区域内出现。

（2）警告：通常24小时内，飓风会在特定警告区域内出现。

2. 个人撤离预案。

（1）预先确定撤离路线。选择几个撤离目的地——位于另一地区的朋友家、汽车旅馆或庇护所等。

（2）准备好以上目的地的电话和邻近地图。如果主要道路关闭或堵塞，可能需要走一些不熟悉的道路。

（3）收听广播电台或电视台的撤离提示。一旦建议民众撤离，马上行动。

3. 装配包括以下项目的应急箱。

（1）急救包和必需药品。

（2）罐装食物和开罐器。

（3）为每个人准备至少3加仑的水。

（4）保护性衣物、雨衣、被褥或睡袋。

（5）使用电池的收音机、电筒和备用电池。

（6）针对家庭老、幼、残疾成员准备的物品。

（7）如何正确关闭电源、煤气和水的书面指示。

4. 为飓风做好准备。

（1）在家里的每个窗户上安装抗飓风百叶窗或购买1/2英尺厚的夹板。为每个夹板安装好手柄，钻好备用的孔，以便能迅速安装。

（2）切除已损害的大树枝干，切除一些分支减少承受的阻力。

5. 当发布飓风观测时。

（1）收听电台、收看电视机随时掌握最新的风暴信息。

（2）将户外的家具、装饰物、垃圾箱、悬挂植物和其他易被刮走的物品搬进室内。

（3）加固室内所有窗户。

（4）油箱要加满。

（5）复查房屋栓系。

（6）检查电池、囤积的罐装食物、急救设施、饮用水和药品等。

6. 当发布飓风警告时。

（1）听取地方官员建议，如果要撤离就马上行动。

（2）完成准备工作。

(3) 如果不需要撤离，待在家中，远离窗户。

(4) 平静的“风眼”具有欺骗性，风暴并未过去。风暴最严重的时期是在风眼过后，风从反方向吹来。树、灌木丛、建筑和其他被前一场飓风损坏的物品可能被第二场风吹断或毁坏。

(5) 警惕龙卷风。龙卷风可能发生在飓风中或飓风之后。

(6) 待在室内，待在家的中心点，待在没有窗户的壁橱或浴室内。

(7) 远离洪水。如果遇到水浸的道路，改走其他道路。

(8) 如果在马路上被水困住，并且水位在迅速上升，走出车外待在更高的地方。

7. 飓风过后。

(1) 继续收听电台和收看电视台的指示。

(2) 如果已经撤离，在当地政府认为安全的情况下可以回家。

(3) 检查房屋的破坏情况。①

这些细致、全面的防范指导措施，可以有效指导公众在飓风来临时正确避险、科学防范。相比之下，在2012年“7·21”北京暴雨中，虽然气象台发布了灾害预警，但是部分公众或者由于缺少防范意识，或者由于并不明确相关的防范避险措施，冒险出行或涉水驾车以致造成人员伤亡。因此，在制订家庭防灾备灾预案来提高预案参与度的同时，还应当加强防范指导预案的社会化宣传和培训，促进公众理解和熟悉预案，并真正成为公共危机应对的参与主体。

预案是成功处置公共危机事件的前提和基础，完善有效的应急救援预案可以促进对公共危机事件发生发展规律和处置对策的研究，可以提高对各种公共危机事件的认识和应对能力，可以增强应急救援力量日常训练的针对性，更可以辅助救援力量掌握应急作战行动的主动权，因此，加强预案体系建设对于整个公共危机应急救援力量体系建设具有不可或缺的重要作用。

---

① [美] 乔治·D. 哈岛、琼·A. 布洛克、达蒙·P. 科波拉：《应急管理概论》，龚晶译，知识产权出版社2012年版，第153~154页。

# 第四节　公共危机应急救援预案编制示例

## 某市某地铁站化学毒剂泄漏应急救援预案①

### 一、主体预案

为表格格式的“一张纸”预案，按应急救援阶段（报警及先期救援、现场救援、善后恢复）和救援力量分别规划救援任务（见表3－6）。

表3－6　地铁站化学毒剂泄漏应急救援预案

| 应急救援阶段 | 救援力量 | 任务 |
| --- | --- | --- |
| 报警<br>先期救援 | 1. 地铁工作人员<br>2. 现场群众 | 1. 向市公安局地铁分局报告，拨打“110”报警<br>2. 利用现有设备进行简易呼吸防护<br>3. 疏散并转移现场人群至安全区域 |
| 现场救援 | 1. 总指挥部（市政府领导）<br>2. 现场指挥部（市公安局消防局领导） | 1. 按响应等级，调集各相关救援力量<br>2. 确定救援方案和任务部署，组织开展救援<br>3. 调集应急资源，协调跨区域人员、器材、物资的调集<br>4. 保障应急资金到位<br>5. 协调紧急避难场所<br>6. 确定增援力量调集方案<br>7. 发布公众警示信息，指导公众正确防护，通报应急救援情况 |
| | 地铁运营公司 | 1. 地铁就近停运<br>2. 行车调度，保障线路运行安全及其他车次列车安全<br>3. 保持电力、通信等设施正常运转<br>4. 保持地铁站正常通风<br>5. 提供地铁站相关信息，调集应急资源，协助救援 |
| | 1. 公安部门<br>2. 地铁派出所 | 1. 抓捕犯罪嫌疑人<br>2. 组织人群疏散，对中毒群众进行登记和标志<br>3. 维持现场疏散、出入站口秩序<br>4. 严格控制进出人员与车辆，并进行登记<br>5. 设置外围警戒线，阻止群众入站乘车，维持地铁站附近秩序 |

① 部分内容参考“十一五”国家科技支撑计划项目“社会治安动态预警、综合防控技术体系研究与示范”之课题二“典型社会公共场所突发事件应急处置关键技术研究”（课题编号：2006BAK08B02）的支撑报告二：“社会公共场所突发事件现场应急指挥模式研究报告”，负责人：杨隽。

（续表）

| 应急救援阶段 | 救援力量 | 任务 |
| --- | --- | --- |
| 现场救援 | 公安消防部队 | 1. 指导现场群众进行防护<br>2. 侦检与监测：化学毒剂定性，确定浓度及扩散范围<br>3. 设置内围警戒线<br>4. 排除火灾、爆炸等险情：稀释、降解化学毒剂<br>5. 依据化学毒剂扩散规律，采用多支喷雾水枪形成水幕墙，防止化学毒剂扩散<br>6. 转移并处理化学毒剂<br>7. 洗消 |
| | 防化部队 | 1. 指导现场群众进行防护<br>2. 侦检与监测：军事毒剂定性<br>3. 沾染检查<br>4. 洗消 |
| | 医疗急救部门 | 1. 指导现场群众进行防护<br>2. 现场急救<br>3. 转移并救治中毒群众 |
| | 1. 公安交警部门<br>2. 交通部门 | 交通疏导与管制 |
| | 环保部门 | 环境污染监测 |
| | 市政部门 | 保证供水、供电正常 |
| | 通信部门 | 保证应急通信畅通 |
| | 新闻媒体 | 1. 发布公众警示信息<br>2. 指导公众正确防护 |
| | 专家组 | 1. 化学毒剂泄漏处置<br>2. 化学毒剂中毒防护<br>3. 恐怖袭击应急处置<br>4. 应急通信保障 |
| 善后恢复 | 公安部门 | 1. 恢复正常治安秩序<br>2. 起因调查 |
| | 地铁运营公司 | 恢复正常运行秩序 |
| | 1. 环保部门<br>2. 市政部门 | 清理现场，彻底清除化学毒剂污染 |
| | 医疗急救部门 | 救治中毒群众 |
| | 民政部门 | 安置、抚恤、补偿中毒群众 |
| | 1. 价格管理部门<br>2. 评估机构<br>3. 保险公司 | 损失、赔偿评估 |
| 备注：人员配备、应急资源、应急保障等内容附后 | | |

## 二、编制组成

### （一）危机情景预设

某日上下班高峰期，某市某地铁站内，两名恐怖分子随身携带化学毒剂，以特殊手段通过安检，分别进入两节列车，释放化学毒剂后逃离现场。随后，地铁乘客陆续出现中毒症状，不明毒气迅速在车厢内扩散，两节车厢内分别有数十名乘客被困，生命安全受到严重威胁，情况十分紧急。

化学毒剂性质不明，有可能引发火灾、爆炸等严重事故；

事发时间为上下班高峰期，人员密度高，危害范围大；

事发地点为某地铁站，建筑结构复杂，环境相对密闭，疏散难度大。

### （二）组织指挥体系

表 3－7　某市某地铁站化学毒剂泄漏应急救援预案机构与职责表

<table>
<tr><td colspan="2">预案名称</td><td colspan="4">某市某地铁站化学毒剂泄漏应急救援预案</td></tr>
<tr><td colspan="2">事件类型</td><td>事件规模</td><td>事发地点布局结构</td><td>功能设置</td><td>人员密度与分布</td></tr>
<tr><td colspan="2">恐怖袭击</td><td>Ⅲ级</td><td>见附件</td><td>中间站</td><td>见附件</td></tr>
<tr><td colspan="2">组织指挥体系</td><td>组成</td><td>职责</td><td>联系人</td><td>联系电话</td></tr>
<tr><td colspan="2">总指挥部</td><td>市政府领导</td><td>组织协调救援行动</td><td>主管领导</td><td>* * * * * *</td></tr>
<tr><td colspan="2">现场指挥部</td><td>市公安局<br>消防局领导</td><td>指挥救援行动</td><td>主管领导</td><td>* * * * * *</td></tr>
<tr><td colspan="2">地铁运营公司</td><td>地铁派出所、<br>行车调度、运行<br>管理人员等</td><td>先期救援<br>人员疏散</td><td>……</td><td>* * * * * *</td></tr>
<tr><td rowspan="3">公安<br>部门</td><td>公安</td><td>刑侦总队<br>治安总队</td><td>治安警戒<br>人员疏散<br>起因调查</td><td rowspan="3">某市紧急<br>报警服务<br>中心</td><td rowspan="3">110</td></tr>
<tr><td>消防</td><td>消防支队<br>特勤大队<br>增援力量</td><td>抢险救援<br>紧急救生<br>侦查检测<br>排除火灾、爆炸险情<br>应急洗消</td></tr>
<tr><td>交警</td><td>市公安局公安<br>交通管理局</td><td>交通疏导与管制</td></tr>
<tr><td colspan="2">防化部队</td><td>某防化部队</td><td>抢险救援<br>侦查检测<br>紧急救生<br>应急洗消</td><td>……</td><td>* * * * * *</td></tr>
</table>

（续表）

| | | | | |
|---|---|---|---|---|
| 卫生部门 | 急救中心<br>市卫生局 | 现场急救<br>中毒群众救治 | 某市紧急<br>报警服务<br>中心 | 110 |
| 环保部门 | 市环保局 | 污染监测<br>善后恢复 | …… | ＊＊＊＊＊＊ |
| 新闻媒体 | 电视台等 | 信息通报 | …… | ＊＊＊＊＊＊ |
| 交通部门 | 市交通局 | 交通疏导与管制 | …… | ＊＊＊＊＊＊ |
| 市政部门 | 市政<br>管理委员会 | 后勤保障<br>善后恢复 | …… | ＊＊＊＊＊＊ |
| 通信部门 | 市通信管理局 | 通信保障 | …… | ＊＊＊＊＊＊ |
| 民政部门 | 市民政局 | 善后恢复 | …… | ＊＊＊＊＊＊ |
| 价格管理部门 | 市物价局<br>评估机构<br>保险公司 | 损失评估<br>赔偿评估 | …… | ＊＊＊＊＊＊ |
| | | | …… | ＊＊＊＊＊＊ |
| | | | …… | ＊＊＊＊＊＊ |

| 专家姓名 | 专长 | 联系电话 |
|---|---|---|
| …… | 化学毒剂泄漏处置 | ＊＊＊＊＊＊ |
| …… | 化学毒剂中毒防护 | ＊＊＊＊＊＊ |
| …… | 恐怖袭击应急处置 | ＊＊＊＊＊＊ |
| …… | 应急通信保障 | ＊＊＊＊＊＊ |
| 备注 | | |

（三）现场处置措施

1. 接警调度。确定公共危机类型为化学毒剂泄漏，根据空气中毒气浓度、现场群众在毒气中暴露时间和毒气扩散范围，即利用风速粗略估算毒气在地铁站内风向下的扩散距离，并根据化学毒剂泄漏数量粗略判断其浓度。以此确定响应等级为Ⅲ级，按照机构与职责表调集相关救援力量。其中，公安消防部队作为救援主力，调集事发地支队所有中队、特勤大队以及指挥车、防化救援车、防化洗消车、大功率水罐车、一拖三抢险救援车、抢险救援车、器材保障车、照明车、排烟车等救援装备。

2. 侦查检测。侦查检测组以一级防护进行定性定量检测，根据中毒人员的症状、毒剂的物理性质进行初步判断，利用侦检仪判断是否为军事毒剂，现场取样利用气质联用仪进行定性检测。同时，利用侦检仪确定泄漏毒剂的大致浓度和扩散范围。

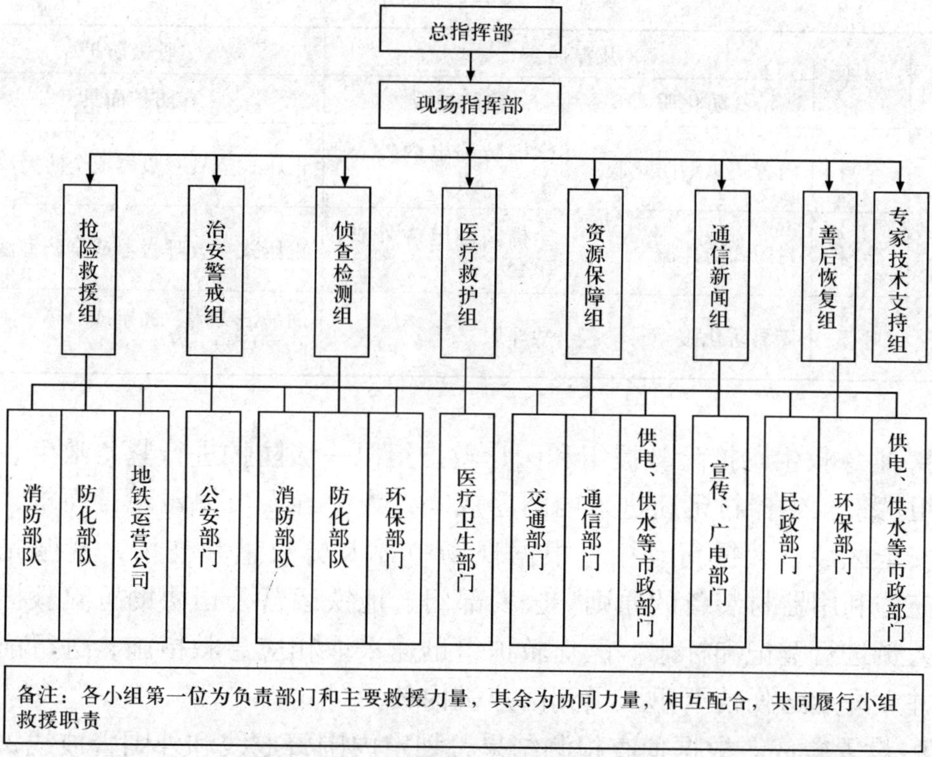


图3－9　某市某地铁站化学毒剂泄漏应急救援预案组织指挥体系框架图

整个救援过程中，侦查检测组负责实时检测空气中毒气浓度和扩散范围，保障救援行动的安全性和可行性。

3. 有效防护。依据不同化学毒剂性质，实施不同等级防护。根据化学毒剂在人体无防护条件下的毒害性，把毒剂由强至弱分为剧毒、高毒、中毒、低毒、微毒五类，并充分考虑救援人员所处毒害环境的实际安全需要，确定相对应的防护等级（见表3－8）。进入内围警戒线，实施一级防护，并采取水枪掩护；进入外围警戒线，实施二级防护；凡在现场参与救援人员，最低实施三级防护。

表 3－8　安全防护标准表①

| 级别 | 形式 | 皮肤防护 | | 呼吸防护 |
|---|---|---|---|---|
| | | 防化服 | 防护服 | 防护面具 |
| 一级 | 全身 | 内置式重型防化服 | 全棉防静电内外衣、手套、袜子 | 正压式空气呼吸器或全防型滤毒罐 |
| 二级 | 全身 | 封闭式防化服 | 全棉防静电内外衣、手套、袜子 | 正压式空气呼吸器或全防型滤毒罐 |
| 三级 | 呼吸 | 简易防化服 | 战斗服 | 简易滤毒罐、面罩或口罩、毛巾等防护器材 |

4. 紧急救生。抢险救援组和医疗救护组以一级防护进行紧急救生。抢险救援组携带救生器材迅速进入内围警戒线，为中毒人员佩戴滤毒面罩，并转移至安全区域；救援行动中，根据现场中毒人员数量和伤情，遵循先易后难、充分利用器材装备的原则。公安部门、地铁运营公司协助抢险救援组对救出人员进行登记和标志。医疗救护组迅速采取相应急救措施，进行前期救护，并立即运送伤情严重人员到医疗机构救治。

5. 设置警戒。根据侦查检测结果，划定内围警戒线和外围警戒线，分别由公安消防部队和公安部门负责，事件现场周边实行交通管制，由公安交警部门负责。

内围警戒线内，主要由抢险救援组负责进行各项救援和排险工作；外围警戒线内，主要由抢险救援组、侦查检测组和医疗救护组负责相关救援工作，公安部门负责治安警戒工作，严格控制并逐一登记进出人员和车辆，预防和制止各种破坏干扰行为，对犯罪嫌疑人或其他相关责任人采取必要的监控措施，保障救援行动顺利进行。公安交警部门在现场周边区域实行交通管制，封闭可能影响现场救援的道路，设置救援专用停车场，禁止无关车辆进入现场，疏导现场围观人群；根据实际需要，开辟救援专用通道，在相关道路上实行应急救援车辆优先通行，保证交通路线畅通。

6. 人员疏散。事件发生后，地铁运营公司负责组织人员疏散；救援力量到达后，主要由公安部门负责组织人员疏散，维持疏散秩序，并对疏散人员进行登记，由公安消防部队和防化部队负责进行洗消。公安交警部门负责疏散现场周边区域无关人员。

① 杨隽：《典型社会公共场所突发事件应急处置关键技术研究报告》，中国人民武装警察部队学院，2009 年，第 136 页。

人员疏散必须兼顾疏散速度和疏散秩序。

7. 排除险情。抢险救援组负责排除险情，防止事态恶化。铺设水幕水带，设置水幕，稀释、降解泄漏物浓度；采用多支喷雾水枪形成水幕墙，防止泄漏物扩散；利用专用输转设备将泄漏物转移并处理；进行洗消。

8. 结束归队。险情排除后，抢险救援组负责对现场进行全面细致的检查，消除隐患，防范和避免继发危机事件发生。由于毒气积聚在地下空间，采用喷雾、水蒸气、惰性气体进行驱散，并清扫现场及低洼处，确保不留残气；通过仪器实时检测，确认险情彻底排除时可解除警戒；清点人员、装备、器材和车辆；做好现场移交工作，安全撤离。

（四）应急救援保障

做好人力、物力、财力、交通运输、医疗卫生及应急通信等保障工作，保证应急状态下的救援需要。

1. 救援力量保障。现场指挥部负责根据增援力量调集、部署方案调派专业救援力量；总指挥部负责动员和组织社会力量参与应急救援，并协调周边省市救援力量参与应急救援。

2. 救援装备、器材保障。地铁运营公司负责保障地铁站配备的应急救援装备、器材；总指挥部负责保障现场救援所需的装备、器材，并负责调集增援装备、器材。

3. 救援物资、资金保障。总指挥部负责应急救援物资的保障工作，包括备用物资的调集、征用等；总指挥部负责协调跨地区的物资调用和应急状态下的资金保障。

4. 交通运输保障。交通部门、公安交警部门负责交通运输保障。交通部门负责保障救援所需的交通运输工具，包括征用方案；公安交警部门负责根据需要进行交通管制，开设应急专用通道，确保救援人员、物资、器材和装备及时运送到位，满足应急处置需要。

5. 医疗卫生保障。医疗卫生部门负责医疗卫生保障工作；总指挥部负责医疗卫生增援力量的调集工作。

6. 应急通信保障。抢险救援组、地铁运营公司、通信部门负责应急通信保障工作。

（1）使用消防移动指挥车或车载设备在现场建立移动指挥中心，利用无线通信技术组织现场通信，保障指挥员之间、指挥员与战斗员之间、战斗员之间通信联络畅通，保障总指挥部、市应急指挥调度中心与现场指挥部之间信息畅通，实现上情下达、下情上报。

（2）地铁站位于地下，采用无线中继设备实施通信可能存在盲区，必要时可以组织运动通信、简易通信或临时架（铺）设有线通信线路等。

7. 治安秩序保障。公安部门负责外围警戒和治安秩序保障工作。

8. 紧急避难场所保障。总指挥部负责疏散人员紧急避难场所的协调和征用工作。

9. 应急保障的衔接。总指挥部负责协调与某市及周边地区应急保障的相互衔接。

10. 专家技术保障。专家组负责为应急救援提供必要的技术支持和指导，包括救援技战术、救援防护、装备器材使用、人员疏散及救治等。

（五）善后恢复

总指挥部负责组织善后恢复工作。

抢险救援组向公安部门移交现场，公安部门负责维护现场秩序，进行起因调查和责任认定，并恢复正常治安秩序。

环保部门和市政部门负责清理现场，彻底消除化学毒剂污染。

地铁运营公司在事件调查和处理完毕后，负责恢复正常运行秩序。

民政部门负责安置、抚恤、补偿中毒群众，做好人员安置和慰问工作，协同价格管理部门、评估机构和保险公司，做好损失、赔偿评估工作。

（六）演练修正

地铁运营公司负责协调各救援部门定期组织桌面、功能和全面演练，适时进行突发性模拟实战演练，对照预案启动和执行情况，检验预案的可行性、实效性和衔接性，对演练效果作出评价，并形成演练报告，详细说明演练过程中发现的问题，及时予以修订和完善。

## 三、辅助决策系统

（一）风险分析附件

地铁站建筑结构图；地铁站厅平面图；地铁站台平面图；地铁站地上区域平面图；地铁站日均客流量；地铁站所在线路运行图；地铁站进出站口、安全出口分布；地铁站通风口及空气流通规律图；地铁站附近建筑物、居民区、学校等重点防护单位分布图与基本情况表；地铁站附近危险源登记表与分布图；事件后果预测与评估；其他风险分析资料；等等。

（二）法律法规附件

《突发事件应对法》、《消防法》、《国家突发公共事件总体应急预案》、《突发公共卫生事件应急条例》等；某市专项、部门预案体系和相关法律法规；相关衔接预案；地铁站应急响应预案；等等。

（三）应急资源附件

地铁站消防设施分布及数量（消火栓、灭火器、水喷淋、烟感自动报警系统等）；地铁站电力设施、通信系统分布及使用情况；地铁站应急装备、器材、物资的类型、性能、储存及数量；某市应急救援专业力量分布；后备救援力量分布；社会及志愿救援力量分布；医疗救护能力信息和医疗救护机构分布；应急装备、器材和物资的数量、储存地点及获取方式；应急通信系统情况；人员疏散、安置场所分布；等等。

（四）技术支持附件

地铁列车运行技术信息；各类化学毒剂物理化学性质、危害性、中毒症状、防护及救治措施等指导手册；某市应急信息管理系统；应急决策支持系统；重要防护目标及重大危险源信息数据库；化学毒剂泄漏案例库；救援装备、器材使用说明；其他技术支持附件；等等。

（五）通信运输附件

地铁运营公司、地铁站人员联系表；某市应急管理机构、救援力量、专家名录；新闻媒体名录；周边省市应急管理机构及救援力量名录；应急服务及物资供应单位名录；某市城市道路、地铁、公路、铁路、民航等交通信息；救援所需各类交通运输工具的数量、分布、功能、使用状况等信息；驾驶员的应急准备情况；交通运输工具征用单位的启用方案；交通管制方案和线路规划；等等。

（六）联动程序附件

与相关救援力量和部门建立的联动救援协议；与邻近省市建立的互助救援协议；与社会专业技术服务机构、物资供应企业建立的联动救援协议；等等。

（七）公共信息附件

某市道路交通运输信息；地铁站及周边地质信息；某市气象信息（温度、风力）；地铁站周边人口分布信息；地铁站周边重大危险源和重要防护目标的登记表、分布图、地质信息、建筑结构信息及人口分布信息；等等。

# 第四章
# 公共危机应急救援力量管理体系建设

## 第一节 公共危机应急救援力量管理体系建设的主要问题

通过近几年各种公共危机应急处置的历练和考验，我国的应急力量体系建设取得了很大的进步，但同欧美等一些国家相比，我国的应急力量管理体制建设还存在一定的不足，主要表现在以下几方面。

### 一、多种应急救援力量管理模式并存，影响应急救援能力发挥

由于长期以来，缺乏应急力量体系建设组织管理的统一指导方法，所以各省市根据本地的实际情况，建立了多种形式的管理模式，这种管理模式对于本地区范围内的应急管理能够发挥较好的作用。一旦发生大规模公共危机事件，需要跨地区进行应急救援的情况，则会出现各部门衔接的问题，难以实现各应急力量之间的沟通协调，阻碍了整个应急救援能力的发挥。

### 二、应急救援力量分属多个部门，条块分割明显

我国长期以来采用分部门、分灾种的单一灾情救援体制和危机管理模式，虽有多种应急救援力量，却分属在多个部门，这种“分而治之”的应急救援体系有两大问题：一是各种设备和人力资源重复投入并且大量闲置；二是遇到紧急状况，因职能交叉而容易造成职责不明，甚至互相推诿，可能由此失去最佳的抢险救灾时机。尤其是在大型危机事件救援现场，需要公安、消防、驻军、武警、医疗、通信、供水、供电等多个部门协同处置，但由于归口不一，战备等级制度不一，多支职能单一的应急救援力量互不隶属，各自为政，客观上造成遇险求助不便、接警出动迟缓、联动响应滞后、合成指挥不力等问题。

## 三、缺乏常设性专门管理机构，各种力量之间协调能力较弱

近几年，我国虽然在应急管理体制、机制等方面取得了一些发展，但是至今仍然缺乏专业化、规范化、制度化和高效的危机管理决策核心机构。一旦爆发大规模公共危机事件，往往是由某一政府领导牵头，组成一种临时性机构进行组织协调危机处置。这种临时性机构缺乏一定的决策力度，使得多部门之间难以形成合力，致使救援能力较低。同时，由于这种常设性机构的缺失，使得应急救援法制、机制建设进度缓慢，各种应急救援力量建设相对封闭，缺乏必要的联合演练。

## 四、缺乏应急救援力量体系建设监督机构

没有监督的权力必然导致效率低下。长期以来，我国形成的重处置、轻管理的应急管理方式，使得危机处置常常采用人海战术，危机过后，一般只进行正面的宣传和奖励，而对危机准备、危机处置过程中的问题往往轻描淡写，没有专门的机构对整个应急过程进行监督、审核。在这种情况下，难免会出现个别部门置大局于不顾，处处从自身利益出发，漠视人民的利益，存在对发生的危机事件隐瞒、缓报甚至欺骗的行为。

## 五、缺乏应急管理宣传教育机构，社会力量参与有待提高

由于我国长期以来关于应急处置的教育宣传不足，使得民众对危机处置的意识薄弱，一旦危机爆发，存在过分倚重政府，自救互救能力较弱。而政府在应急力量建设过程中，过多地强调专业力量的建设，在社会动员、各种资源的提供和组织方面，政府在危机治理过程中始终处于绝对主导地位，几乎包揽了一切与危机治理相关的工作。使得多元主体参与危机治理的机制尚未形成，社会参与的程度不高，忽视了民间力量和社会力量的实力，未能给这支力量发挥作用提供适度的空间和保障，导致政府治理能力大打折扣，行政成本增加。①

① 刘韬：《突发性公共危机政府管理及其应急机制建立研究》，载《湖南工业职业技术学院学报》2009 年第 3 期。

# 第二节　公共危机应急救援力量管理体系建设的主要内容

## 一、公共危机应急救援力量管理体系建设的原则

公共危机应急救援力量管理体系，应能较好地体现各种应急力量之间的联合作战能力，因此在管理体系建设过程中，应本着“政府主导，消防主力；统一指挥，协调有序；平战结合，资源优化”的建设原则。

（一）政府主导，消防主力

“政府主导”，是指在公共危机事件现场应急救援中，要由政府作为统一的领导。应急中心工作范围广，涉及部门多，担负责任大，必须由政府统一领导。根据我国现行的公共危机事件应急机制，在中央层面，我国在长期实践中逐步形成了在国务院统一领导下，分类别、分部门对各类公共危机事件进行应急管理的模式。国务院是公共危机事件应急管理工作的最高行政领导机构。地方各级人民政府是本行政区域公共危机事件应急管理工作的行政领导机构，负责本行政区域各类公共危机事件的应对工作。2005 年出台的《国家突发公共事件总体应急预案》规定，应急管理办公室设在国务院和地方各级人民政府，国务院和地方各级人民政府是公共危机事件应急管理工作的行政领导机构，这就确立了党委和政府对应急管理工作的领导地位。2007 年出台的《突发事件应对法》第一章第九条规定：“国务院和县级以上地方各级人民政府是突发事件应对工作的行政领导机关，其办事机构及具体职责由国务院规定。”所以，提出在应对公共危机事件时以政府作为领导机构是符合我国的法律规定的，也是符合我国的实际情况的。此外，对国外公共危机事件应急机制的对比分析结果表明，发达国家应急指挥的领导核心也是各国的行政首脑。多起公共危机事件应急救援处置过程表明，政府能够在第一时间快速集结多种专兼职救援力量，发挥了较好的综合协调作用，因此在应急救援体制建设过程中遵循“政府主导”的原则是长期应急救援实践的结果。

“消防主力”，是指在政府的统一领导下，公安消防部队作为应急救援的骨干力量，承担包括火灾、地震、建筑施工事故等多种危机的应急处置。《国务院办公厅关于加强基层应急力量建设的意见》（国办发〔2009〕59 号）明确指出了消防部队作为主力救援力量的法律地位。消防部队是一支军事化

专业队伍，具有纪律严明、作风优良、战斗顽强等特点，长期以来，公安消防部队在完成火灾扑救任务的同时，参与了大量危险化学品事故的处置，形成了相对成熟的危险化学品处置对策。同时，消防部队内已有一大批中高级专业技术人才，具有丰富的理论知识，积累了大量处置危险化学品事故的战斗经验，一旦在社会公共场所发生公共危机事件，这支部队可以冲得上、顶得住，在最短的时间内形成整体合力。据统计，1999—2001 年，全国消防部队共参加各类抢险救援和社会救助 2917 万次，其中处置化学危险品泄漏事故 6872 次，爆炸事故 1570 次。同时，在汶川地震、玉树地震和日常的应急救援过程中，消防部队充分发挥了专业性强、业务精湛的优势，起到了突击队和生力军的作用，赢得了各级领导和老百姓的高度肯定与赞扬。因此，建立以消防部队为骨干力量的综合应急救援队是开展应急救援所必需的。

（二）统一指挥，协调有序

"统一指挥"，是指由政府负责建立统一的接处警系统，将各种救援力量实现有效的整合，进行统一调度指挥，使各机构和部门纵向能对接、横向能联动，达到处置公共危机事件的快速、高效，最大限度降低成本。应急管理通常是跨部门、跨地域的，应急救援不仅会影响到许多正常的工作和业务流程，还要及时进行信息通报与资源调拨分配。这种跨部门、跨地域的工作是任何一个部门的管理机构或人员都无法胜任的，而且公共危机事件的发生具有突发性、破坏性和社会性等特点。因此，必须建立上下各级统一领导、统一指挥和统一行动的统一指挥管理系统。借鉴国外发达国家的经验，美国、英国和日本等国家均建立了统一的调度指挥体系，并将危机的处置纳入统一的指挥调度系统中，大大提高了各种救援队伍的应急处置合力。我国在处置特大危机事件时，往往也是由政府负责统一调度指挥各种救援力量。事实证明，只有建立统一的指挥系统，才能有效地整合各种应急救援力量。

"协调有序"，是指各种救援力量之间能够实现责任明确，优势互补，保证应急处置的有效性和有序性。应急管理涉及各部门各方面，公共危机事件发生后，政府不同职能部门之间应协调运作，发挥整体功效。要理顺中央和地方分级处置职能，强化条块之间的协调配合。同时还要发挥政府社会动员职能的优势，组织和调动社会各方面力量，共同参与突发事件检测、预警和处置工作，实现政府功能与社会功能优势互补与良性互动。① 同时由于我国有各种专兼职救援力量几十种，无论是职责范围还是器材装备等方面均存在

① 罗建军、卢红：《应急管理概论》，湖南科学技术出版社 2010 年版。

一定的交叉，为了保障应急救援效率，各种救援力量之间必须进行有效的协调分工，以保证统一指挥，确保命令统一性与有效性，避免出现政出多门，下级无所适从，人为造成权力与职责结构破坏，使应急管理工作无法有效开展。

（三）平战结合，资源优化

“平战结合”，是指政府公共危机事件响应机构既负责日常一般公共危机事件的管理，又作为重特大公共危机事件的基础力量或重要组成力量。也就是要求应急管理机构在平时要注重应急准备，加强对风险的识别、监测和预警，加强应急救援队伍的日常训练、培训和演习，做好资源规划和保障工作，保证战时的应急救援效率，并做好战时的危机应对和事后的评估及处置，做好资源协调与调度工作。所谓“凡事预则立，不预则废”，只有在平时做好应急救援的准备工作，才能保证战时拉得出、打得赢。因此在管理体系建设过程中，要注重平战结合体系的设立。

“资源优化”，是指将各种应急救援所需资源进行优化配置，保障资源的高效率使用。我国的应急救援资源大多是因灾种而建立的，资源分布相对分散，而针对某区域危机特点所建立的综合性应急资源准备较少。而从危机管理的角度来看，虽然处置各类重特大公共危机事件的部门较多，但大都各自为政。资源优化原则既是对国外先进经验的吸收和发扬，也是适应我国经济和社会发展的需要。因此，为了避免重复建设，保障应急救援所需资源，这就需要充分调度整个社会的资源，通过有效的整合，实现资源的优化配置。

## 二、国家层面应急救援力量管理体系构建

为了较好地解决目前我国应急力量体系建设过程中存在的问题，加快应急力量体系建设，提高应对各种公共危机的能力，首先需要搭建科学的组织管理体系，以进一步明确各种力量之间的权力和责任，从而进一步加强对公共危机的监测和预防工作，大大降低各种公共危机所带来的损失。

（一）应急管理委员会设置的必要性和可行性

从长远角度统筹规划我国应急救援工作，需要从国家层面上设立常设性应急救援管理机构，即应急管理委员会，以实现统一、专门管理。这符合国家积极稳妥地推进大部门制改革的基本方向和要求。①

目前负责我国应急管理工作的机构和部门主要是各级政府部门的应急办

① 魏礼群：《积极稳妥推进大部门制改革》，载《新华文摘》2011年第16期，第1~3页。

和议事协调机构（如国家减灾委员会、核事故应急协调委员会等）。应急办负责协调和督促检查各省（区、市）人民政府、国务院各部门应急管理工作。在应急过程中其职责主要是值守应急、信息汇总和综合协调，其处置权力是有限度的，在政府内部权力体系中的影响力薄弱，须协助国务院领导处置。议事协调机构是以党政领导为成员的临时性机构，不是常设机构，带有较大的临时色彩，只是在危机发生的时候才被启动，无法有效组织各部门开展危机前的预防、演练和储备等工作，因此，其在常态下协调的权威性不足。由此可以看出，目前的应急管理体系难以发挥出与公共危机应对需求相称的领导力。所以在现有的危机应对领导机构基础上，应本着整合危机应对资源、降低内耗和提高效率的原则，设置一种能够整合应急办和议事协调机构功能的常设性机构，从而保证公共危机的预防预警、应急演练、应急处置、调查评估、信息发布、应急保障和国际救援的统一化和规范化。

（二）应急救援管理委员会的构建

适应目前应急管理的需求，通过几年的发展，我国应逐渐建立起强有力的常设性国家应急管理机构，即国家应急管理委员会，其组织框架体系如图4－1所示。

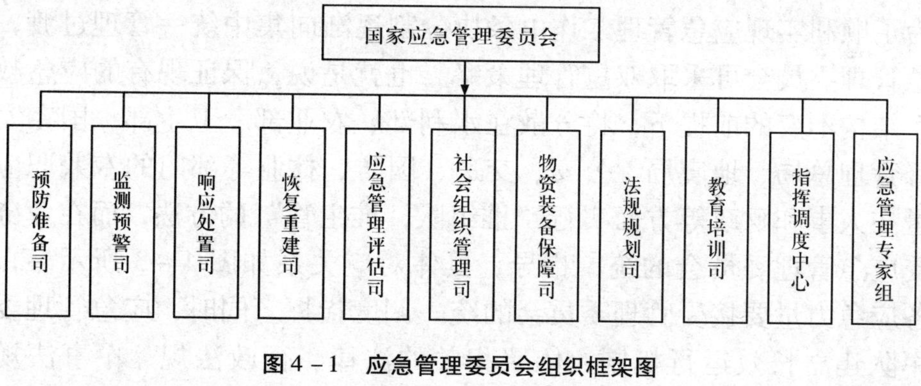


**图4－1　应急管理委员会组织框架图**

国家应急管理委员会应为应急管理的常设机构，纳入政府机构序列，隶属于国务院。该委员会应采取行政首长负责制，由国家总理或主管副总理担任第一负责人，由各相关部门的第一负责人组成委员会，联合协商制定应急管理的发展规划和各项政策。在该机构下设立专门应对公共危机的职能部门。按照危机管理流程，应急管理委员会内部可设置预防准备司、监测预警司、响应处置司、恢复重建司和应急管理评估司等部门，负责应急管理委员会的正常运行。同时该委员会设置指挥调度中心，作为应急救援指挥的枢纽，与各省之间实现互联互通，并应具有危机决策辅助系统；设置物资装备保障司，负责整个战备物资的统一调度和管理；应吸收各行各业的专业人士成立应急管理专家组，为应急管理委员会提供决策咨询和工作建议；设置非政府组织管理机构，组织动员各种社会力量参与应急救援，设置国际事务管理司，负责国际应急救援事务。在垂直管理上，应急委员会下设置省、市、县三级管理机构，如图4－2所示。各级应急委员会的指挥和协调对应本辖区的应急救援管理工作。

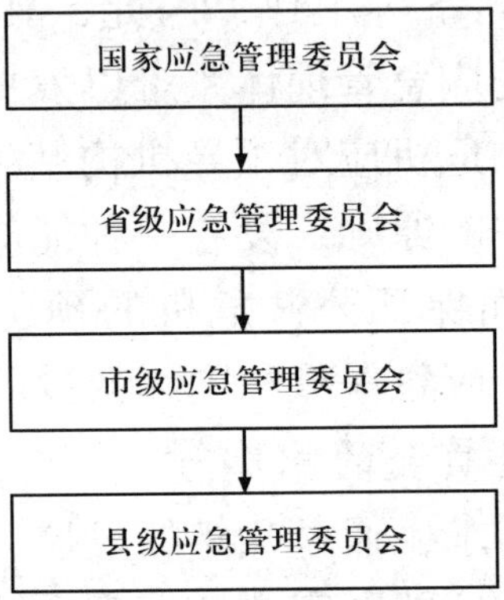


图4－2　应急管理纵向体系

为了顺利实现应急管理工作由条块分割逐渐向集中统一管理过渡，现阶段应急管理委员会可采取双重管理策略。也就是说，保证现有的应急救援力量体系结构不变的前提下，将分散在水利部、农业部、卫生部、国家安全生产监督管理总局、地震局、公安、交通、国防、林业等部门的专兼职应急救援力量在人事和财政等方面实行“谁组队，谁主管”的方法，而在业务方面要接受应急管理委员会的统一指导，具体对应关系如图4－3所示。在应急时，各应急力量要接受管理委员会的统一调度指挥。同时，应急管理委员会应与军队建立长效运行机制，依照相关的法律、行政法规、军事法规的规定，军队参加公共危机事件的应急救援和处置工作。

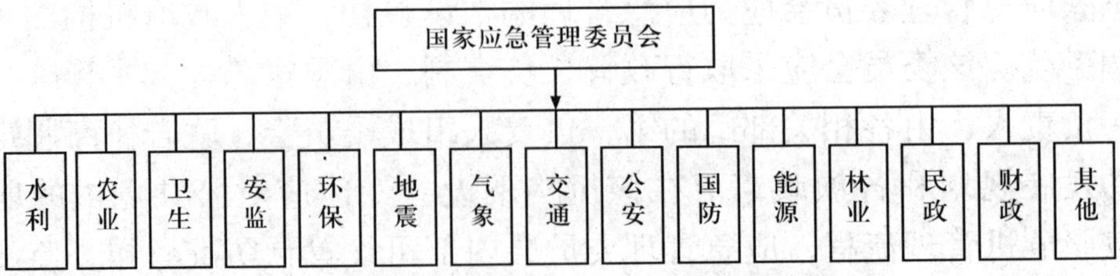


图4－3　现阶段应急管理委员会对应救援力量分布

为了提高应急管理委员会的应急效率，可实施扁平化管理，这样可大大提高基层管理者的管理幅度，减少管理层次，从而实现在应急过程中简化信息传递环节，直接实现决策者和现场指挥者之间的对接，使应急决策更符合现场实际，提高危机的应对效率。

（三）应急管理委员会的特点

（1）有效地整合了应急救援力量，有助于形成一个权威高效的指挥系统。

该组织管理体系是在国家宏观决策层面建立起来的一个全国性的、长期的、固定的危机管理机构，专门负责协调各个部门、地区和组织的协作，以保证信息畅通，反应迅速，改变目前日常危机管理职能分散在各个部门，无法对危机进行有效管理的局面。

（2）有助于实现条块结合的管理模式，并逐渐向集中管理过渡。

在不改变现有力量分布的情况下，通过管理方式的转移，形成条块结合的管理方式。虽然现有的应急救援力量分布在多个部门，通过应急管理委员会的统筹协调，使各种应急力量不仅仅局限在本领域内的建设发展，而是融合在整个应急救援体系中，较好地避免了建设的盲目性和重复性。①

（3）职责划分清晰，有利于各管理部门和职能部门作用的发挥。

根据我国自然灾害分类方式进行分灾害管理的模式，有利于形成一支专业化的管理队伍。按照危机管理程序设置部门，使危机管理程序更加清晰，各部门的职责明确，较好地避免了互相推诿、效率低下的局面。

（四）应急管理委员会的职能

应急管理委员会作为国家层面的应急管理机构，其应负责应急管理过程中的各项事务，主要体现在以下几点：

1. 起草或修改国家应急法律、行政法规和规章，逐渐完善应急管理法制体系。

2. 制定应急管理工作中的长期发展规划，统筹规划各种救援物资装备。

3. 设置或调整应急管理委员会的组织框架体系，设计规划应急管理运行机制，综合协调国家职能部门在危机管理中的作用，做好预防、处置、恢复和重建以及对危机的经验总结工作。

4. 编制或修订应急救援预案，制订专兼职应急救援队伍的培训和演练计划。

5. 统筹规划各种救援力量的建设发展。

---

① 曹霓：《论我国城市危机管理体系的构建》，重庆大学，2007 年。

6. 指导各省、直辖市的应急救援工作，并监督考核各省应急救援队伍的建设。

7. 收集、汇总和整理各省、直辖市的各种预警信息，并及时向社会发布各种预警信号。

8. 在危机事件爆发时，即转为国家应对有关危机事件的具体指挥与协调机构，针对已经发生的危机事件，分配各种救灾资源，有权调动和指挥各种应急救援力量。①

## 三、省、市级层面应急救援力量管理体系构建

根据《突发事件应对法》中属地管理的原则，省（直辖市）市级应急救援力量是各种公共危机救援的主要力量，加强省（直辖市）市级应急救援力量建设是提高应急救援效率的关键。根据《国务院办公厅关于加强基层应急力量建设的意见》（国办发〔2009〕59 号）的规定，全国各省市掀起了应急救援队伍建设的高潮，多个省市构建了具有地方特色的应急救援力量管理体系，先后在湖南、湖北和大连等省、市召开了全国公安消防部队应急救援工作现场会，推动了省、市级应急救援力量管理体系的建设。

### （一）典型省、自治区和直辖市应急救援力量管理体系评析

1. 应急救援力量管理体系Ⅰ情况分析。该城市构建了“一队八组”模式的综合应急救援总队，即由抢险救援队、安全监管组、工程抢修组、治安交通组、电力保障组、通信保障组、气象保障组、医疗救护组、专家组组成，其组织框架体系如图 4－4 所示。综合应急救援总队在市委、市政府的领导下，由市突发公共事件应急委员会统一指挥、调动和使用。总队长由市公安消防总队总队长担任，政委由市公安消防总队政委担任。所属抢险救援队队长由市公安消防总队副总队长担任，各组组长由各牵头组建单位分管领导担任。市综合应急救援总队办公室设在市公安消防总队，办公室主任由市公安消防总队参谋长担任，成员由市应急办、市公安消防总队和各牵头组建单位派员组成。

2. 应急救援力量管理体系Ⅱ情况分析。在应急委的统一领导下，该城市成立了依托公安消防总队组建的“城市应急救援总队”，下辖直属应急救援支队（特勤消防支队）和各区（县）依托消防支（大）队组建的“区（县）应急救援支（大）队”，其组织框架体系如图 4－5 所示。该总队机关

① 秦丹：《新时期我国公共危机管理体系的构建和完善》，载《郑州航空工业管理学院学报（社会科学版）》2009 年第 5 期。

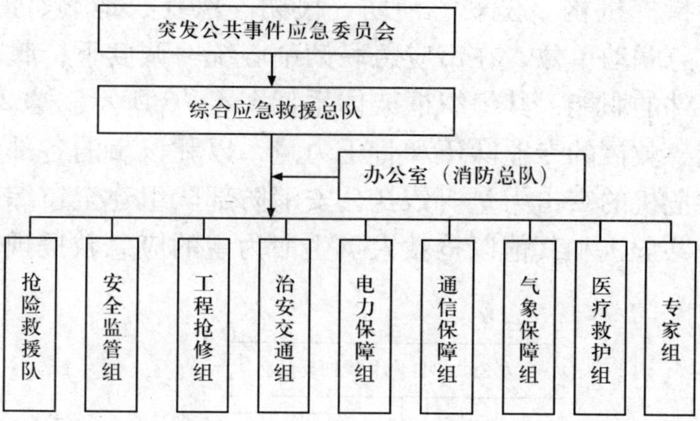


图4－4　应急管理体系Ⅰ图示

设在市公安消防总队，下设应急救援指挥中心、应急救援行动部、应急救援保障部三个部门。这是一支由主管消防工作的副市长任总指挥，主管副秘书长、市应急办主任、市公安局主管局长任副总指挥，市公安消防总队长、政委任应急救援总队总队长、政委的综合应急救援队伍。

该城市的应急救援总队加强与市各专项应急指挥部联系，准确掌握全市医疗、交通、民政、地震、市政、气象、安监、通信等多支专业应急救援队伍的建设情况，建立各类公共危机应急救援预案和多支救援队伍联动响应方案，建立多支专业应急救援力量季度联席会议制度。

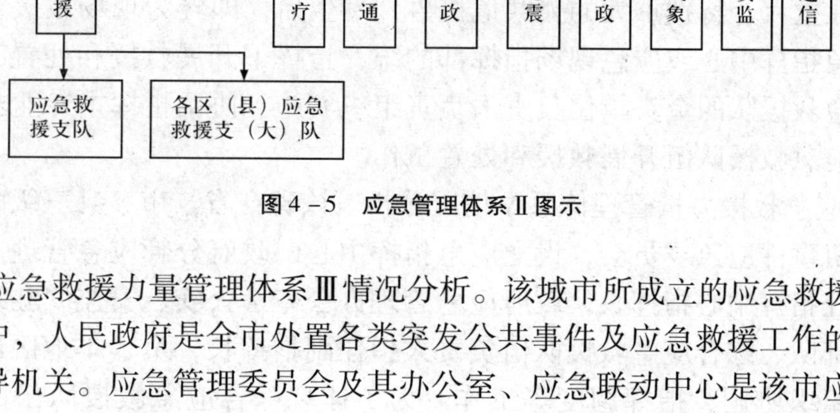


图4－5　应急管理体系Ⅱ图示

3. 应急救援力量管理体系Ⅲ情况分析。该城市所成立的应急救援力量管理体系中，人民政府是全市处置各类突发公共事件及应急救援工作的最高决策和领导机关。应急管理委员会及其办公室、应急联动中心是该市应急救援工作的协调、指挥机构。公安、消防、民防、医疗、地震、海上搜救等29个部门作为应急联动单位，在市应急联动中心统一调度下，履行应急处置各类公共危机事件的职能，其组织框架体系如图4－6所示。这29家联动单位是公共危机应急救援的专业队伍和骨干力量，以驻该市的各部队和武警总队作为处置公共危机的突击力量。依托公安消防部队组建全市综合应急救援总队，在重大公共危机和其他以抢救人员生命为主的应急救援现场，负责统一实施救援指挥。

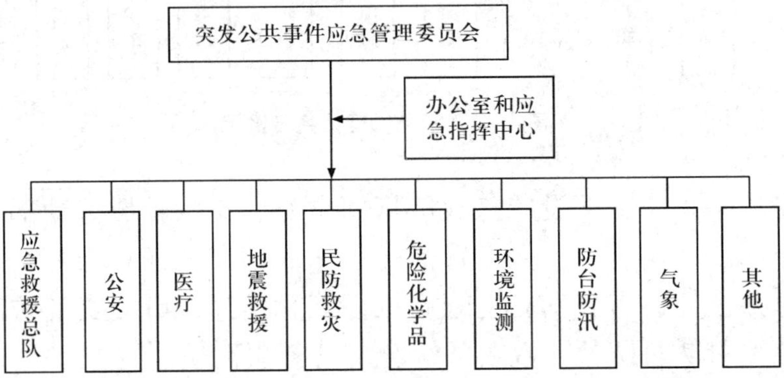


图4－6　应急管理体系Ⅲ图示

4. 应急救援力量管理体系Ⅳ情况分析。该城市以公安消防总队直属力量（不含区县消防队伍）、预备役部队、武警部队、驻该市部队及其他市属优势专业应急救援力量为依托，组建市级综合性应急救援队，其组织框架体系如图4－7所示。市综合应急救援总队挂牌在市公安消防总队，由市公安消防总队总队长和政委分别担任总队长、政委，市政府应急办主任任常务副总队长，市安监局、市公安局、市卫生局、该市的警备区司令部、武警总队分管负责人任副总队长。该总队的常态管理机构是综合应急救援总队的组织领导机构，在重大、特别重大的公共危机事件发生后，即转为现场救援组，在市政府应急指挥中心或应急现场指挥部的统一指挥下开展救援和处置工作。各支市应急救援队的牵头单位负责人负责组织实施、协调指挥本专业救援方向的各级应急救援队伍开展救援和处置工作。

5. 应急救援力量管理体系Ⅴ情况分析。该省在省、市、县三级政府成立公共危机事件应急委员会，设立应急指挥中心，政府分管应急管理工作的负责人担任指挥中心指挥长，政府应急管理办公室、公安、安监、驻地人民武装警察部队、综合应急救援队伍负责人担任副指挥长，负责本地区应急救援队伍的组织协调、指挥调度等工作。为了体现综合应急救援队伍的主导地

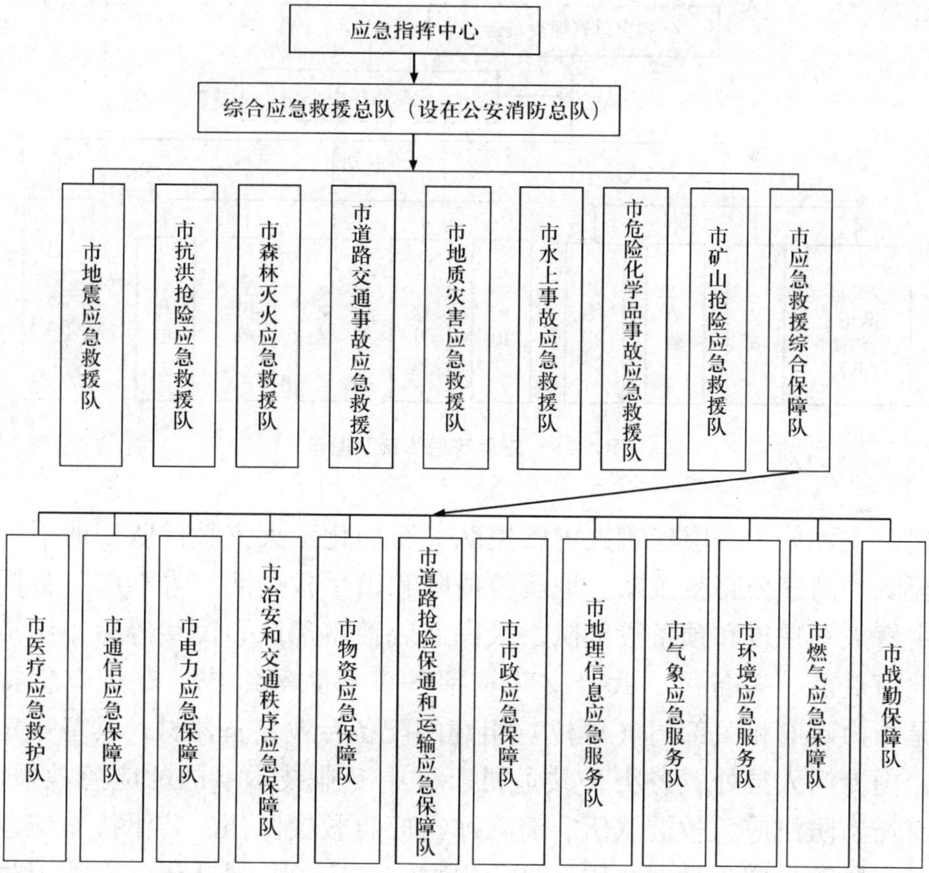


图 4－7　应急管理体系Ⅳ图示

位，省政府发文明确由公安消防总队、支队、大队军政主官担任应急救援的队长、政委，同级人民政府办公厅（室）分管领导任第一政委，便于政府协调管理。同时明确，以抢救人员生命为主的应急救援工作由综合应急救援队伍负责人担任现场指挥。

为整合应急救援队伍力量，省政府规定，在保持现有管理体制不变的前提下，将矿山、医疗、交通、民政、地震、建设、市政、环保、通信等专业队伍纳入统一调度、作战和训练体系，将应急志愿者队伍纳入社会动员体系。先后组建了多支消防医疗紧急救援队、消防地震救援队、隧道应急救援队、山岳应急救援队，同时应急救援总队依托有关部门和省内高校，组建了应急救援专家库，其组织框架体系如图 4－8 所示。

6. 应急救援力量管理体系Ⅵ情况分析。该城市在市政府的统一领导下，成立了应急救援队伍，主要包括综合应急救援队伍、骨干应急救援队伍、专业应急救援队伍和志愿者应急救援队伍。综合应急救援队伍依托公安消防队

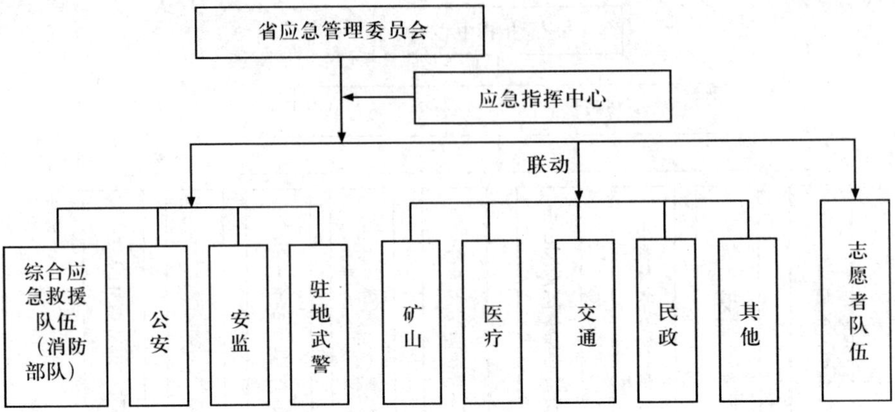


图4－8　应急管理体系Ⅴ图示

伍组建，主要分为高层建筑火灾救援队、石油化工火灾救援队、地下工程灾害救援队、高速公路救援队、地震救援队和山岳救援队。骨干应急救援队伍主要由解放军现役和预备役部队、人民武装警察部队、民兵等力量组成，主要由北海舰队、警备区、武警支队和预备役部队等组成。专业应急救援队伍，是指由政府相关部门（单位）组建的配备专业装备器材，具备一定专业技术，由专门人员处置各类公共危机事件中专业技术事故的应急救援队伍，主要有城市防汛应急救援队伍、清除冰雪应急救援队伍、防汛抗旱应急救援队伍、森林防火应急救援队伍、林业生物灾害应急救援队伍、医疗卫生应急救援队伍、环境灾害应急救援队伍、安全生产应急救援队伍、重大动物疫情应急救援队伍和海上搜救应急救援队伍。基层应急救援队伍，是指由镇（街道）、企事业单位和村（居）委会等群众自治组织，根据实际需要组建的专职、兼职、义务应急救援队伍。专家应急救援队伍，是指主要由各行业、各领域具备一定专业技术水平的专家人才组成的专家队伍。志愿者应急救援队伍，是指主要由共青团、红十字会以及其他组织建立的各种志愿者参加的应急救援队伍。应急救援队体系如图4－9所示。应急救援队遵循“谁组建、谁管理，谁管理、谁保障，统一指挥、协调运行”的原则，分别由政府职能部门、事业单位、自治组织等主管部门负责建设管理。应急救援队伍指挥部由本级政府主要负责人任总指挥，分管领导任指挥长，应急管理部门负责人、公安机关责任人、综合应急救援队负责人任副指挥长，相关部门负责人为成员。

（二）省、市级应急救援力量管理体系的特点

通过对以上6个省市应急救援力量管理体系结构的分析可以看出，这六

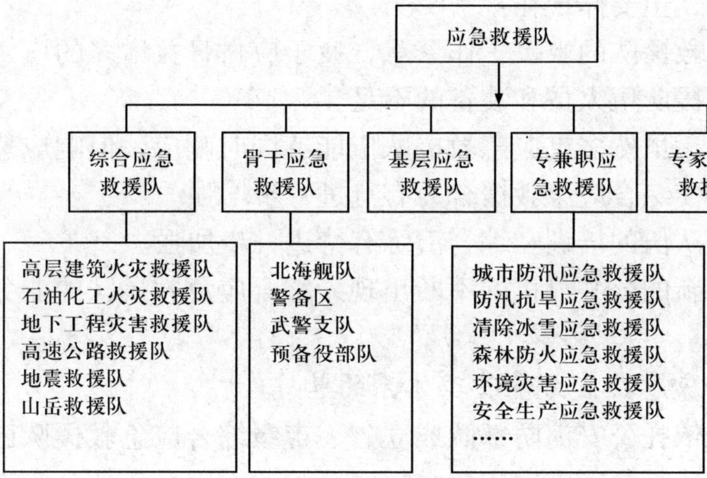


图4－9　应急管理体系Ⅵ图示

种模式具有以下共同特点：

1. 凸显出消防部队在应急救援中的地位和作用，各地的应急救援机构基本上均成立了依托消防部队的综合应急救援总队，且消防部队的主要负责人均拥有一定的指挥权限。

2. 建立了一定的应急联动机制，涉及应急救援的多家单位参与到应急联动体系。

3. 均以省、直辖市人民政府作为应急管理的最高领导机构，且多数成立了应急救援专门机构，在政府的授权下指挥和协调应急管理工作，消防部队在日常的协调管理中担任了重要的角色。

4. 均成立了统一的应急救援调度中心，统一指挥辖区的应急救援工作。

除以上共同点外也可看出，各地应急救援机构的管理框架体系仍存在一定的差别。主要表现为：

其一，应急救援总队的成员单位存在一定的差别，如北京和上海仅仅是以消防部队作为应急救援总队，而重庆和湖南等地的应急救援总队则包括公安、消防、驻地部队等多家单位。

其二，虽然应急救援机构将多家单位纳入统一的应急管理体系中，但其覆盖面上仍需要进一步扩展。

其三，虽然各地均建立了统一的应急指挥平台，但各地依托的单位不同，如多数省、市是依靠消防部队“119”指挥调度中心扩建的，而有的城市是依托人防办或公安局指挥调度平台扩建的。

通过对多个省、市的实地考察发现，应急救援力量管理体系在运行过程中还存在一定的问题，主要体现在：

第一，综合应急救援队的救援工作繁重，疲于应付日益增多的应急救援工作，凸显出应急救援队伍人员和装备的不足。

第二，在应急时，虽然多支应急救援队伍能够同时响应，但响应速度存在一定的差异，进而使综合应急救援合力有待进一步增强。

第三，应急救援队伍的培训和综合演练有待进一步加强。

第四，由于一些新的公共危机的不断出现，综合应急救援队的业务训练仍需进一步拓宽。

（三）省、市级应急救援力量管理体系的构建

基于以上分析，依托公安消防部队成立省、市级综合应急救援队已成为各地的通行做法，且经受住了多次应急救援实践检验，因此依托公安消防部队组建省、市级综合应急救援队是比较成功的一种做法。由于消防部队的人力和装备有限，应将公安、安监和驻地部队等反应迅速的几支队伍均纳入综合应急救援总队，在大型的综合性公共危机中实现快速响应。由政府牵头成立应急管理委员会，由政府第一负责人担任总指挥，消防、公安、安监和警备区负责人作为副总指挥。在日常运行过程中，授权消防部队进行日常的沟通协调。在应急救援过程中，由当地政府统一指挥，并授权公共危机所属专业领域的队伍负责现场指挥。由于地方的特殊性，应急管理力量体系管理构架不要求统一，通过分析认为一种理想的省市级应急救援力量管理体系如图4－10所示。

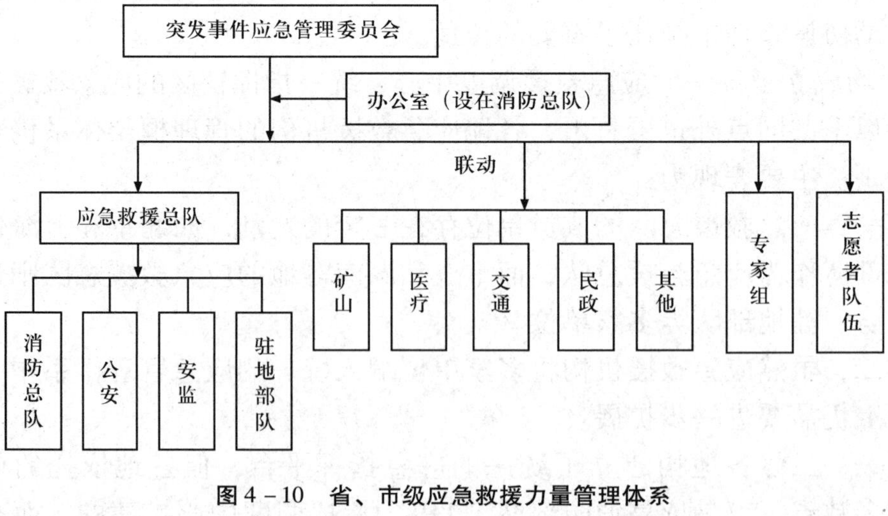


图4－10　省、市级应急救援力量管理体系

该管理构架在运行体系设置上应具有以下特点：

1. 建立“应急委员会”。依照国务院公共危机事件地方行政首长负责制的规定，成立“应急委员会”，作为城市公共危机事件应急管理的最高行政决策和应急指挥协调机构，统一组织指挥全市公共危机事件的预测、预防、应急准备和应急处置工作。由省、直辖市的第一负责人作为应急管理委员会的领导，其他职能部门的负责人作为成员。

2. 常设机构应设立在消防总队，承办省（市）应急委的日常工作和各分委员会之间的协调、联络工作，承担公共危机事件应急处置总指挥部办公室日常组织协调和战时指挥调度的工作。

3. 应急救援总队应包括多家单位，如消防部队、公安队伍、安全生产监督管理部门和驻地部队等多家训练有素的队伍，主要承担以抢救生命为主的公共危机。

4. 设置应急联动中心。以定岗、定编、定员方式，成立应急联动中心，危机发生后，应急联动指挥部自动升级为城市最高指挥部，工作人员直接作为最高指挥部工作人员。①

5. 建立涉及多种领域的专家队伍，辅助公共危机的应急处置。

## 四、应急平台建设

应急平台是以现代信息通信技术为支撑，软硬件相结合的公共危机事件应急保障技术系统，具备日常管理、风险分析、监测控制、预测预警、动态决策、综合协调、应急联动和总结评估等多方面功能，是实施应急预案、实现应急指挥决策的基本载体。应急平台是应急管理体系建设的基本组成部分，对于建立和健全应急机制，预防和应对公共危机事件，减少公共危机损失具有重要的意义。经过多年的建设，各省、市逐渐建立起一些各有侧重、各具特色的应急平台，如多警合一的接处警模式、多种通信方式相结合的应急指挥通信模式、结合了图像监控的视频会议模式、信息管理系统模式和应急联动指挥模式。目前已有的这些应急平台分布在多个部门，如消防部门、人防部门或公安系统中，而功能强大的综合型应急平台还需要进一步的建设与发展。根据《国务院办公厅关于加强基层应急队伍建设的意见》（国办发〔2009〕59 号）文件精神，全国各省、直辖市均成立了依托消防部队的应急救援总队，设置在消防部队的“119”指挥调度中心能够发挥较强的应急调度和指挥能力，为建设省、市级综合型应急平台奠定了良好的基础。

---

① 孙元明：《国内城市突发事件应急联动机制与平台建设研究》，载《重庆邮电大学学报（社会科学版）》2007 年第 1 期，第 59～65 页。

（一）应急平台体系结构

应急平台是应急管理的重要辅助系统，按照其设置级别，一般有国家级应急平台、省级应急平台、部门应急平台、地市级应急平台和县级应急平台。我国应急平台体系如图4－11所示。由图可见，我国应急平台建设仍然较多局限在部门级别，功能强大的综合型应急平台还需要进一步的建设与发展。目前，全国各省、直辖市设置在消防部队的“119”指挥调度中心能够发挥较强的应急调度和指挥能力，为建设省、市级综合型应急平台奠定了良好基础。

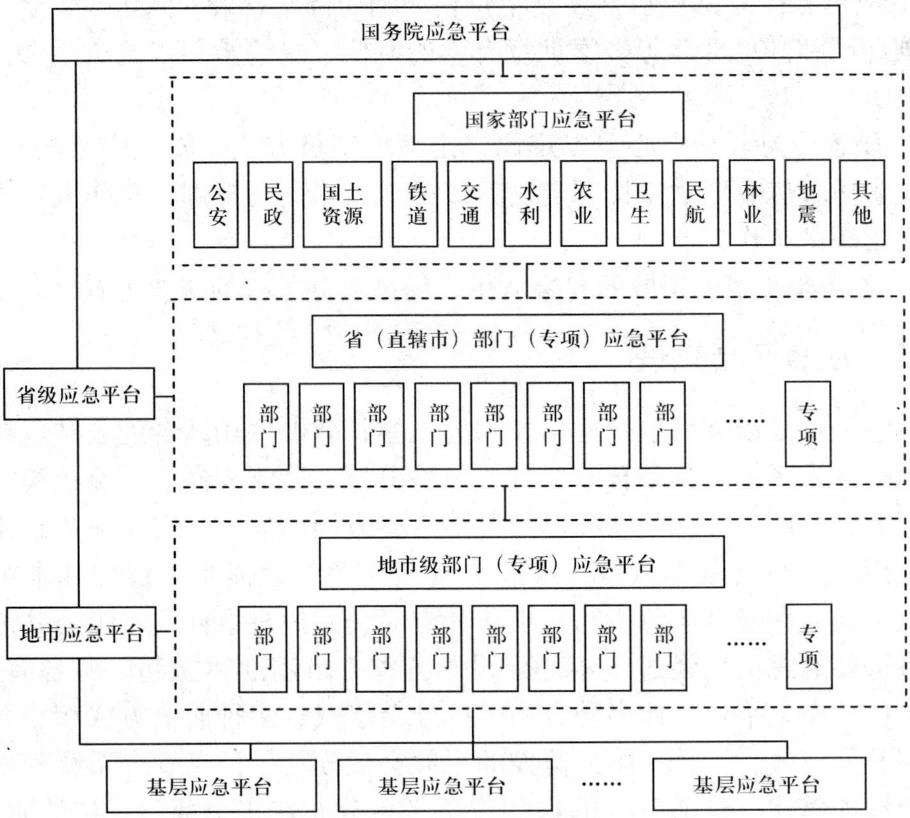


图4－11　应急平台体系

（二）应急平台的组成及功能

应急平台由基础支撑系统和综合应用系统两大部分组成。基础支撑系统即硬件设备，主要包括应急通信系统、计算机网络系统、图像接入系统、视频会议系统、移动应急平台、安全保障系统和容灾备份系统等。综合应用系统包括信息传送系统、综合业务管理系统、风险隐患监测防控系统、公共危机模拟系统、预测预警系统、智能方案系统（即数字预案系统）、指挥调度系统、应急资源管理和保障系统、应急评估系统、模拟演练系统和数据库系统，应急平台体系结构如图 4－12 所示。通过软硬件的有机结合，应急平台应能够实现以下功能：

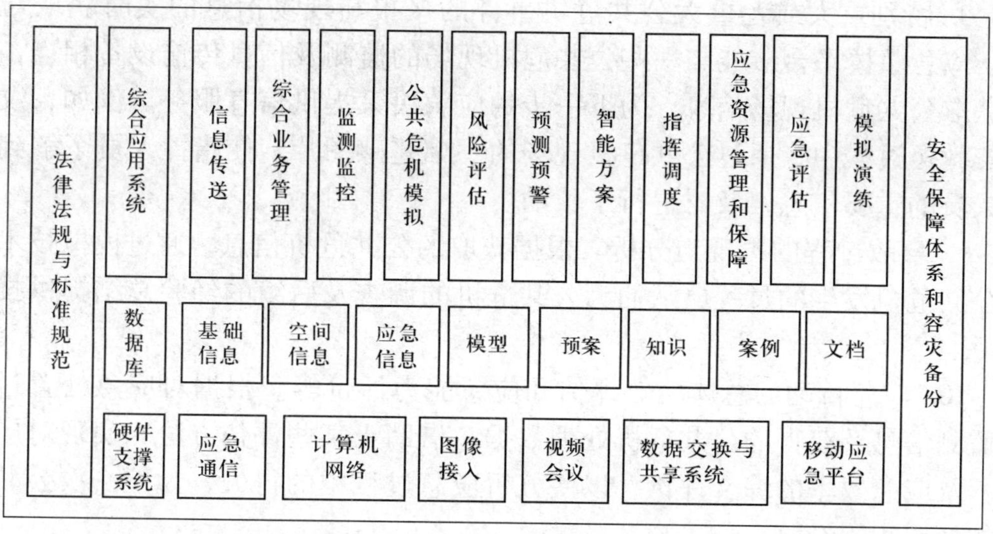


**图 4－12　应急平台体系结构**

1. 信息的收集、分析整理与传送。该平台应能与多种通信终端进行连接，收集各种报警信息，并能够自动地对各种信息进行分类汇总，将各种重大信息及时传送到有关部门，及时对信息进行分析识别。

2. 隐患分析和风险评估。将收集的信息与危险临界值进行比较，或根据预定的评估方法，对可能存在的风险进行分析，预测可能导致的危害程度。

3. 公共危机的发展预测和影响分析。根据危险性分析，进一步预测该危险的发展趋势及可能危害的范围，为预警及处置方案的制订奠定基础。

4. 预警信息的发布。根据危险性分析及发展趋势预测结果，向相关部门及时反映，根据应急管理机构的指示，通过电视、网络、手机等多种通信方式，向民众发布预警信息及有效的公共危机预防方法，以减轻可能的危害结果。

5. 应急方案的优化确定与启动。根据公共危机的类型、危险性及该地区现存的救援力量，自动生成应急救援方案，为应急决策指挥提供参考。

6. 动态的应急决策指挥和资源、力量调度。一旦公共危机发生，能够通过应急平台调集各种应急救援力量，调配各种救援物资，从而使应急具有较高的时效性，实现各种力量资源的最优配置，降低应急成本。

7. 数字化应急预案的管理与完善。为了提高应急效率及典型事故处置的科学性，应针对各地区的公共危机类型特点，制定可操作性较强的应急预案，并以预案库的方式进行管理。一旦发生类似的公共危机，能够快速地调取这类公共危机的预案，为应急指挥决策提供参考。

8. 特别重大或者重大公共危机事件的接报与现场信息的实时获取与分析。应急救援平台应能与一些公共危机现场的监测及信息传输设备相连，时时获取公共危机现场信息，为下一步的应急决策提供信息服务。例如，汶川地震救援过程中，通过公共危机现场的一幅遥感图片，使指挥人员了解到被困人员的重要信息，及时进行了救助。

9. 事故过程的再现与分析。根据获取的公共危机信息，通过模拟技术再现公共危机发生的过程，从而为公共危机的调查及后续的经验总结提供技术参考。

10. 应急行动的总体功效评估和应急能力评价等。根据对应急处置过程的监测信息及获得的公共危机处理数据，借助于某些评估方法，实现对应急过程及应急效率的综合评价，以便分析应急过程中的得失，为下一次公共危机的处置积累经验。

（三）应急平台建设过程中需要注意的问题

为了能够更好地促进应急平台建设，在应急平台建设过程中需要注意以下问题：

1. 充分整合现有资源，避免重复建设。将有关部门已有应急相关系统接入，整合和共享已有的应急相关数据和信息，重点建设具备了一定基础和条件较好的市级应急平台和省级部门应急平台，如“119”指挥中心，使其达到省（市）级应急调度平台的功能，实现互联互通。

2. 进行标准化建设。遵循通信、网络、数据交换等国家标准，采用国家发布的人口基础信息、社会经济信息、自然资源信息、基础空间地理信息等数据标准规范，以便系统的兼容和数据的规范。

3. 跟踪国家级应急平台建设，及时实现系统更新。建立和完善信息报送、业务流程、实时数据接入、数据库同步更新、预测预警模型规范、术语标志和数据共享等标准化体系，保证与国家应急平台技术体系一致。

4. 具有针对性和地方特色。充分考虑本地区常发多发的危机类型，使平台建设能够较好地满足实际需要，如沿海城市台风较为频繁，在平台建设过程中就要满足台风预防和处置的需要。

# 第三节　公共危机应急救援力量管理体系建设的对策建议

## 一、加快国家级常设性应急管理机构建设

当前，我国各省、市应急救援队伍建设快速发展，但在国家层面仍然由国务院应急办负责协调全国应急救援工作，这种局面制约着省（市）级应急救援队伍的建设和应急救援效率的提高，因此，加快成立权威、高效的国家级常设性应急管理机构已是当务之急。

## 二、明确各级应急管理机构职责，理顺各救援力量之间关系

在国家应急管理机构的统一领导下，明确地方各级、各部门应急管理机构的职责权限，加快省级试点建设，依托消防部队构建省、市级应急救援力量管理体系。理顺各救援力量之间的分工合作关系，建立联动协作机制，保证在跨区域大规模综合应急救援任务中，明确现场救援主体和其他配合力量，避免出现互相推诿或救援不力等问题。

# 第五章 公共危机应急救援力量运行体系建设

## 第一节 公共危机应急救援力量运行体系建设的主要问题

虽然我国在公共危机应急救援运行机制建设方面取得了一些成绩，但还是没有一个能够全面应对各种公共危机事件的机制，存在的问题主要表现如下：

### 一、预警及信息沟通机制不够完善，危机公关能力有待加强

首先，我国的监测预警主要集中在气象灾害及大规模传染病的范围，对于其他类型的公共危机，监测预警机制仍然没有完全建立起来，还需进一步完善。其次，各类公共危机的监测预警仍然局限在相关专业领域的部门，采取分而治之的政策，没有一个专门的部门统筹规划，缺少统一的预警机制和综合性的预警信息系统。由于公共危机事件预警机制不系统、不完整，对预警程序、权限、职责的规定还不很明确，因此一些不真实危机信息很可能被媒体大肆传播，这样不仅会造成普通民众的恐慌，甚至会造成社会的混乱，如日本地震后发生在我国的抢盐事件。所以，我国在加强预警机制建设的同时，还应进一步提高政府的危机公关能力。

### 二、救援力量之间协调能力有待提高，指挥决策权有待加强

公共危机事件往往是综合性的，需要涉及多部门多个领域。在事故发生时，需要调集哪些力量，这些力量之间如何进行分工，指挥决策权的归属问题仍需要进一步的研究。目前，在公共危机处置过程中多采用现场成立临时指挥部的做法，进行多部门协调，政府领导进行授权，由某一方力量担任总指挥。由于缺乏一定的法律保障，这种临时性机构的指挥力度不足，除了环保、医疗等这种专业性很强的队伍具有明显的分工外，其他临时组合在一起

的多种力量，很难进行统筹分工，经常是各管各的人、各干各的活，尤其临时从所属单位征调一些大型装备，费时费力，使得应急救援的效率大大降低。

## 三、调查评估机制不够完善，监督力度有待加强

2006 年发布的《国家突发公共事件总体应急预案》第三部分“运行机制”第 3 款“恢复与重建”中专门规定有“调查与评估”一条，指出：“要对特别重大突发公共事件的起因、性质、影响、责任、经验教训和恢复重建等问题进行调查评估。”在这条规定中所指出的评估内容，主要包括对公共危机事件性质的评估和处置过程的评估。实际上，关于应急管理评估的内容中，还包括应急准备的评估，即应急预案、物资、装备和队伍设置情况的评估，从而能够及时发现应急准备过程中的不足，以便进行改善。而关于此项的规定，在相关法律和规定中没有提及。除此之外，在总体预案中只是规定了评估的内容，而关于“为什么评估、评估什么、谁去评估、如何组织评估、怎样评估、评估结果如何”等一系列问题则需要进一步解决。

## 四、危机反思和总结机制有待加强

由于缺乏专门的应急管理机构，对应急救援工作的总结分析做得较少。当发生事故时，包括政府在内的大多数救援力量疲于奔波，充当“灭火员”的角色。事故结束后，各救援力量所作总结，往往是报喜不报忧，而对于救援过程中的问题提及甚少。政府机构也没有深入总结该公共危机事件处置过程中的经验和不足，所以无法更好地完善运行机制和改善做法。为了能够更好地提高应急救援效率，应进一步建立健全事故的反思和总结机制。

## 五、社会参与机制不健全，宣传教育机制有待完善

随着人们危机意识的提高，很多社会团体、企业、高校等机构也逐渐参与到应急救援过程中，由于缺少相关的管理机构和机制，这部分应急救援力量存在“有劲使不上”的现象。在汶川地震救援过程中出现了很多民众自发的救援行为，这些无组织的救援行为可能会出现很多问题，如救援不顺利反而成为被救援者，如果不及时建立健全社会参与机制，进行正确的组织和引导，很可能导致部分公民产生较强的社会挫折感。所以危机状态下，政府要努力使人们相信周围的环境、外部的世界符合公民的愿望，公民参与危机治

理的行为将有利于其自身的生命救济和利益保障，提高危机应对效率。[①]

同时，政府部门应增强教育宣传力度，增强民众的自救能力。反应再快的救援行动都需要一定的时间，而在危机时刻能快速开展救助的往往是自己。因此，政府部门需要通过一定的方法和途径加强宣传教育，增强公民的自救意识。但是，在一些公共危机事件中，经常出现百姓不配合应急处置的现象，说明普通民众缺乏对危机的认识，也反射出政府对危机处置的法律、法规宣传不到位。

## 第二节　公共危机应急救援力量运行体系建设的主要内容

### 一、公共危机应急救援力量运行体系建设的原则

公共危机应急救援力量运行体系是协调多种应急救援力量，以有效应对公共危机事件的一系列制度化体系的有机构成。建立信息畅通、反应迅速、多元参与、运转高效的运行体系是应对公共危机事件的核心。[②]

（一）反应迅速，信息通畅

"时间"是应急处理的第一要素，只有在第一时间内快速地获得信息，快速地到达现场，才会把损失降到最低限度。由于公共危机事件的突发性、紧迫性和破坏性等特征，其社会危害扩散效应显著，应急响应速度与事故危害程度紧密相关，对公共危机事件早期开展应急救援工作对保护人员生命和财产安全、减小社会危害具有重要的意义。所以，公共危机事件一旦发生，政府及有关应急指挥决策机构必须在极短的时间内作出正确的应急反应，争取一切控制事态发展的主动权。例如，在青海玉树地震的处置过程中，玉树消防队迅速反应、快速出动，迅速展开人员的救助工作，并且中央领导第一时间到场，指挥应急救援工作的开展，无论从时间上还是效率上争取了主动，有效地降低了地震带来的各项损失，发挥了较好的应急救援效率。"反应迅速"这一原则尤其适用于火灾、危险化学品泄漏等这些以分钟甚至秒等时间尺度进行应急的公共危机。

危机时刻信息的沟通是有效处理危机的前提。信息是科学决策的基础。

---

① 蔡志强：《社会参与：危机治理范式的一种解读》，载《中共中央党校学报》2006 年第 6 期。

② 闪淳昌、周玲、钟开斌：《对我国应急管理机制建设的总体思考》，载《新华文摘》2011 年第 10 期，第 9 ~ 12 页。

特别是在高度复杂、快速变化流动的信息社会环境中，信息搜集的及时性、准确性与全面性，信息发布的透明度与明晰阐释，以及对于信息的快速反应已经成为公共信息管理的起码要求，也是衡量一个国家政府公共管理能力的重要标准。[①] 信息通畅，既包括接警信息的传送，也包括各种救援力量之间的联络和民众了解灾情信息。只有信息通畅才能保证各种力量的及时响应，救援力量之间才能协调配合，民众才能从自身的角度做好公共危机的预防和救治。

为了做到公共危机发生时信息的准确通畅，政府要最大限度地使自己成为消息来源，在应对媒体时应遵循三个共同指向，一是快速，二是主动，三是公开。例如，在“非典”时期，由于缺少正确的信息渠道，民众之间互相传播，导致信息的严重失真，人心不稳。而在后期处置过程中，由于政府介入，及时发布信息及宣传个人预防的科学方法，对“非典”的快速控制起到了十分重要的作用。由此可见，信息通畅，不仅起到全面动员参与公共危机预防的作用，还可以获得良好的社会效果。

### （二）指挥有力，运转高效

由于公共危机事件具有较强的综合性和复杂性，因此在应急处置过程中要求应急决策必须科学合理，应急队伍分工必须明确，配合必须密切，只有这样才能取得应急处置的最佳效果。俗话说“雁无头不飞，人无头不走”，在应急处置过程中，必须组建一个强有力的领导核心，有足够的能力组织和调动多种应急救援力量。例如，在以往的公共危机处置过程中，多是由政府领导牵头，多部门负责人参与，成立现场指挥部。这种临时性组织，缺乏长期的演练磨合，且很多部门是在行政干预下才执行自己的任务，使得指挥力度降低，运转效率不高。因此，建立相关法律、规定来保证指挥者的决策权，是保证应急救援力量体系运转的前提。

运转高效，是指参与应急救援的多种力量能够密切配合，取得最佳的应急救援效率。一是在接警出动方面，当应急救援力量接到出警指令时，应能在最短的时间内集结队伍，并以最快的速度到达现场。二是到达现场后，能接受现场指挥部的指挥，积极配合相关队伍开展救援。各种救援力量之间能争取做到发挥自己的专长，互为补充，快速处置公共危机，将公共危机的损失降到最低。由于公共危机事件一般具有综合性、扩散性，往往超出了某个政府部门的职责范围，处置公共危机事件单靠某个部门、某个组织的力量是

① 曹霓：《论我国城市危机管理体系的构建》，重庆大学，2007 年。

远远不够的，应该有许多部门、许多社会组织甚至周边地区政府、武装力量和志愿者参与应对处置工作，相互之间需要互相支持和协作，形成统一的处置力量。但由于这些部门、社会组织分属于不同的管理主体，其工作内容和性质也有很大的差异，加上管理机制和工作制度也不尽相同，在协同作战时，必然存在应急管理和部门管理不能有机结合的问题。为此，需建立起运转高效的管理机制，来保障应急救援的效率。

（三）监督有法，评价有据

“监督有法”，是指国家有关部门应依照相应的法律规范实施监督。为了保障应急管理工作的质量和效率，每次应急救援结束后，应及时地进行调查评估。在《国家突发公共事件总体应急预案》第3.3.2节中明确提出了调查评估机制。按照既定的法律程序和科学方法对应急过程进行合理的评价，保证每种行政行为均会得到有力的监管，不仅使权力的实施受到一定的限制，又可保证民众的最大利益。另外，也能准确评估灾情的损失，使公共危机事件影响地区的人民政府根据本地区遭受损失的情况，制订救助、补偿、抚慰、抚恤、安置等善后工作计划并组织实施，妥善解决因处置公共危机事件引发的矛盾和纠纷。因此，对应急管理过程需要建立一定的调查评估机制，这对提高应急管理效率具有重要的指导意义。

“评价有据”，是指对应急管理过程中的一些行为，要有相应的法律依据给予适当的奖惩。针对上述的调查评估结果，按照《突发事件应对法》中第六章“法律责任”进行责任追究。对于一些积极的行为给予适当的奖励，对一些不作为行为追究其法律责任。

按照以上原则建立的应急救援力量管理运行机制，能够较好地落实《国家突发公共事件总体应急预案》的要求，又能使应急救援力量体系发挥较高的效率。

## 二、建立监测预警机制，提高公共危机防范能力

建立一个权威、高效的应急救援力量联动体系，需要一个全面、科学的应急管理运行机制。在该机制下，应能实现公安、消防、卫生、通信等各种力量协调运转，能充分整合条条块块的资源，实现有效共享，练就一支高素质的应急处理队伍。

建立监测预警机制，是早期做好公共危机防范，减低人民生命财产损失的最佳途径。监测预警机制的工作流程如图5-1所示。由图可以看出，监测预警过程主要包括信息的收集、研判和发布等过程。

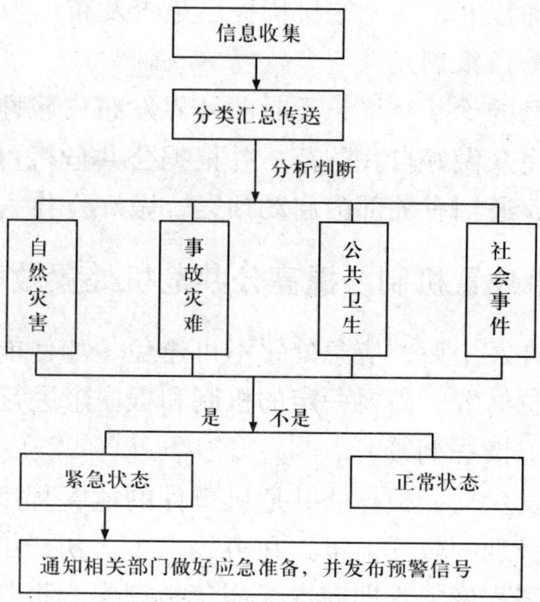


图5－1　预警流程图

（一）建立预警信息收集网络

信息收集是进行公共危机预警的前提。信息收集点要遍及社会的各个角落，如村、镇、社区、企事业单位等社会的各个基本单元，通过大众传媒、现场调查、专业监测和民情反馈等途径获得基本信息，然后根据信息的敏感性与预警指标体系相比较，获得可疑信息，建立信息档案，并向公共危机管理部门传递信息。

在信息收集过程中，为了便于信息的传递和汇报，应尽量统一报警号码，将多种号码归于一种民众比较熟悉的号码，如“110”、“119”、“122”等接警号码统一规划为某种号码，这样不但避免了机构的重复设置，也减少了民众报警的迷茫，保证了政府能够第一时间收到公共危机信息。早在2004年，公安部〔2004〕17号文件《公安部关于大力推进县市公安机关“110”、“119”、“122”“三台合一”工作的通知》中已经将该工作列入计划，但关于此项工作仍需进一步推动。

（二）健全预警信息诊断制度

信息诊断，是指对汇总起来的各种信息进行深入剖析，找出可能危害的诱因和导致的危害，从而进行及早预防和处置。为了能够准确地判断各种信息，应由应急管理部门协调，根据公共危机种类成立专家组，把收到的公共危机信息及时传递给相关领域的专家，通过专家会审及相应的技术手段分析，确定信息的准确程度，向预警机构提出是否发布预警信息。

（三）完善预警预报制度

根据对收集信息的诊断结果，及时向外界发布权威性消息，指导公共危机可能波及区域的民众做好自我防范。并根据公共危机可能的危害程度，发布相应等级的预警，通知有关部门启动预案，做好公共危机的控制与处理。

## 三、建立应急处置机制，提高公共危机处置效率

在公共危机事件发生后，应急处置不可避免，如何能够科学合理地完成公共危机事件的应急处置，需要一定的机制和程序来进行调度和协调。

（一）建立信息报告制度

公共危机事件发生后，根据公共危机事件的危害程度，启动相应级别应急预案，调集不同级别的救援力量。在事故发生之初，第一到场的力量应初步判断公共危机危害程度，立即向本级应急指挥中心报告，应急指挥中心视情况决定是否向上一级指挥中心报告。一般根据启动的应急预案级别，报告需要达到相应的部门等级。例如，特别重大或者重大公共危机事件发生后，各地区、各部门要立即报告，最迟不得超过 4 小时，同时通报有关地区和部门。应急处置过程中，要及时续报有关情况。

（二）建立各种救援力量之间的协调机制

建立以政府为主导的应急处置领导机构，以应急救援委员会为指挥协调机构，应急救援总队协助执行应急救援委员会的决议，构建以消防、公安、军队救援队、交通、医疗卫生、环保、供水、供电、专职救援队（国家救援队和矿山救援队）、企业救援队、媒体、志愿者等多支队伍为救援力量的应急处理力量体系，力量体系如图 5－2 所示。政府的主要领导作为应急处置的总指挥长，应急救援委员会主任委员作为执行副指挥长，全面指挥应急处置工作。

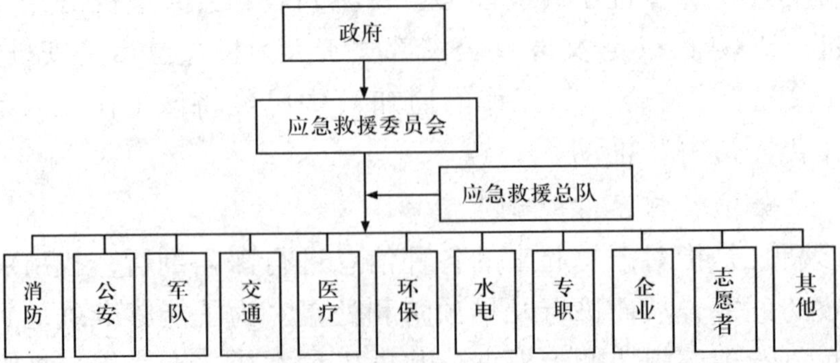


图 5－2　应急救援力量

### （三）成立现场指挥部，统一领导各种救援力量

现场指挥部由总指挥负责，按照分类管理的原则，总指挥由公共危机事件归属部门的领导担任。专家组负责为总指挥提供辅助决策信息。在总指挥下设信息负责人、救援负责人、保障负责人和其他负责人，其具体任务分工如图5－3所示。

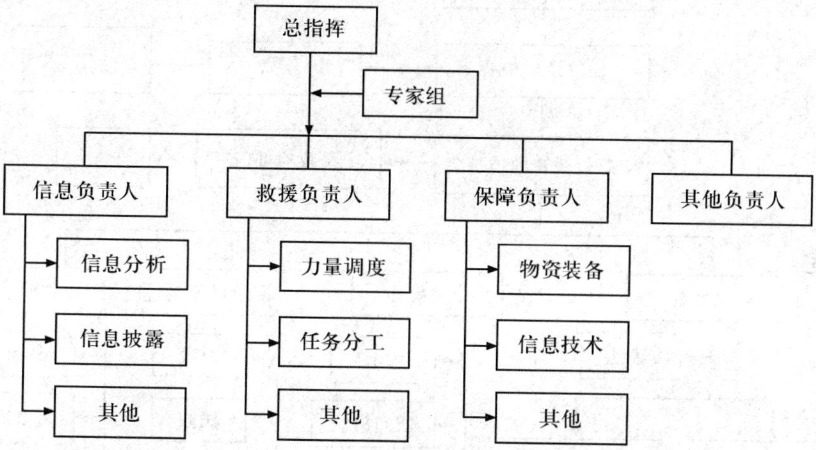


图5－3　现场指挥部结构示意图

### （四）公共危机处置机制的运行程序

以某种公共危机为例，应急处置流程如图5－4所示。当公共危机事件发生时，首先应急指挥中心接到报警信息，立即报告应急救援管理委员会，应急救援管理委员会根据灾情调动救援力量到达现场，成立现场指挥部。根据公共危机处置需要，现场指挥部对救援力量进行任务分工，主要可分为应急处置、信息发布、应急保障和社会力量管理等任务。负责应急处置的主体力量主要有消防部队、公安、交通和军队、国家救援队和矿山救援队等，专业救援力量主要有医疗卫生、环保部门、供水、供电、供气等，这些力量主要负责现场公共危机的警戒、监测、救援和救治等工作。为了能将公共危机控制情况及时告知民众，减少不必要的猜疑，广电局、新闻出版署、通信管理局和各大网站要作为政府的代言人，及时向民众通告公共危机的发展和控制情况，从正面引导民众做好自救，同时消除民众的恐慌心理。负责应急保障的队伍应及时和财政、民政、社保、保险、企业和物资储备等单位进行沟通，及时调用救援所需的各种装备器材，并协助政府部门做好受灾群众的安抚工作。负责社会力量协调的队伍应做好与社会团体、民营企业、高校、共青团和红十字协会的沟通和协调，保证志愿者队伍能够发挥更好的协助作用。在开展公共危机处置的同时，现场指挥部应时时与应急救援委员会保持

联系，将现场的具体情况及时进行汇报，应急救援委员会根据公共危机的发展及造成的危害程度作出是否向上一级部门进行汇报的决定，如需调用全国的救援力量，需立即上报国务院，由国务院负责人统一协调调度全国的各种力量，进行跨地区救援。

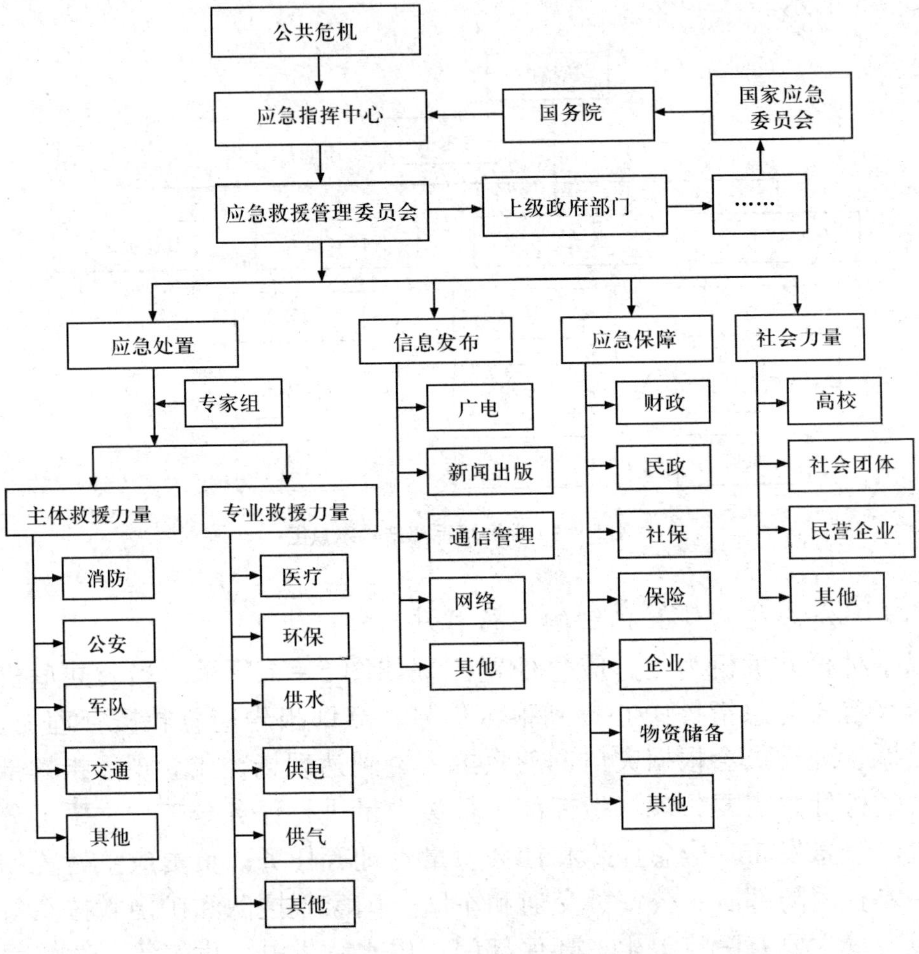


图5－4　现场应急指挥主体运行程序框架

## 四、建立信息披露机制，加强政府危机公关能力

建立信息披露机制，保障公众的知情权、参与权与监督权，是政府在危机处置中的重要举措。信息披露主要包括以下几部分：

（一）建立通畅的信息渠道

通畅的信息渠道是获得信息的重要途径。应急管理委员会应当与现场指挥部、各大新闻媒体之间建立信息联络系统，保证在任何情况下均能获得灾情的发展信息、控制信息和民众的心声，以便在关键时刻能快速地开展危机公关。

（二）建立多层次的信息发布体系

首先，在体制上应设置县、市、省和国家级信息发布机构，根据公共危机的响应级别，确定发布信息的部门。其次，无论何种公共危机，应统一到应急管理委员会统一发布，并指定专人作为新闻发言人，改变现在的分部门发布的格局，以避免信息发布的随意性而导致的不良后果。例如，“7·23”动车相撞事故中，某位发言人的发言引起网络炮轰，给政府工作带来十分不利的影响，因此需要建立统一的信息发布机构。最后，在信息发布的内容上，要及时做好灾情信息的通报。除救援力量之间的信息通报之外，在发生公共危机时，第一时间向民众告知准确的信息及民众自身应采取的防范措施，并将政府部门对公共危机的处置措施、进度和结果及时向民众通报，以减轻民众的恐惧感。同时，对于救灾过程中需要社会援助的一些事项及时向社会发布，以快速得到社会力量的帮助。对违反《突发事件应对法》的部门和个人及时进行通报，起到良好的监督作用。

（三）充分发挥媒体的作用

媒体是应急管理委员会发布信息的主要途径。因此，在信息披露过程中要充分发挥广大媒体的作用。利用媒体的宣传报道，使民众了解公共危机的发展及处置情况，并且需要引导主流媒体，从正面科学、客观地评价公共危机的处置情况，坚决杜绝一些极端分子利用网络技术散布谣言，扰乱救灾工作。同时，政府应积极利用媒体宣传救灾的方法和政策，增强民众对政府的信任感，使民众能够更好地配合政府开展救灾。

## 五、建立社会参与机制，发挥社会组织救援能力

一些民间力量逐渐发展壮大，在公共危机事件处置中逐渐成为一种不可忽视的力量。在汶川救援行动中，自发参与救援的企业与社会团体不仅彰显了他们的爱心，也展示了其专业能力。例如，江苏一个企业自发组织的救援队，在地震发生后经过多小时长途跋涉，携带轻重机械设备先于政府救援力量进入重灾区展开救援行动，与随后而来的部队官兵徒手参与救援形成了鲜明对照，北京和广州一些户外组织的志愿人员利用专业知识与专业训练能力，在深入山区乡村救援和为直升机引航、确定救灾物资投放点等工作中发挥了不可替代的重要作用。

（一）明确参与应急救援的社会力量主体

建立社会参与机制，建立专门的机构统筹安排社会力量，使其成为公共

危机事件中有序的救援力量。作为社会参与机制的主要力量有：

1. 非政府组织。非政府组织主要包括事业单位、社区管理型组织、社会团体和民办非营利性单位。例如，高等学校、中国环保产业学会、中国自然资源学会、中国环境科学学会、中国扶贫基金会、红十字协会、中国青少年发展基金会、中华慈善总会等组织。这些组织可以利用自己的专业所长，为应急处置和灾后重建提供救灾技术、心理救援和物资等帮助。

2. 各种营利性组织。营利性组织具备更为强大的经济实力、物资储备和组织体系。政府应努力开创条件，提供让营利性组织广泛参与到危机管理活动中来的机会，发挥它们的优势和作用，通过寻求科学的互动政策，建立良好的合作关系，明确各自危机应对职责的方式，达成统一的社会协作体系。

3. 普通民众。作为救灾力量的普通民众可以分为两种，一种是灾区的民众，这部分民众之间合理和有效的“个人自救”和“普通民众间的互救”行为，对于应付那些突发性的、猛烈的自然灾害来说，具有更加突出的重要地位，是减少人员伤亡的重要途径。另一种是灾区之外的民众，这些人中部分人员自愿作为志愿者支援灾区的救援工作。无论是哪种救援力量均应该进行正确的引导和教育，使广大民众树立起危机防范意识，掌握简单的危机自救和互救方式，尤其是对一些志愿者，应做好组织和培训工作，使其成为有效的救灾力量。

（二）建立与社会参与力量之间的良性互动

由于社会参与力量来源于不同的部门，每位成员无论是文化、身体和专业技术方面均相差比较大，如何能够很好地协调这些力量参与救援工作，需要现场指挥人员与之进行良好的沟通。根据社会参与力量的技术专长和特点，指派适合的救援任务。例如，某些高校专家可参与辅助决策，某些企业单位负责物资保证，红十字协会协助受伤人员的治疗，而某些自发的志愿者可协助政府安置或疏散受灾群众等。现场指挥人员通过与社会参与人员之间的良性互动，使社会力量发挥更大的作用。

（三）加大社会参与力量的教育培训

面对公共危机，仅凭一腔热血是不够的，必须具有自救或互救的基本技能，否则很有可能成为被救助对象。因此，在日常生活中需要加大社会单位应急救助能力培训。在“7·23”动车相撞事故中，经过应急救援训练的人员不仅很好地开展了自救，而且对他人也进行了有效的施救。所以，应急管理部门需要和社会单位加强联合，定期对所属单位人员开展应急救援培训，增强其自救和互救能力，在公共危机事件发生时，以便能够有效地参与救助。

## 六、建立调查评估机制，推动应急救援有序发展

调查评估机制，是指针对某一区域公共危机的特点，对准备、响应、处置和恢复重建等过程实施科学评价，并进行有效监督。为建立起有效的调查评估机制，主要应明确以下几方面：

（一）调查评估的内容

公共危机事件的调查评估包括三部分内容，一是对灾前准备工作的评估，通过一些科学技术手段和实地调查的方法，监督检查各部门对公共危机应对的准备工作，包括对物资、装备、人员、训练方案等多项内容进行评估，从而对公共危机的处置能力有初步的了解，并找出薄弱环节，重点进行改善。二是对应急处置过程进行调查评估，总结经验教训，改善公共危机处置机制。三是对恢复重建过程进行调查评估，主要是在处置和恢复阶段中对人员、物资、应急人员的工作效率以及各种不合理和不合法的行为进行揭露和通报，对先进的个人和单位进行表彰，以保证公共危机应急过程中各种力量的作用和效率。

（二）调查评估方法

1. 通过媒体进行监督。无论在应急过程中的哪个阶段，一些不合法行为或者先进的事迹，普通民众可能发现得最早，他们会通过一些媒体首先将这些事情进行通报，这样就会为调查评估提供线索，或者通过媒体呼吁广大民众进行监督。

2. 利用各种科学手段。利用数学、物理、通信、计算机等技术手段，对应急准备、处置过程进行评估，通过科学技术手段确定应急处置的合理性。

（三）调查评估流程

为了使评估结果科学合理，评估过程要遵循一定的流程。首先要确立评价的要素，对该要素建立指标体系，然后收集基本信息，利用物理或数学模型对事件进行评估。在评估过程中，基本信息和指标体系之间的关联情况的确定十分重要，这直接与评价结果相关。因此，在没有确定定量数据之前，专家打分是比较通行的做法，为保证专家打分的科学性和合理性，必须聘请多位专家，以减少认为因素对评价结果的影响。如果是一些违法行为，可由司法机关直接介入，按照司法程序进行调查，并给出相应处罚。

（四）调查结果反馈

无论何种方式的评估，应将评估结果反馈给当事方或广大民众，一方面

可督促当事方加强薄弱环节的建设，消除隐患；另一方面可找出处置过程中的不足，改善公共危机处置方法。最后，对应急救援过程中的违法行为进行披露，追究其法律责任。

## 七、建立善后恢复机制，确保重建工作全面落实

善后恢复机制就是在公共危机事件结束后，相应的部门应尽快进行灾后的恢复重建，以保证灾区人民快速恢复正常的生活和生产。在这个阶段，应急管理部门主要需要解决灾区物理环境的恢复、灾区民众的物质和精神安抚和对公共危机的总结反思。

### （一）建立多层次的物资筹备渠道

善后恢复重建需要大量的人力、物力和财力，为加快灾后重建，需要建立多层次的物资筹备渠道。一是国家财政拨款，依靠政府的力量进行恢复重建。二是企业和社会捐助。在我国市场经济条件下，一些民营企业得到了快速发展，某些民营企业具有较强的经济实力，可广泛地动员这些力量，充分发挥“一方有难，八方支援”的精神，援助灾区进行恢复重建。三是寻求国际援助，接受友好国家的物资支援。这样通过多种渠道的物资筹备，不仅可大大降低政府的负担，也能在较短的时间内使灾民过上稳定的生活。

### （二）建立民众之间的情感沟通渠道

在经历某种灾难后，很多民众不仅仅是经济上遭受了巨大损失，而且精神上也会留下一定的创伤。为了能使灾区民众能够尽快从心理阴影中走出来，需要建立民众之间的情感沟通渠道。目前，应用较多的方法是对民众进行心理辅导，开展心理咨询。通过招募志愿者，与受灾民众进行情感沟通，帮助其消除心理障碍，尽快恢复到正常生活。

### （三）总结经验和教训，提高应急处置能力

每次公共危机的处置都是一次很好的实地练兵机会，每次公共危机的处置总是会暴露出一定的问题。为了能更好地积累经验，完善应急救援运行机制，应以制度化的形式对总结反思进行规定，这种总结反思不能只是流于形式，要真正地找出问题，深刻剖析问题根源，并聘请行业内的专家进行指导，在不断分析问题和解决问题过程中使应急救援队伍的能力和素质不断提高。

## 八、建立国际合作机制，提高国际合作能力

在全球化时代，一个国家或地区出现的危机，不可避免地会产生国际化

影响。危机管理问题一直是国际社会、国际组织和地区组织十分关注的一个问题。在这个变得更加相互依赖的世界中，政府有责任与国际组织在危机管理方面扩展合作。

（一）建立国际信息技术交流平台

不同国家在公共危机的监测预警和应急处置等方面有着自己的特长，进行国际交流与合作是人类共同抗拒公共危机的体现。我国仍然是一个发展中国家，在某些技术和经验方面仍存在一定的不足，我们要积极争取国际性组织和地区性组织在资金、人员、技术、教育和培训以及道义上的支持，同时加强与国际组织在信息方面的沟通。通过技术交流学习国外先进的经验和做法，使我国的应急救援管理和技术均能在一定程度上得到快速的发展。通过与某些国家之间建立合作机制，互派人员进行访问学习，定期举办技术研讨会或就某一类问题召开专题学术讨论会等方法，为国际交流学习搭建平台，促进国际合作交流。

（二）建立国际援助机制

随着我国经济实力的增强，国际地位的不断提高，我国对世界的影响也越来越大。因此，我国要建立长期的人道主义援助机制，向遭遇战乱和自然灾害的国家提供人道主义援助。2000 年以来，世界各地海啸、地震、飓风、旱灾等自然灾害频频发生，造成受灾国家大量人员伤亡和财产损失。我国快速启动紧急人道主义救援机制，在最短时间内向有关国家提供了紧急人道主义物资援助。当我国发生汶川地震等自然灾害时，同样也接收了大量的国际援助。因此，建立国际援助机制，是秉承对国际社会负责任的精神，是我国愿意为国际社会的共同发展、创造和谐世界尽义务、作贡献的具体体现。①

## 第三节　公共危机应急救援力量运行体系建设的对策建议

### 一、健全应急救援运行机制，细化机制内容

当前我国法律法规和政策文件，如《国家突发公共事件总体应急预案》明确规定了应急救援的相关内容，但主要是框架式的指导建议，公共危机应急救援力量体系具体应如何运行，仍然需要进一步细化。因此，亟须建立统

① 刘韬：《突发性公共危机政府管理及其应急机制建立研究》，载《湖南工业职业技术学院学报》2009 年第　期。

一指挥、结构合理、反应灵敏、保障有力、运转高效的应急救援运行机制，并且随着应急救援力量管理模式的调整，仍需进一步完善应急救援运行机制。

## 二、建立多种救援力量间长效合作机制，整体提高应急合力

为更好地保护人民群众生命财产安全，实现救援效率最大化，建立健全多种救援力量之间的合作演练机制尤为重要，要将救援力量之间的协同合作关系固定为常态、长效工作机制，形成制度化的工作模式，以期更好地促进多种救援力量之间的沟通配合，在危机状态下能快速高效地实现力量集结、调配和投入作战，提高联动效率，发挥救援合力，增强联合作战能力。

# 第六章
# 公共危机应急救援力量结构体系建设

## 第一节　公共危机应急救援力量结构体系建设的主要问题

### 一、应急救援力量分散，造成重复建设和资源浪费

从我国应急救援队伍建设的现状来看，仍然沿用分灾种管理下的分部门、分系统设置救援力量、多队单能的建设模式，这种模式难以形成统一有效的救援力量体系，造成力量分散和多头投入。在应急救援力量管理方面，由于我国公共危机应急救援力量分散于多个部门，尚未建立统一的应急救援力量体系，“分类别、分地区、分部门、分灾种”的单一管理模式造成重复建设和资源浪费：一方面，各部门分别建立应急救援队伍，造成人力、物力、技术等资源的重复建设；另一方面，统一调度救援力量时，各部门容易自行其是、步伐不一，造成资源只能简单相加而无法协同整合。此外，各种危机具有突发性、连锁性等特点，“分类别、分地区、分部门、分灾种”的危机应对机制已不能适应日渐复杂的处置需要。①

### 二、应急救援力量体系的统一性和高效性有待提高

我国应急救援队伍组织管理机构分散，缺乏统一的组织管理体系，在平时，缺乏应急救援长远战略目标规划与日常管理，救援力量地域分布不平衡；在战时，缺乏快速响应和高效联动机制。此外，各部门分别构建指挥系统和软硬件设备支持，造成救援经费的分散使用，容易造成社会资源和财富的浪费，增加了应急救援成本，降低了应急救援效率，② 与建设现代服务型政府的要求背道而驰。

---

① 季智洲：《公安消防部队承担政府综合应急救援职能研究》，上海交通大学，2008 年。
② 季智洲：《公安消防部队承担政府综合应急救援职能研究》，上海交通大学，2008 年。

当前，各部门、各系统都在开发和研制自己的应急平台，相互间缺乏沟通，且应急平台大多功能相近。在安监部门，国家安全生产监督管理总局建立了国家安全生产应急救援指挥中心，各省已建立或正在建立省级和地区级安全生产应急救援指挥中心；在公安部门，多数省份已投入巨资建立了省级和地区级“110”、“119”、“122”三台合一指挥中心；此外，部分政府也在建设应急指挥平台，有些政府不是整合现有资源，而是重新建设一整套新系统，其主要功能与现有的“110”、“119”、“120”、安监、地震、人防等众多指挥中心功能雷同，重复建设现象严重。而且，不同的应急平台相互之间缺少联动基础平台，现有各部门应急救援指挥通信网络融合性较差，难以保证有效协调运作。

由于常态下应急救援主体力量不明确，导致日常应急救援中出现多头指挥、现场混乱、处置不力等问题。近十几年来，发生的重大公共危机应急救援事实证明，因应急救援主体不明、行动迟缓、指挥处置不力，导致“小灾”成“大难”的教训极为深刻。

从我国应急救援工作的实际需要看，自然灾害、事故灾难等公共危机发生频率较高、救援专业性强，需要建设一支政府领导下常备的综合性应急救援力量。但是目前从中央到地方，尚没有明确应急救援主体力量，分属不同行业和部门的专业应急救援队伍互不隶属、功能单一，缺少必要的协同训练和救援实战演练，体系松散，横向协调不够，在重大公共危机应急救援时难以发挥各支救援队伍的合力。

另外，救援力量联动体系还未得到法律确认。现行法律、行政法规、部门规章及政策文件对应急救援队伍如何联动，联动后指挥体系的建立，各救援队伍的职责等问题都缺少相应的法律规定，容易造成紧急救援联动中，不按规定履行职责，危机发生后响应迟缓、工作随意性较大、本位主义严重等情况，使救援行动的整体联动显得涣散无力，导致战斗力削弱。

此外，我国志愿救援队伍和各类民间救援组织近年来也如雨后春笋般发展起来，成为我国应急救援力量体系的重要补充。但是其力量相对薄弱，缺乏统一的规划和管理，存在一定的分散性和盲目性。总体来说，我国的应急救援力量构成并不平衡，需要统一规划和协调配置。

## 三、应急救援队伍建设的专业性和综合性有待加强

当前，从中央到地方均没有明确应急救援主体力量，分属不同行业和部门的多个专业应急救援队伍多是在计划经济时期建立，互不隶属，力量分散，功能单一，难以发挥整体效能。同时，应急救援的规章制度、程序方法

等尚处在探索发展阶段，尚未形成科学合理的应急救援理论体系，也未能对救援人员展开系统专业的技能培训。以消防部队为例，各地消防部队受警力、装备等不同因素的影响，救援水平良莠不齐；并且在现役体制下，消防官兵新老更迭较快，技术骨干流失较多，新入伍士兵应急救援能力难以在短期内迅速提高。

## 第二节　公共危机应急救援力量结构体系建设的主要内容

公共危机应急救援力量结构体系主要探讨整合应急救援队伍，提高力量体系的联动效率和增强力量体系的整体合力。重点解决两个问题，一是全面加强各种应急救援力量建设；二是总结当前公共危机应急救援力量体系建设的实践经验，探索依托消防部队建设基层综合应急救援队伍的力量网络，建设"统一领导、决策科学、优势互补、运转高效和保障有力"的公共危机应急救援力量结构体系。

### 一、公共危机应急救援力量结构体系建设的原则

（一）坚持专业化与社会化相结合

着力提高应急救援队伍的专业能力，同时提高社会参与程度，集中力量办大事。以公安消防部队为骨干，协调各部门应急救援力量，建设一支反应快速、战斗力强的应急救援专业队伍，本着"整合资源、提升能力、服务大众"的理念，推动专业化与社会化相结合。

（二）坚持立足实际、按需发展

充分依托现有资源，对其进行统筹规划和有效整合，避免重复建设。同时，从各地实际情况出发，从应急救援工作的实际需要出发，加强重点建设，加大各级政府的支持与投入，充分调动企业和社会各方面参与公共安全体系建设，努力形成多渠道、多元化的建设保障机制。

（三）坚持统筹规划、突出重点

实践证明，我国重大公共危机应急救援行动必须在统一调度指挥下有序展开，应急救援力量体系要求有一支完善的基层应急队伍为基础，能够实现应对各类公共危机应急救援的快速反应，可以在第一时间快速赶赴现场，起到"拳头"和"尖兵"的作用，因此应急救援力量体系建设需要统筹规划、突出重点，依托公安消防部队，协调其他多种力量，建立有层次、有结构、

紧密联系和互相配合的应急救援联动体系，积极应对不同类型、不同规模的公共危机事件。要重点依托公安消防部队，加强和完善基层应急救援队伍建设，形成规模适度、管理规范的基层应急救援队伍体系。

（四）建立“政府主导、依托消防、相互协调、相互促进”的应急救援力量体系

充分发挥公安消防部队应急救援突击队的作用是降低应急成本、提高救援效率的利国利民之策。以消防队伍为主体，发挥“一队多用、一专多能”的骨干作用，承担各类公共危机的日常救援任务，是世界上绝大多数国家应急救援力量建设的共有模式。建立以公安消防部队为主体的应急救援力量体系是我国各类公共危机应急救援工作的基本平台。以政府为主导，发挥公安消防部队独特优势，协调相关各部门救援力量，建立统一高效的应急救援力量体系，改变分灾种管理模式下分部门、分系统设置应急救援队伍的现状，解决部门分割、力量分散、重复投入等问题，提高应急救援能力。

## 二、依托消防部队构建公共危机应急救援力量体系

我国公共危机应急救援力量主要包括公安消防、解放军、武警、矿山救援队、专职消防队、各类社会志愿救援组织等。其中，公安消防部队、解放军、武警等是我国应急救援的主要力量；医疗急救队伍、地震救援队、矿山救援队、武警森林部队和武警水电、交通部队等是我国应急救援的专业力量，主要承担各自行业领域内公共危机事件的应急救援工作；企事业专职消防队、志愿消防队和各类社会志愿救援组织等是我国应急救援的社会力量，是我国应急救援力量体系的重要组成（见表6-1）。[①]

① 姚国章：《典型国家突发公共事件应急管理体系及其借鉴》，载《南京审计学院学报》2006年第2期，第5~10页。

## （一）我国公共危机应急救援力量构成

表6-1　我国公共危机应急救援力量构成

| 类别 | 力量名称 | 主要职能 | 地域分布 | 队伍性质 |
|---|---|---|---|---|
| 主要力量 | （1）公安消防部队 | 火灾和其他各类灾害事故救援 | 全国 | 综合应急救援 |
| | （2）解放军部队 | 国内重大突发灾害事故救援 | 全国 | 重大灾害事故救援 |
| | （3）武警内卫部队 | 国内重大突发灾害事故救援 | 全国 | 重大灾害事故救援 |
| | （4）预备役民兵 | 国内重大突发灾害事故救援 | 全国 | 重大灾害事故救援 |
| 专业力量 | （5）医疗急救部门 | 各类公共卫生事件救援 | 全国 | 卫生救援 |
| | （6）矿山救援队 | 矿山事故救援 | 全国各矿山企业所在地 | 矿山救援 |
| | （7）危险化学品处置救援中心 | 危险化学品事故救援 | 中石油、中石化等大型企业 | 危险化学品事故救援 |
| | （8）铁路救援基地 | 铁路行车事故救援 | 全国重要铁路枢纽城市 | 铁路救援 |
| | （9）交通部海上水上搜救队 | 海上、沿江内河事故救援 | 沿海、长江、黑龙江等地 | 海上、水上救援 |
| | （10）地震灾害紧急救援队 | 地震灾害事故救援 | 全国 | 地震救援 |
| | （11）武警森林部队 | 森林火灾扑救 | 国有森林地区 | 森林火灾救援 |
| | （12）武警水电、交通部队 | 道路抢修保通等抢险救灾 | 全国 | 工程事故救援 |
| 社会力量 | （13）企事业单位专职消防队 | 所在企事业单位的火灾扑救工作 | 全国 | 灭火救援 |
| | （14）各类民间志愿救援组织 | 山林等野外地区遇险事件救援及参与其他灾害事故救援工作 | 全国 | 社会救援 |

1. 主要力量。主要包括解放军、武警、公安消防、特警以及预备役民兵等。公安消防部队为专业化的公共危机应急救援力量，是一支分布广泛、昼夜执勤、反应迅速、装备专业、训练有素、作风顽强的综合性常备救援力量，全国共有31个总队、568个支队、3877个大队、2740个中队，共计16

万余人，配有各类灭火与应急救援执勤车辆万余辆。[①]

解放军、武警、预备役民兵是养兵千日、用兵一时的公共危机应急救援机动力量，当发生社会影响极大、地域范围很广、应急救援时间长、有大量人员伤亡且超出常备力量处置能力时，调集解放军、武警、预备役民兵等充实救援力量，其器材装备和训练内容逐步向专业化方向发展；特警属于公安、武警中的攻坚力量，主要承担防暴、处突、反恐等突击强攻任务，目前所配备的装备及开展的训练已涉及应急救援内容。

2. 专业力量。我国现有专业应急救援力量多是本行业或本企业的应急救援力量，分散于各行业、企业单位。例如危险化学品处置有8个救援中心，分散于中石油、中石化等大型企业之中，主要承担本企业（行业）生产事故应急处置任务；以海上搜救与救捞为主的水上应急救援队伍，在沿海及长江、黑龙江设有264个站点，应急救援队伍约为1.2万人；矿山救援队在全国约有2.45万人，分布于各大矿山企业；武警森林部队是森林火灾救援的专业力量，全部驻守在国有森林地区。

这些专业救援力量是完成本行业、企业单位的自然灾害、事故灾难等公共危机先期处置的主要力量，是应急救援力量体系的重要组成部分。

3. 社会力量。主要包括企事业单位专职消防队和社会组织、志愿组织等社会救援队。据公安部消防局《2011年全国消防业务统计资料》，全国企事业单位专职消防队共有58个支队、206个大队、2454个中队，共计15万余人，志愿消防队共有1083个大队、16598个中队，共计20万余人。这部分力量是遍布我国城市社区、街道、乡镇、各企事业单位的重要灭火救援力量，是公安消防部队的重要补充力量，在当地政府的统一领导下，接受消防部门统一调动指挥，参与各类灾害事故的应急救援工作。此外，民间自发组织的山岳救援等社会救援力量，也是应急救援力量体系的重要组成部分。

### （二）依托消防部队构建公共危机应急救援力量体系

公安消防部队作为公共危机应急救援的主要力量，既是重大公共危机应急救援中的骨干力量和突击队伍，又是城镇综合应急救援的常备力量，既有组织体制、政治思想和战斗纪律的优势，又有丰富的社会应急救援经验和先进的专业技术装备。2009年以来，全国消防部队共参加抢险救援96.3万多次，出动消防车131.9万多辆次，抢救被困人员311614人，抢救和保护财产

① 魏捍东、刘建国：《构建我国应急救援力量体系的思考》，载《武警学院学报》2008年第2期，第16~21页。

价值444.1亿元。[①] 2009—2011年，经国务院批准，公安部分别在湖南长沙、辽宁大连和湖北咸宁三次召开了全国应急救援力量建设经验现场交流会，总结、交流和推广全国各省、市、自治区依托消防部队构建公共危机应急救援力量体系的经验和做法。

大量事实已经证明，公安消防部队是一支关键时刻能够拉得出、冲得上、打得赢的队伍，是一支党和人民完全可以信赖、有坚强战斗力的队伍。当前，依据国家有关政策规定，借鉴国外成熟经验和做法，依托消防部队构建公共危机应急救援力量体系，是政府加强社会公共管理，提高公共服务水平的需要，是科学高效处置日益增多、复杂的应急救援任务的需要，具有重要的现实意义和深远的历史意义。

1. 依托消防部队构建公共危机应急救援力量体系的政策、法律依据。

目前，我国制定的一系列的政策文件和法律法规，为依托消防部队构建公共危机应急救援力量体系提供了指导原则和发展方向。主要是2006年《国家突发公共事件总体应急预案》、2006年《国务院关于进一步加强消防工作的意见》、2006年《国务院关于全面加强应急管理工作的意见》、2009年《国务院办公厅关于加强基层应急队伍建设的意见》、2005年《军队参加抢险救灾条例》、2007年《突发事件应对法》、2008年《消防法》、2009年《人民武装警察法》等。

其中，2006年《国务院关于全面加强应急管理工作的意见》明确要求建立充分发挥公安消防、特警以及武警、解放军、预备役民兵的骨干作用，各专业应急救援队伍各负其责、互为补充，企业专兼职救援队伍和社会志愿者共同参与的应急救援力量体系。2008年《消防法》第37条规定：公安消防队、专职消防队按照国家规定承担重大灾害事故和其他以抢救人员生命为主的应急救援工作。2009年《国务院办公厅关于加强基层应急队伍建设的意见》（国发〔2009〕59号）明确规定：各县级人民政府要以公安消防队伍及其他优势专业应急救援队伍为依托，建立或确定“一专多能”的县级综合性应急救援队伍，在相关突发事件发生后，立即开展救援处置工作。综合性应急救援队伍除承担消防工作以外，同时承担综合性应急救援任务，包括地震等自然灾害，建筑施工事故、道路交通事故、空难等生产安全事故，恐怖袭击、群众遇险等社会安全事件的抢险救援任务，同时协助有关专业队伍做好水旱灾害、气象灾害、地质灾害、森林草原火灾、生物灾害、矿山事故、危险化学品事故、水上事故、环境污染、核与辐射事故和突发公共卫生事件

① 黄周华、李萍：《消防铁军：守护百姓平安》，载《光明日报》2011年11月9日第15版。

等突发事件的抢险救援工作。

上述法律法规和政府规范性文件均已明确指出公安消防部队承担抢险救援等综合应急救援任务，是突击队伍和骨干力量。消防部队公共危机综合应急救援的职能是法律赋予的神圣职责和国家赋予军队的重要使命。

2. 依托消防部队构建公共危机应急救援力量体系的必要性和可行性分析。

（1）依托消防部队，其他救援力量予以配合，建立中国特色公共危机应急救援力量体系是适应经济社会发展需求，应对重大公共危机、保障社会安全和谐的迫切要求。

首先，消防部队承担社会综合应急救援任务是科学高效地处置日益增多、复杂的危机事件和急、难、险、重任务的需要。长期以来，消防部队在执行灭火救援任务的同时，大量参与了其他危机事件的应急救援工作，充分发挥了专业性强、业务精湛的优势，起到了突击队和生力军的作用，为最大限度地抢救人民生命财产作出了重要贡献。[①]

其次，依托消防队伍组建应急救援队伍是国际社会的通行做法。消防队伍担负应急救援工作是国际通例，如美国消防队大都担负紧急救援任务，“9·11”恐怖袭击事件救援，美国消防队勇立头功。日本在《消防组织法》和《消防法》中明确规定各地消防队伍要实施应急救援工作，并对人员配备、装备标准有具体要求。日本消防队在 2011 年 3 月 11 日福岛核事故应急救援中发挥了其他应急救援力量无可比拟的独特作用。法国、英国、俄罗斯、德国、意大利、韩国、新加坡等国的消防队伍也都担负应急救援任务。因此，依托消防部队组建应急救援队伍是我国公共危机应急管理和救援工作与国际接轨的契机。

（2）公安消防部队经过多年的抢险救援工作，积累了丰富的经验，作为应急救援的骨干力量具备明显优势。消防部队作为重大危机事件应急救援的突击力量和日常应急救援的主力军，在应急救援工作中发挥着不可替代的作用，有其独特的优势，突出表现在以下几个方面：

一是组织体制优势。消防部队组织管理体系完备，地域分布广泛，反应快捷迅速。消防部队按地域部署在各大、中、小城市，布点多、辐射广，昼夜执勤战备，各总队均构建了“119”自动化指挥网络，具有高度集中、快速反应、机动性强等特点。

二是政治思想优势。消防部队严格执行人民解放军条令条例，坚决贯彻

① 季智洲：《公安消防部队承担政府综合应急救援职能研究》，上海交通大学，2008 年。

“忠诚于党，竭诚奉献，服务人民”的消防精神，致力于打造现代公安消防铁军。坚持全心全意为人民服务的宗旨，培养消防官兵与特殊使命相一致的人生观和价值观，具有战斗力强、不怕牺牲、勇往直前的精神品格，赢得了各级党委、政府的高度肯定和人民群众的充分信任与广泛赞誉。

三是应急救援预案体系建设和技战术优势。长期执行灭火救援和社会综合应急救援任务，消防队伍得到了全面锻炼。各地消防部队在做好灭火救援训练的同时，认真总结其他各类危机事件的规律、特点及处置对策，进行科学的预案研究，并积极组织战术实战演练。①

四是先进的应急救援装备优势。近年来，各地消防部队在器材装备建设上有了较大发展，相继配备了多功能抢险救援车、洗消车、防化车、高层救生设备、切割机、传感器、探测仪、摧毁器、堵漏设备和无线通信设备等诸多应急救援及个人防护装备，有效提高了消防部队履行应急救援职责的能力。其中，消防特勤队伍是应急救援专业攻坚力量，配备特种装备，具备多种救援手段，能够有效处置爆炸、生化袭击等各种重大公共危机事件，并具有跨区域救援作战能力。

五是信息化建设和智力支持优势。目前，公安消防部队依托公安“金盾工程”，信息化建设初具规模，公安部消防局至各消防总队的一级网已全部建成，各消防总队至各消防支队的二级网已建成98%，各消防支队至消防大（中）队的三级网已完成84%，实现了与有关部门的互联互通，为灭火救援等应急救援工作提供了有力支撑。消防部队研究开发了高层建筑、石油、化工等特种火灾扑救和化学灾害事故处置等计算机辅助决策系统，能够及时有效地提供智力支持。

综上所述，在应急救援力量体系中，消防部队是坚持为公众提供经常性无偿应急救援服务的综合性专业力量，具有其他应急救援力量无可比拟的基础和条件。

3. 依托消防部队构建公共危机应急救援力量体系的意义。

一是依托消防部队构建公共危机应急救援力量体系，承担政府综合应急救援职能，确立公安消防部队在应急救援力量体系中的主体地位，有助于建立精干、高效的服务型政府。当今世界各国政府行政管理改革的总体目标是精简机构、提高管理效能，建设精干、高效的服务型政府。我国目前对各类公共危机的应急反应和紧急救援实行“分而治之”的行业垂直领导体系，如

① 陈家强：《在应急救援力量体系建设中充分发挥公安消防部队的突击队作用》，载《消防科学与技术》2005年第9期，第615页。

地震部门的地震救援队、安监部门的矿山救援队、民航部门的机场消防队、交通部门的海上救援队、电力部门的核事故应急抢险队等，这种单一的危机管理模式往往无法实现现有人力、信息、技术和装备的资源共享，导致应急救援力量较为分散。一旦发生重大公共危机，由于部分职能交叉，容易出现职责不清、各自为政甚至相互推诿的问题，难以形成有效合力，以致贻误战机，影响救援工作成效，最终影响政府应急管理的效能。因此，由公安消防部队承担政府综合应急救援职能与新形势下建设精干、高效的服务型政府的总体目标是完全一致的。

二是由公安消防部队承担政府综合应急救援职能，确立公安消防部队在政府应急救援力量体系中的主体地位，有助于整合社会资源、降低行政成本。客观而言，公共危机事件为小概率事件，为应对各类事件，要求各级政府逐一建立处置各类公共危机事件的专业救援力量，显然不符合现代社会节约运行成本的要求。诸多部门和类别的救援队伍建设必将造成政府重复投资，大量人员和装备闲置，是对资源的极大浪费。由公安消防队伍承担社会综合应急救援任务，既可以减少众多的行业救援组织，避免行业救援组织的职能交叉、机构重叠和臃肿，又可以集中力量整合社会资源，减少政府投入，降低行政成本。

三是由公安消防部队承担政府综合应急救援职能，确立公安消防部队在政府应急救援力量体系中的主体地位，更有助于有效利用社会救援资源，缩短救援反应时间，提高救援效能。公安消防部队具备布点广泛、24 小时执勤、人员训练有素、救援装备专业等优势，能及时高效地完成救援任务。同时，公安消防部队实行现役体制，作风优良、纪律严明、素质过硬，是一支经过历史检验、深受党和政府信任、值得广大人民群众依靠的队伍。

4. 依托消防部队构建公共危机应急救援力量体系的主要内容。

公共危机应急救援是一项复杂的系统工程，需要诸多部门和单位共同参战，联合作战，必须加强统一组织指挥和各方面的协作配合。当前，我国应急救援工作以条块分割为主，实行的是单一灾种的救援模式，“110”、“119”、“120”和“122”在接警系统和指挥中心建设中基本上是各自为政、单独规划；地震、交通、卫生、矿山、防汛等部门根据职责分工，都有各自的指挥机构、救援方案和队伍，对各类危机的应急救援基本上是采用各自为政的办法。这种力量模式虽然有专业性、针对性强的优势，但其弊端是缺乏综合性和协调性，对复合型重大公共危机事件难以形成统一指挥和有效应对，必须予以创新和改革。

（1）依托公安消防部队组建力量体系。

公安消防部队担负着公安消防保卫和社会抢险救援的双重职能，是应急救援的专业队伍和骨干力量。大力推进公安消防部队综合应急救援能力建设，对构建统一指挥、反应灵敏、协调有序、运转高效的应急管理机制，切实提高政府应急管理能力和公共危机应急救援水平，具有十分重要的作用和意义。2009 年，公安部召开全国公安消防部队应急救援工作会议，计划利用 3 年时间，在全国范围内依托公安消防队伍组建省、市、县三级综合应急救援队伍，形成省、市、县三级综合性应急救援力量网络，大力增强综合应急救援能力，提高综合应急保障水平，基本形成以公安消防队伍为主体、各相关警种密切协同、其他应急救援专业队伍和地方多种形式的消防队伍有效联动的综合性应急救援力量体系。

依托消防部队构建应急救援力量体系，主要包括以消防部队为主体建设综合性常备应急救援队伍，全面加强重点领域专业应急救援队伍，进一步规范应急志愿队伍建设。具体为：①加强综合性常备应急救援队伍建设主要是加强省、市、县三级综合性应急救援队伍组建工作。②加强专业应急救援队伍建设包括加强防汛抗旱应急救援队伍、矿山事故应急救援队伍、危险化学品事故应急救援队伍、医疗卫生应急救援队伍建设，推进市政、交通、通信、广播电视等重要公用事业运营单位应急保障队伍建设。③加强应急志愿者队伍、应急专家队伍、应急保障队伍、应急管理干部队伍建设，强化应急救援队伍建设的管理体制和保障机制。

（2）政府统一领导，成立省、市、县三级应急救援中心和应急网络，完善应急救援力量体系。

第一，加强组织领导，建立健全应急救援组织指挥体系，建立由政府统一领导的组织指挥机构，成立省、市、县三级“应急救援中心”，实施统一指挥。

应急救援期间，“应急救援中心”可设置以下部（组）：

①总指挥部。由政府应急办和有关部门负责人组成，负责领导、组织整体应急救援工作，发布应急救援命令；统一部署有关应急救援预案的实施，采取紧急处理措施；在全辖区范围内紧急调用各类救援物资、设备、人员；有危及周边单位和人员的险情时，组织人员疏散；做好稳定社会秩序和伤亡人员的善后及安抚工作。

②现场指挥组。由政府应急办、消防部队领导和有关部门负责人组成，主要负责组织、指挥现场救援工作，及时处理突发情况。

③抢险救援组。由现场指挥组紧急调集的有关单位人员组成，具体负责

实施指挥部制定的抢险救援处置方案和安全技术措施，负责人员疏散和组织实施现场救援。

④技术专家组。由有关部门组织相关技术人员组成，主要研究制定应急救援技术方案和措施，为应急救援进行专业技术指导和提供决策建议，解决救援过程中遇到的技术难题。

⑤医疗救护组。由卫生医疗、防疫等有关部门组成，有关医疗单位参加，负责组织专家及医疗队伍对受伤人员进行紧急医疗救护和卫生防疫。

⑥物资供应组。由民政、交通、公安和其他有关单位人员组成，主要保证抢险救援中物资和设备的及时调度和供应以及救济、捐助款项的接收和分配。

⑦警戒保卫组。由公安、司法等部门组成，主要负责事故现场的保护、交通管制、戒严、维持秩序和打击各类违法犯罪行为等工作。

⑧通信联络和新闻组。通信联络组由通信、公安等部门人员组成，传达和通知各种救援指令和信息，积极抢修通信设施，保障通信畅通。新闻组由宣传、广电、气象等部门组成，负责对外发布信息，接待新闻媒体记者，使外界及时了解事故动态，做好气象预测。根据救援情况，及时召开新闻发布会，做好宣传报道，鼓励动员社会力量参与救援。

⑨后勤保障组。由交通、公安、民政等有关部门组成，主要负责车辆调度、道路维修、抢险人员和物资的运输等后勤服务工作。

⑩善后处理组。由民政、公安等部门参加，负责伤亡人员家属抚恤、安置等善后工作，稳定群众情绪。

上述各部组应各负其责、相互协助、联动配合，共同完成应急救援各项工作。

第二，因地制宜，勇于探索，打造“实战工程”。省、市、县三级综合应急队伍发展应遵循“大队做实、支队做强、总队做精”的原则，突出县级主战场地位，突出市级主战区地位，突出省级总指挥地位。

第三，完善应急救援力量体系。在健全完善省、市、县三级综合应急救援队伍的基础上，坚持统筹规划、突出重点，逐步加强和完善基层应急队伍建设，基本形成统一领导、协调有序、专兼并存、优势互补、保障有力的基层应急队伍体系，确保应急救援能力基本满足本区域和重点领域公共危机事件应对需要，为维护国家安全和社会稳定提供有力保障。

（3）相关部门协调，建立联动合作机制。实践表明，消防部队在应急救援过程中，往往因为人力、装备等方面的限制而显得力不从心，救援能力与繁重艰险的救援需求不相适应。因此，一方面要以消防部队为骨干，提高自身的作战能力；另一方面也要发挥各专业救援队伍的专业优势，充分挖掘社会救援力量的潜能，加强应急志愿者队伍、应急专家队伍、应急保障队伍和应急管理干部队伍建设，从应急救援的全局出发，整合力量资源，主动做好协同配合，使之形成强大的战斗力。

## 三、强化各应急救援力量的联合作战能力

### （一）加强应急救援队伍的培训与演练，增强联合作战能力

公共危机应急救援必须重视平时的充分准备和培训演练。公安消防部队在应急培训与实战演练方面有着丰富经验与专业素养，因此，消防部队除了做好本辖区应急救援预案培训与实战演练以外，还要不断加强跨区域协同救援的培训与演练，制定整体协作演练预案，定期进行多部门参与的模拟演练，以应对各种大规模危机所需的跨区域应急救援合作和跨区域人力、物力、信息等资源的协调。

### （二）优化应急救援力量体系结构，顺畅各力量之间的联动协调

本着“有效整合资源、节约经费投入、实现合理布局、达到资源共享，形成区域联动”的原则，整合应急救援队伍力量，将各专业队伍纳入统一调度、作战和训练体系，将应急志愿者队伍纳入社会动员体系，建立政府主导、统一指挥、紧密协同、有序衔接的联动运行机制。[①] 具体表现为在政府统一领导下，制定各类危机事件应急救援预案和多支救援队伍联动响应方案，逐步完善和固定统一调度、密切协同、快速反应的指挥联动机制，建立多支专业应急救援力量定期联席会议制度。

通过构建“政府主导、依托消防、相互协调、相互促进”的应急救援力量体系，探索整合与协调现有各个应急救援职能部门的资源，包括信息数据资源，如各类自然灾害基础信息数据；各专业指挥中心信息数据；各类危机事件的专业预案信息；重大危险源的管理信息；各专业领域相关专家信息；各专业领域人力、物力资源信息；可供应急救援使用的不同部门协调调度信息；各类社会救助部门信息等。通过加强信息数据的共享和整合，不断提升联合作战能力。

---

① 方江源、徐彤：《建立和完善以消防为主干的社会救援体系的思考》，载《消防技术与产品信息》2006 年第 3 期，第 43 页。

## 四、建立应急救援力量体系评估机制，保障力量体系建设的高效性

科学有效的评估可以帮助相关应急救援部门对当前的应急救援能力有明确的认识，同时为确定应急救援力量建设方向提供科学参考。因此，需要建立应急救援能力评估指标体系，监督与保障应急救援力量建设经济高效。

### （一）应急救援力量体系评估指标选取主要遵循的基本原则

1. 科学性。运用科学的方法，对体系的构成、各部分之间的联系和运动过程，结合体系的实际工作情况来确定所设置的指标名称及含义、计算途径和方法，使这些均建立在科学分析的基础之上。

2. 完备性。评估指标体系应能全面反映被评估对象的综合情况，从中抓住既能反映直接效果，又能反映间接效果的主要因素，以保证综合评估的全面性和可信度。

3. 简明性。在基本满足评估要求和给出决策所需信息的前提下，应尽量减少指标个数，突出主要指标，以免造成评估指标体系的过于庞大，给以后的评估工作造成困难，并且应避免各指标间的相互关联，使指标体系的选择做到既必要又充分。

4. 独立性。所选择的各指标应能说明被评价对象某一方面的特征，指标之间应尽量不相互联系。对隐含的相关关系，要在模型中以适当的方法消除。

5. 可操作性。指标系统要易于理解，有统计基础，通俗易懂。同时，充分考虑各项指标的数据来源，数据资料要收集方便、计算简单、易于掌握。

6. 可比性。指标体系应能在不同时间、不同地点进行比较和对照，以反映和判定不同体系的运行状态。为扩大指标的可比性范围，应尽可能利用现有的统计指标。

### （二）建立应急救援力量体系评估指标体系的具体算法

1. Delphi专家调查法。亦称德尔斐法，是20世纪40年代美国兰德公司提出的征集专家意见据以判断决策的一种系统分析方法。这种方法简单、节省费用，能把理论知识和实践经验的各方面专家对同一问题的意见集中起来，适用于研究资料少、未知因素多、主要靠主观判断和粗略估计来确定的问题，是较多地用于长期预测和动态预测的一种重要的预测方法。

2. 模糊综合评价法。是指在确定了指标体系的权值之后，还要根据指标体系的特点确定各指标的合成方法，即将下层指标权值复合成上层指标权值

的计算方法。模糊综合评价是应用模糊关系合成的原理，依据多个因素对评判事物隶属度等级状况进行综合评判的一种方法。

3. 层次分析法（The Analytic Hierarchy Process，AHP）。是由美国运筹学家，匹兹堡大学萨迪（T. L. Saaty）教授于20世纪70年代初提出的。层次分析法是一种定量与定性相结合，将人的主观判断用数量形式表达和处理的方法。它能把定性因素定量化，并能在一定程度上检验和减少主观因素影响，使评价更科学化，广泛应用于各领域。

应急救援能力评估是应急救援工作中的关键环节，有助于对当前应急救援能力的诸多薄弱环节有较为客观的认识。以城市公共危机应急救援能力指标体系建设为例，在空间上，必须涵盖城市面临的危机背景和各种自然与社会的致灾因子，这是应急救援能力建设内容设定的现实依据和客观基础。在构成要素上，必须涵盖从自然因子到社会因子、从制度设计到公众行为、从组织效能到工程能力等多种要素。城市应急救援能力建设内容是与危机从孕育到发生的过程，以及从测、防、报到抗、救、援等各阶段的连续性密切相关的。城市公共危机应急救援能力评估系统的评估对象主要包括四个方面，即社会控制子系统、行为反应子系统、工程防御子系统和危机救援子系统。

城市应急救援能力评价的目标是将上述子系统整合成统一的社会力量，形成综合的城市危机管理体系，形成城市综合救援能力。城市应急救援能力整合，主要实现以下三个整合：第一，从构建城市综合救援模式入手，实现应急救援能力的组织整合；第二，从强化城市的全程救援入手，实现应急救援的过程整合；第三，从优化配置城市应急资源入手，实现应急资源的整合。

通过应急救援能力的社会评价和自我评价，可以使各个城市明确在应对公共危机事件时具备的优势和劣势，了解在发展中面临的问题和挑战，从而为强化应急救援工作注入强大动力和活力，不断激发和提高应急救援效能。

## 第三节　公共危机应急救援力量结构体系建设的对策建议

### 一、统筹规划，全面加强各种应急救援力量建设

随着我国公共危机管理工作的不断推进，国务院、中央军委等出台了加强应急救援力量建设的文件规定，各有关部门也制定了相应的应急救援力量建设规划，为最大限度地避免“各自为战、重复建设”，造成资源浪费的局

面，亟须加强统筹协调，统一规划各种应急救援力量建设。为此，建议国家尽快出台有关法律、法规和政策规定，加大对应急救援力量建设的管理力度，充分调动各方积极性，不断全面加强各种应急救援力量建设，使力量体系建设走上正规化、法制化的道路。

## 二、整合应急救援力量，完善联动机制

建立依托消防部队，其他多种力量协同配合，有层次、有结构、紧密联系、高效协作的应急救援力量体系。健全本地联动机制，积极推动建立区域性应急救援联动机制，既要建立各应急救援队伍之间区域性应急救援联动机制，也要建立各消防部队之间区域性应急救援联动机制，提升协同作战能力。

## 三、突出重点，依托消防部队构建公共危机应急救援力量体系

目前，消防部队作为应急救援骨干力量承担应急救援任务已有许多法律、法规和国家政策支持，各地依托消防部队构建公共危机应急救援力量体系也有许多成熟经验，为促进此项工作的健康快速发展，建立中国特色公共危机应急救援力量体系，当前的主要任务有：

### （一）立法明确消防部队在应急救援中的地位、权力和职责

进一步修改和完善《消防法》，依法确立公安消防部队为常态下应急救援骨干力量的地位；立法提高消防部队的地位，完善和改革行政体制，减少管理层级，建立相对独立的垂直管理体系；立法明确规定消防部队在政府领导下对其他救援力量的指挥权。

1. 消防队伍承担公共危机综合应急救援职能的法律依据。近年来，公安消防部队依法履行职责，不断拓展社会服务职能，积极参加社会抢险救援工作，已成为公共危机应急救援的骨干和突击力量。扑救火灾、抢险救援，最大限度地救助生命，是公安消防队伍的根本职责。消防队伍承担公共危机综合应急救援职能的法律依据主要有2005年《军队参加抢险救灾条例》、2006年《国家突发公共事件总体应急预案》、2006年《国务院关于全面加强应急管理工作的意见》、2006年《国务院关于进一步加强消防工作的意见》、2007年《突发事件应对法》、2008年《消防法》、2009年《国务院办公厅关于加强基层应急队伍建设的意见》、2009年《人民武装警察法》和《突发公共卫生事件应急条例》等。上述法律、法规和规范性文件都规定或认为公安消防部队承担抢险救灾和其他应急救援的任务，具有公共危机综合应急救援

的职能，而且公安消防部队是突击力量、骨干力量或起着骨干作用。

2. 消防部队作为应急救援主体力量的法律建构。我国《消防法》和有关行政、军事法律、法规和规章等虽然对消防部队参加和参与应急救援作出了原则性规定，但仍缺乏明确性、可操作性的界定，消防部队在应急救援中的主体地位并不明确。因此，要建立具有中国特色的以消防部队为主体的应急救援体系，必须明确应急救援的主体力量，赋予并提升消防部队在应急救援中的法律地位。通过立法形式，使消防部队在应急救援中的地位、职责和权限得以明确，其骨干作用才能真正得到发挥。第一，立法明确消防部队在政府应急救援队伍中的主体地位，进一步修改和完善《消防法》，依法确立公安消防部队为常态下应急救援主体力量的地位。第二，立法提高消防部队的地位，改革应急管理体制，建立相对独立的垂直管理体系。第三，立法明确规定消防部队在政府部门领导下对其他救援力量的指挥权。第四，立法明确规定消防部队在应急救援中的各种责任、权利和义务。第五，立法明确规定消防部队在应急救援中与其他应急救援力量的关系。第六，立法明确规定消防部队参与应急救援善后保障问题。第七，立法明确规定消防部队应承担的民事行政和刑事军纪法律责任。第八，制定“应急救援法”、“紧急救援法”、“应急管理法”或者“紧急状态法”等专门法律，完善应急救援法律体系，制定相应的配套法规和制度，使应急救援工作步入法制化轨道。

（二）厘清消防部队与其他应急救援力量之间的关系

消防部队接受政府统一领导，在政府统一指挥下开展救援。消防部队与其他应急救援力量之间具有三种不同的法律关系：第一，在地方各级政府的统一领导下，以消防部队为核心对其他救援力量进行整合和统一调配，能够指挥和调度其他应急救援力量；第二，消防部队与其他应急救援力量是协同合作关系，接受负责现场指挥调度的应急救援力量的统一调配；第三，消防部队与其他应急救援力量是并列关系，共同参与救援工作。

在公共危机应急救援中，消防部队与政府、政府职能部门及其他应急救援队伍在法律上是一种什么样的法律关系，各自处于什么样的法律地位，享有哪些权力和职责、权利和义务等，需要法律进行明确规定。因此，要立法明确规定消防部队在应急救援中与其他应急救援组织和力量的关系，即消防部队与包括政府相关部门在内的单位、组织的法律关系，具体包括消防部队与政府应急办的关系，消防部队与公安、安监、地震、交通、卫生、供电、通信及其他救援队等政府部门、企事业单位的关系，与军队应急救援力量的关系等。重点明确三种关系：一是明确主体关系，二是明确结构关系，三是明确指挥关系。只有关系明确，权利义务才明确和规范，救援才能顺利进行，救援效率才会提高。

1. 消防队伍与政府及政府相关职能部门的关系。消防部队接受政府的统一领导，在政府统一指挥下与其他应急救援队伍联动开展救援。

2. 消防队伍与其他应急救援力量之间的关系。公安消防部队作为社会应急救援的主体，并不等于包揽一切，承担所有公共危机的救援任务。因此，应进行资源整合，在各级政府的领导下，处理好消防部队与其他救援力量的关系。

按照国务院《国家突发公共事件总体应急预案》确定的自然灾害、事故灾难、公共卫生事件、社会安全事件 4 大类、17 小类突发公共事件分级标准，公安消防队伍承担和参与了其中 4 大类、10 小类突发公共事件的应急救援任务。在完善配套的法律法规，依法确立公安消防部队应急救援骨干力量的地位，明确职责任务，完善骨干地位的配套机制等条件下，公安消防部队在当地政府的统一领导下，能够指挥调度其他应急救援力量和调集社会应急物资，发挥综合优势，并且接受相关部门的专业指导，既减少现场协调环节，力求快速决策，有效处置各类灾害事故，[①] 又发挥各方面之长，节省救援资源，提高救援效率。[②] 其他突发公共事件的应急救援，则以相应专业救援队伍为指挥调度主体，消防部队在必要情况下参与配合，相互间是协同合作关系。

## 第四节　综合性应急救援队伍建设三年规划

为贯彻落实《国务院办公厅关于加强基层应急队伍建设的意见》（国办发〔2009〕59 号）要求，积极推动以公安消防部队为依托的综合性应急救援队伍建设，全面提升应对各类灾害事故的处置能力，制定本规划。

### 一、建设目标

在政府的统一领导下，力争通过三年的努力，以公安消防部队为依托的县级综合性应急救援队伍基本建成，省、市级综合性应急救援能力明显提

① 魏捍东、刘建国：《构建我国社会应急救援力量体系的思考》，载《武警学院学报》2008 年第 2 期，第 20 页。

② 付立兵：《政府应急救援体系建设中公安消防部队职能定位的实践与研讨》，载《中国西部科技》2006 年第 26 期，第 76 页。

升，以公安消防信息化为基础的应急响应及指挥平台逐步完善，救援装备和物资设备基本满足应急救援需要，综合应急救援能力得到明显加强。

## 二、工作任务

### （一）推动综合应急救援队伍建设

1. 积极争取支持。主动向当地党委、政府汇报，建立政府领导挂帅、各相关部门参加的综合性应急救援队伍建设组织领导机构，建立联席会议和工作会商制度，推动出台队伍建设规划及配套性法规、政策，明确组织体系、人员编配、装备配备、应急值班、处置程序和应急保障等内容，加强政策引导，提供制度保障。

2. 加强应急救援力量。2010 年上半年完成县级综合性应急救援队伍建设试点任务，总结推广试点经验，东部 80%、中部 50%、西部 30% 的县（市、区、旗）建成综合性应急救援队伍。公安部将于 2010 年内分别召开东、中、西部地区县级综合性应急救援队伍建设现场会，指导和推动各地加快建设步伐。2011 年东部 90%、中部 80%、西部 60% 的县（市、区、旗）完成综合性应急救援队伍建设，并积极推动省、市级综合性应急救援队伍建设。2012 年依托公安消防部队的县级综合性应急救援队伍基本建成，省、市级综合应急救援队伍体系初步建立。

3. 基本消除县级消防力量空白点。积极创造条件，推动尚未建立公安现役消防中队的县（市、区、旗）政府建立公安消防队或专职消防队，除边疆偏远地区人口稀少的县（市、区、旗）外，力争在 2010 年底前消除县级消防力量空白点。并按照每个中队一般不少于 30 人的要求，对不达标的中队要提请当地政府调剂事业编制或招聘合同制消防员予以补充。

4. 建强城市消防专业力量。以公安消防特勤队伍建设为重点，力争在 2011 年底前地级以上城市均建有消防特勤队伍，普通消防中队建有救援班或攻坚组，形成应急救援专业力量网络。

### （二）提高应急救援保障水平

1. 加大经费投入。积极争取将综合性应急救援队伍建设经费纳入同级财政预算，2010 年 6 月底前推动政府制定出台政策规定，明确营房设施、装备配备、业务工作等保障要求，确保队伍建设的持续发展。

2. 配强装备器材。要按照《县级综合性（消防）应急救援队装备配备标准》，配齐配强灭火、侦检、搜寻、救生等器材。2010 年东部 80%、中部 50%、西部 30% 的县级队伍配齐装备，2011 年东部 90%、中部 80%、西部

60%的县级队伍配齐装备，2012 年底前所有县级队伍全部达标。省、市级公安消防部队还要着眼于本区域应急救援工作需要，为综合性应急救援队配备技术先进、实用高效的救援器材。

3. 健全应急保障。掌握本区域卫生、市政、气象、交通、环保、供水、供电等部门及企事业单位应急装备物资情况，建立紧急联动机制。2011 年底前推动建立警地联储、反应快速的社会化应急保障体系，完善装备物资储备，确保一旦发生灾情能够及时调集到位，发挥应有作用。

（三）加强应急救援专业训练

1. 强化救援训练。加强对各类灾害事故处置技术、战术研究和训练，强化对新技术装备的操作应用，提高指挥决策和科学施救水平。2010 年底前各地公安消防部队要建立与公安机关其他各警种及社会应急救援专业力量的联勤联训制度，开展经常性练兵，明确应急处置职责，扎实做好各项应急准备。

2. 强化联动演练。2010 年底前建立与本区域内相关应急救援部门及专业力量的实战演练制度。在政府的统一领导下，每年至少组织开展 1 次综合应急救援实战拉动演练，不断提高应对各类突发灾害事故的处置能力。2010 年将在北京组织举行区域性应急救援综合演习。

（四）完善应急响应及指挥体系

1. 制订完善预案。立足本区域内的危险源和可调用的救援资源，制定完善各类应急预案，明确灾情等级、力量编成、组织指挥、处置程序、通信联络和应急保障等内容。2010 年编制完成本地 50% 的灾害事故处置预案，2011 年编制完成 80% 的灾害事故处置预案，2012 年编制完成所有灾害事故处置预案，并提请政府批准后实行。

2. 搭建应急平台。依托公安消防通信指挥系统，推动建立政府统一指挥下的综合应急救援响应和指挥平台，力争在 2012 年底前全部完成综合应急救援响应和指挥平台建设任务。

公安部消防局　二〇一〇年五月十一日

# 第七章
# 公共危机应急救援力量保障体系建设

## 第一节　公共危机应急救援力量保障体系建设的主要问题

### 一、应急救援人力资源不足，专业素质有待加强

2008 年汶川地震以来的多次跨区域应急救援行动表明，我国现有的以公安消防部队为骨干的专业应急救援队伍普遍存在人力资源不足的现象，以消防部队为例，我国现有公安现役消防员 16 万人左右，每万人消防员人数仅为 1.23 人，远低于发达国家甚至一些发展中国家的平均水平，这与我国经济社会的快速发展是不相适应的。警力的紧张导致我国大部分城市的公安消防部队长期超负荷运转，影响了公安消防部队更好地履行抢险救援行动。因此，须进一步扩充应急救援人员编制，建立多层次的应急救援保障队伍，全面加强人力资源保障建设。① 其他应急救援队伍普遍存在类似问题。

### 二、跨部门跨区域协调保障能力有待提高

应急救援力量保障体系在预警、救援和善后处理中有着各自不同的特点。作为应急救援力量体系的重要组成部分，保障体系在预警中主要承担各类应急救援相关的人力、物力、财力的组织管理、信息准备和预案管理。在应急救援中，统筹各种保障信息，确保各类应急救援物资的调度、协调，为应急救援提供有效的物资信息保障。在应急救援后期，负责收集实际的救援保障信息，为应急救援保障体系提供可供实际操作的第一手资料，同时，为进一步完善保障功能提供参考。因此，应急救援力量保障体系是在各类应急救援的实际操作中不断完善和发展的，同时，直接服务于应急救援力量体系

① 秦立朋：《消防应急救援保障体系建设的思考》，载《中国应急救援》2008 年第 6 期，第 26～29 页。

的整体建设和发展。

然而结构决定功能，应急救援力量保障体系的管理结构直接决定应急救援保障管理效能的高低。目前，由于没有完善的应急救援力量保障体系，尽管公安消防、国土资源、交通、水利、林业、气象、安监、环境、电力、通信、建设、卫生、农业等相关部门都有各自的保障机构，但是，在平时，保障管理多是各自负责，信息沟通难以保证畅通无阻。在公共危机状态下，尤其是需要跨区域大规模救援时，各部门之间往往缺乏有效的协调调度，缺乏统一的应急保障机制，使各种物资调动的困难尤为突出。部分省、市的应急保障不能与邻近地区的保障体系相联结，难以形成应急保障资源的互补互给和紧急调运，使应急救援保障呈现出单个部门静态为主的特点，保障资源分散，信息较为封闭。

总而言之，当前应急救援工作中，辖区内的保障通过相应的应急保障预案已经发挥出应有的作用，基本满足实战需要，但跨区域救援中，由于不同队伍的管理主要以条块分割、各自负责为主，尚未建立跨区域的应急保障机制。当重大公共危机发生时，部门之间的动态协调和调动比较困难，而且管理部门繁多，使各种人力、物力、财力等资源的跨区域协调保障成为救援现场的突出问题，难以形成强大顺畅的保障力量来为应急救援服务。当前应急救援保障工作主要是"被动、静态、分散和封闭式"的后勤保障，难以满足综合高效的应急救援工作需要。

## 三、应急救援保障经费筹集渠道亟须拓宽

我国应急经费保障机制缺乏与社会保障的密切配合，单一依靠政府财政导致应急保障经费紧张，各项建设工作开展困难。就公安消防部队而言，现有的装备力量制约了抢险救援能力的提高，不能满足各类抢险救援工作的需要。虽然公安消防工作是财政支出保障的重点，一系列规范和加强公安消防经费管理的法规、措施相继出台，但是日益复杂和增多的应急救援任务，仍然需要充足经费来做保障。同时，大规模应急救援行动的开展，往往需要短时间内筹集大量的救援经费。因此，除了加大政府财政预算，建立专项应急储备资金之外，还需要充分发挥社会保障机制的作用，多渠道筹集社会资金。①

① 于松岩:《公安经费保障存在的问题及解决对策》，载《公安研究》2008 年第 9 期，第 57 ~ 61、70 页。

### 四、应急救援保障体系缺乏系统化研究

近年来，应急保障体系建设取得了一定成效，但仍缺乏有针对性的研究来着力解决当前应急保障中面临的难题。

（一）管理机制不完善

应急救援保障管理机制直接影响应急救援保障管理效能。由于缺乏统一的保障管理机制，在平时，应急保障的管理多是各自负责，因行政等因素难以保证信息畅通无阻，在战时，特别是跨区域大规模救援时，各部门之间缺乏高效的协调与调度。

（二）缺乏系统化的法律规范

应急救援保障主要依据《突发事件应对法》和《国家突发公共事件总体应急预案》，缺乏部门之间动态协调的保障规范，应急救援保障管理机制缺乏法律支持。

（三）预案保障乏力

应急保障的预案体系薄弱，应急保障中的人力、物力、财力和技术等资源在事前的储备、筹集，事中的调集、投放及事后的评估、完善等都缺乏体系化的规划与管理。

## 第二节　公共危机应急救援力量保障体系建设的主要内容

应急救援保障是应急救援力量体系建设过程中贯穿始终的物质基础和智力支持，我国应急救援保障体系包括应急物资系统、应急人力资源系统、应急财政系统和应急信息技术系统，四个系统相互作用、相互支撑、交叉运行。

### 一、公共危机应急救援力量保障体系建设的原则

（一）资源利用社会化

充分利用社会资源，加强应急救援保障的统一指挥与协同调度。重大公共危机事件跨区域救援中，大量的储备物资和捐赠物资往往来源于不同部门和组织，做好物资的统一指挥调度是应急救援保障的基础。

（二）资金来源多样化

我国当前应急救援保障资金主要是中央和地方各级政府的预算投入与临

时拨款，但是，重大公共危机事件的大规模救援，仅靠政府投入是不够的，要充分发掘多渠道的资金来源，利用租用、贷款、捐助等多种途径解决应急物资储备缺乏和应急资金短缺的问题。

（三）保障技术科学化

充分利用先进科学技术，加强信息化建设，提高保障效率。人员、物资等应急资源的优化调度和合理分配需要以系统优化理论、调度算法等先进科学技术为支撑。同时，提高应急物资保障的信息化程度，以保证准确掌握物资所需位置和精确的种类、数量。亟须建立统一的应急物资信息平台，保证及时掌握并更新物资的生产和储备情况，减少预测和决策误差。

适应时代发展，建立一体化保障体系，推动机械化保障力生成模式向信息化保障力生成模式的转变，实现一体、自适应、精确的信息化保障。强调应用以信息技术为核心的高新技术手段和精确细致的决策筹划，科学地运用各个层次和各个级别的保障力量，在准确的时间、地点为救援力量提供准确数量、质量的物质保障，实现保障效益最大化。具体表现在：一是物资能够更快地到达救援人员手中；二是申运时间由以天计算变成以小时计算；三是装备完好率提高；四是库存的数量正好够用，既能“以防万一”，又能使物资供应“恰好适时”。①

## 二、加强人力资源保障

（一）壮大应急救援力量队伍，优化力量结构

加强应急救援力量储备，依托消防部队建立综合应急救援队伍；加快建设专业救援队伍和企事业专职消防队，带动乡镇、街道基层应急救援队伍形成；加速发展应急志愿者队伍，多渠道、多方法组织社会救援力量，构建社会应急救援力量网络体系；建立应急救援专家库，提升应急救援队伍的专业救援能力和整体素质。

（二）努力提升队伍综合素质

一是不断完善应急救援教育培训的组织体系，加大专业救援人员教育培训力度，建立有效的培训考核体制，提高一线救援人员专业素质。专业教育和训练是提高救援人员素质、储备救援力量的重要措施。要迅速改变我国目前缺乏救援教育和训练的专门机构，缺乏专用教材和专业指导人员的状况，应当建立从兼职到专职、从专职到职业的多层次教育和训练体制，不断提高

① 仲晶：《力推后勤保障力生成模式转变》，载《中国社会科学报》2010 年 7 月 27 日。

职业化程度，以使我国救援人员的专业能力达到或超过国际标准。

二是建立队伍人员保障机制。各级政府和机构编制、人事、劳动等部门要充分保障应急救援岗位人员配备需要，严格执行持证上岗制度，高标准选拔应急岗位工作人员。例如，湖南省为长沙、湘潭等地的应急救援支队增设了710个事业编制，并与编制外人员签订长期劳务合同，有力保证了应急救援队伍的稳定，初步建立了综合应急救援队伍的人才培养和保留的长效机制。

三是建立有效的心理干预机制，进一步提高单兵自我保障能力。单兵作战要保证配备专业救援工具、充足的物资补给和个人通信装备等。此外，建立有效的心理干预机制，通过科学方法训练救援人员的心理应急能力，消除对事故现场的陌生感、恐惧感，勇于面对并适应恶劣复杂的现场环境和死亡伤残的悲惨景象，建立坚强的心理防线和心理抵抗力，抵御战时心理不良反应的冲击。

## 三、提高经费保障能力

### （一）建立应急经费保障机制，提升应急保障水平

要加大应急救援投入，建立应急救援经费保障机制。按照“统一标准、分级保障，协同合作、归口保障，适时调整、合理增长”的经费保障原则，制定应急救援经费保障标准。各级政府按照现行财政体制，将综合应急救援队伍在集中训练、合成演练、重大装备购置、跨区域执行增援任务等方面的费用，纳入各级财政预算予以保障，建立专项储备基金，明确其使用范围和管理办法，并由纪检、审计部门依法监管。同时，对企业所属救援队伍购置社会救援装备和执行社会救援任务给予政策支持和适当补助。

### （二）建立多元化的应急救援经费筹资体系

应急救援行动往往需要短时间内筹集大量救援经费，跨区域大规模应急救援行动尤其存在经费不足的问题，因此，需要建立多元化的应急经费筹资体系。

一是政府划拨为主，征用为辅。以政府财政划拨为主，明确列出政府财政年度应急救援专项经费预算，保障应急救援所需基本费用。划拨主要用于装备器材建设、人员队伍培训、日常训练和实战演习及其基础设施建设。同时，应急救援期间，政府及有关部门可以征用单位和个人财产。被征用的财产在使用完毕或者应急处置结束后，应当及时返还。财产被征用或者征用后毁损、灭失的，依法给予补偿。

根据各地经济发展水平，对经济发达地区，鼓励其建设经费自行解决，而对欠发达地区，则由上级政府财政给予相应扶持，明确各级经费执行比例，便于应急救援队伍的同步建设和平衡发展。

二是鼓励社会捐献，个人依法赞助。应急救援不仅是政府的工作，也是全社会的责任。应急救援所需经费还应动员和依靠全社会的力量。探索设立消防或应急救援基金会，鼓励自然人、法人或其他组织（包括国际组织），按照《公益事业捐赠法》等有关法律、法规的规定进行捐赠和援助。[①]

三是市场模式运作，发挥最大效益。应急救援经费遵循市场经济运作模式，以公正、公开、诚实信用原则使用各种应急救援资源；按照法定程序审核，合理分配和使用。经费使用按照政府信息公开条例的有关规定进行公示。采取保险市场融资的方式，建立巨灾保险融资体系和巨灾保险基金，由政府和市场分摊经济损失，弥补财政资金支付的不足。

鼓励和支持大型企事业单位根据自身的要求和优势，配备应急救援装备等物资。充分发挥社会各方面在应急救援物资生产和储备方面的作用，实现社会储备与专业储备的有机结合。

（三）加强经费管理，提高保障效率

一是加强应急救援经费的统一管理。跨区域大规模救援中，经费数额巨大，涉及部门和社会组织众多，存在难以集中统计、管理的问题。因此，根据战时应战、平时应急的思路，设立经费保障统管机构，负责对包括国家财政投入和社会募捐资金在内的所有应急保障基金的管理和运营，制定应急经费保障预案和紧急状态下的财政执行法规和制度，确保应急救援经费的安全可控。

二是完善应急救援经费保障法律法规。制定应急救援经费保障工作规章，明确军地各级、各部门及相关人员在应急救援经费保障工作中的职责和协作办法，使各部门、各环节互相配合，使应急救援经费保障工作向着规范化、制度化、法治化的方向发展。

三是建立经费保障军地协调机制。国务院组织应急救援工作时，总后勤部应急救援资金协调管理组主要协调国家应急经费统管部门，申请中央财政资金的划拨；由地方政府依托公安消防部队组织应急救援工作时，各省国防动员委员会应急救援资金协调管理组主要协调地方政府应急经费统管部门，申请地方财政资金用于应急救援经费保障。

---

① 顾建一：《从汶川地震经费保障看未来应急救援经费保障体系建设》，载《军事经济研究》2008年第12期，第64~66页。

四是加强经费保障的监管。建立全过程全方位监控机制，监管包括经费筹措募集、申请划拨、采购支付的全过程，并把所有经费保障工作纳入监督检查的范围。①

## 四、着力做好物资保障

公共危机应急救援中，充足的器材装备保障能够确保救援的及时有效，加大救援力度，提高救援效率，着力做好器材装备保障是公共危机应急救援力量体系建设的关键工作之一。

### （一）科学构建与应急救援装备保障任务相适应的器材装备保障体系

充分研究应急救援装备保障需求，根据应急物资储备库的建设，科学论证装备保障体系的层次、任务和指挥关系，建立数量充足、结构合理、任务明确的器材装备保障体系。一要宏观规划，使装备保障体系在总体结构上保持比例合理和平衡，根据各地不同特点，对器材装备按照合理布局、各有侧重的原则，整合其分配与使用，保证体系运转顺畅。②

以公安消防部队灭火救援装备建设为例，需要重点考虑装备配备的地域性。由于各地的经济条件、社会环境、自然环境、经济发展特点等情况各不相同，装备的使用概率不尽相同。因此，在配备装备时，缺水地区应多配备大容量水罐消防车，少配备轻型消防车；辖区面积大，经济不发达，农村火灾所占比例大的地区，应多配备轻型消防车；高层建筑密集城市应配备举高消防车，有条件的还可购买消防直升机；化工企业密集的地区应配齐配足个人特种防护装备和灭火药剂；等等。

二要加强管理，发挥器材装备使用效益。推动制度建设，实行规范化管理，使器材装备的调动、使用和维护有法可依、有章可循。

注重装备配备的配套性和互补性，提高器材装备使用效益。所谓配套性，是指一个城市或者一个区域应急救援队伍的装备在总体上要有合理结构。为了使装备配备更趋合理，功能配置与完成各项任务的要求更为相融，应从当地实际情况出发，制定配备标准，避免随意性，使装备的种类、数量、质量三者更实际、更科学，结构更合理。还要注重装备配备的互补性，即以救援队伍的基层单位为区分单位，对所配备的器材装备进行整体规划，

---

① 祁泉淞：《公安经费保障机制的演进及现阶段存在的问题和对策》，载《时代经贸》2007 年第 1 期，第 156 ~ 157 页。

② 杨芳华：《适应新形势不断提高装备保障效益》，载《军事经济研究》2008 年第 10 期，第 30 ~ 32 页。

实现装备的资源共享。

（二）扩大器材装备来源

按照“结构合理、功能多样、性能优良、实用高效”的原则，制定应急救援队伍装备配置标准，分级明确各类应急救援装备配备的主要技术参数及要求下限，并建议采取政府担保租赁的方式解决经费紧张的问题。同时，还应加强装备维修配套建设。

（三）完善器材装备结构

根据应急救援队伍的规模和承担的救援任务，配备常规器材装备和必要的安全防护工具的同时，结合各自实际，科学合理配备一定数量技术含量高、救援效果好的高精尖救援装备。另外，推广应用 GIS、GPS 等集成系统，GIS（地理信息系统）可为应急救援资源保障管理过程中实时获取信息和决策分析提供强有力的工作平台和技术支撑；GPS（全球定位系统）可为应急救援提供精确的定位信息，为引导车辆、船舶、飞机以及个人安全准确到达目的地而服务，指导各种物资的最优调配，减少选路时间，提高保障效率。GIS 与 GPS 的系统集成，能为应急救援保障体系提供高效、便捷、海量信息的指挥系统。①

（四）加强装备保障实战化训练

进行实战模拟训练，提高装备保障实战能力。同时，加强装备保障力量的防卫训练，提高在处置紧急情况时的保障能力和生存能力。从实际出发，因地制宜，挖掘现有装备的潜力，缓解现有装备与实战需要的矛盾，提高实战水平。

（五）合理确定应急物资储备库选址，提高应急保障效率

应急救援的物流运输具有突发性，科学、合理的应急物资储备能最大限度地提高应急物资保障效率，及时保证受灾群众的基本生活。应根据我国不同地区各类危机类型的分布特点，在主要城市建立应急物资储备仓库，保证在有限时间内进行及时的物资配送。可以说，装备物资的储备工作是应急救援的保障基础，因此，应急物资储备库选址具有十分重要的作用。为降低运行成本，提高工作效率，应充分考虑，合理布局，选择最佳的地理位置。

应急物资储备库选址一般具有以下特点：一是公共危机事件的发生很难预测，因此，应急物资储备库应该具备一定的覆盖性，一旦事件发生能够快速反应。二是分析各个区域的风险大小，主要是待建储备库区域人口数、经

① 蔡菲：《基于 GIS 和 GPS 的地震应急救援指挥系统》，载《计算机应用与软件》2010 年第 4 期，第 83～86 页。

济重要性指数、公共危机事件发生概率等。三是由于在短期内需要大量应急救援资源，因此，高风险区域应急物资储备库需要超额覆盖或增加备用设施。四是应急物资储备库选址应有明确的目标，即成本最小化、需求导向、利益最大化和环境因素，但是由于公共危机发生概率较低，大量的资源储备并不科学，因此，需要综合各方面因素进行多目标决策。配送保障与储备保障相辅相成，救援物资的及时到位是保障人民生命财产安全的关键。应当探索应急物流的社会化和市场化，由政府专门建立应急物资配送中心，也可由政府和企业在一定协议下共同建立配送中心，企业的参与既能节省成本又能提高整个社会的应急反应能力。①

## 五、强化应急通信保障

应急通信为各类紧急情况提供及时有效的通信保障，是应急救援力量保障体系的重要组成部分。强化应急通信保障，需要优化应急通信队伍，制定应急通信标准，开发应急通信产品，充分利用信息技术和通信技术的最新成果，建立并完善先进的应急通信综合体系，从而能够及时高效地应对各类危机事件，提高应急响应能力。

当前，应急通信保障存在的问题主要是专业通信设施配置不足，通信保障缺少全局控制。例如，汶川地震中，由于地震造成通信设施严重损毁，中小型专业应急通信设备数量不足，救援人员之间通信较为困难，没有做好应急通信的全局管理和调度。针对应急通信保障存在的问题，需要从以下两个方面加强工作：

### （一）加强应急通信技术保障

应急通信技术保障既要依托公安消防部队内部专网的系统规划，还需要与社会相关通信保障单位加强合作，多渠道及时调用各种通信设施，保障救援通信的畅通无阻。

一是统一特服报警号码，建立联动报警机制。统一“110”、“119”、“120”、“122”等报警号码，建立集中、统一、高效的接处警系统，形成统一指挥、信息共享、分类处置、快速反应的工作机制，消除各台并存导致的任务不均、信息不畅、层层传递、多头请示等弊端，提高快速反应能力、协同作战能力和防控处置能力，促进应急救援指挥的制度化和规范化。

二是丰富应急通信手段，高度重视高新通信技术装备的应用。要大力采

① 朱美华：《应急物资保障体系的关键因素》，载《中国物流与采购》2010 年第 2 期，第 70 ~ 71 页。

用公用电信网、卫星通信系统、微波通信、集群通信、应急通信车、MiWAVE无线系统等多种通信技术手段保障应急通信。

（二）建立信息化、网络化的通信保障系统

一是建立基础信息保障系统，实现信息资源共享。依托“119”通信指挥系统，建立应急救援资料信息库，全面采集、录入应急救援相关数据信息，实现随时查询和及时获取战时现场相关信息，实现应急指挥车与应急指挥中心的信息互动，为准确、迅速制定作战方案争取时间。二是建立应急通信指挥平台，实现网络化通信管理。依托并完善“119”通信指挥系统，实现快速准确定位事故现场、自动统计出警车辆、自动记录现场信息等功能。

## 六、做好宣传保障工作

在公共危机应急救援中，宣传保障具有前瞻性、统筹性的重要作用。政府应当做到与公众之间的信息共享，第一时间收集并发布事故信息，把握舆论导向，为公众提供正确的应急防护指导，消除恐慌情绪，稳定社会秩序，为应急救援提供良好的舆论环境。

要本着“迅速及时，积极主动，人文关怀”的原则，做好遏制谣言，稳定局面；设置议程，凝聚力量；塑造形象，鼓舞士气等工作，充分发挥宣传工作对应急救援的保障作用，建立宣传保障机制，从制度上规范并完善相关工作程序，使宣传工作以科学性和高效性服务于危机时期的应急救援需求。

（一）建立畅通有效的信息收集渠道

首先，建立日常舆情监测网络。除自然灾害不可预知、难以预测外，部分公共危机事件爆发之前具有一定时间的潜伏期，如新疆“7·5”事件。因此，应把舆情监测作为一种日常工作来不间断进行。例如，利用网络工具，选拔一批思想政治素质过硬的基层队伍指导员和宣传干事担任舆情监测员，随时关注社会思想的新动向、社会舆论的新方向，甚至以普通网民的身份，亲身参与到大众对一些社会问题的探讨中去，对政府的政策释疑解惑，对错误的言论批评更正，发现不利于社会稳定的舆情，及时上报上级领导，为上级领导和有关部门提供社会舆情方面的决策支持。

其次，畅通信息收集渠道。公共危机事件爆发之后，应急救援力量往往第一批赶到现场，需要面对混乱的局面，必须尽快在前后不一甚至互相矛盾的各种信息中甄别遴选出准确的信息，以供对外发布和指导救援之用；在救援行动不断进行的过程中，也需要不断搜集更新信息，用于进一步对外宣传和决策参考。应在一线部队指定专门人员，在整个救援行动过程中不断搜集、更新信息，上报救援指挥部门，由指挥部门将收集的信息汇总、分析后，对外发布并上报领导部门以供决策。

（二）建立一线新闻发布制度

公共危机爆发以后，面对社会公众对危机各方面信息的迫切需求和国内外错综复杂的舆情环境，需要在救援一线建立新闻发布制度，利用新闻发布会、现场接受采访、更新官方网站甚至是博客和微博的方式，主动邀请媒体介入，定期向媒体、社会提供权威、准确的第一手信息，设置统一的议题，从而掌握话语主动权，起到消除谣言、引导舆论、树立救援力量形象、提高政府公信力的作用，直接支持救援工作的开展。

建立救援一线新闻发布制度，首先要做好沟通协调工作。一是与上级领导部门和宣传部门做好协调，及时接收上级部门指示，领会相关精神，明确宣传基调和注意事项。二是要与各支一线救援力量及时联络，收集、分析反馈回来的最新情况，掌握最基本的数据和信息，这样新闻发布就有了内容支撑。同时，也将上级指示和精神传达到各支一线救援部队，避免发布信息时前后矛盾、口径不一，带来不必要的麻烦。因为在救援现场，每一名参与救援的人员都有可能接受采访，成为一线新闻发布者。三是要与新闻媒体及时沟通。公共危机事件是媒体高度关注的新闻素材，危机现场往往有各个媒体的记者在分散采访，发回的报道难免片面甚至错误，给救援工作的开展带来不必要的麻烦，应主动及时与媒体沟通，如主动向媒体了解媒体需要哪方面的素材，再如将分散采访的媒体集中起来参加新闻发布会，有助于让媒体的报道更加准确、全面，避免由于信息混乱给救援工作造成阻力。

其次要把握好宣传内容。一是必须坚持正面宣传为主。公共危机事件往往带来严重损失，造成社会公众的悲观、恐慌情绪。要充分利用一线新闻发布这个平台，尽可能多地对外释放正面信息，积极宣传党和政府对普通民众的关切，宣传救援力量在公共危机中作出的巨大努力，提振士气、安抚民心。二是全面情况介绍与细节介绍相结合。公共危机事件发生后，舆论对救援行动的开展必然高度关注，从总体情况到具体细节，都会成为舆论关注的焦点。一线救援现场的新闻发布应该利用好舆论对信息的需求，点面结合，多角度、立体化地介绍救援行动，以便更形象地宣传救援行动的开展，努力扩大救援行动的影响。

最后要注重宣传技巧。一是紧跟救援工作进程设置不同“议题”，使发布的信息符合公众的关注。例如，解放军在玉树抗震救灾一线，根据救人、救灾、救命三个阶段性战役，先后组织了以“救人为要，全力搜救”、“全面排查，医疗救治”、“情系灾区，关爱民生”为主题的三次新闻发布会，分别介绍了部队抗震救灾总体部署、部队开展医疗救助和部队帮助灾民尽快恢复生产生活等情况，时机恰当、主题集中，及时回应了国内外舆论的关注，取得了很好的效果。二是注重具体细节的宣传。一线新闻发布，除了介绍整个救援行动的总体情况外，还应该主动向新闻媒体提供有价值的先进个人、单位事迹。新闻报道的细节往往感人至深，通过媒体对救援先进典型的报道，可以让公众对危机救援有更直观、更鲜活的感受，产生对救援行动更强烈的关注，进一步树立救援队伍的良好形象。

（三）建设高素质的宣传保障队伍

首先，需要在整个救援力量中澄清两个误区。一是宣传保障是宣传部门的事，与己无关。在应急救援一线，记者的采访具有很大的随机性和不确定性，这就意味着救援力量中的每一个人都有可能成为被采访者，进而成为整个救援力量和救援工作的形象和代表，因此，需要每一个救援人员都做好接受采访、进行宣传保障工作的心理准备。二是担心面对媒体难以说清或说错，干脆不说。这就需要在平时的思想工作和训练学习中，让每一个救援人员都具备最基本的应对媒体的能力和技巧。

其次，建设高素质的宣传保障队伍，要从以下几个方面来努力。一是在人员选拔方面下功夫。在整个救援力量内部，通过考试、组织推荐等方式，选拔文化水平高、知识结构新、懂宣传、会宣传的人员进入宣传保障队伍。二是在人员培训上下功夫。宣传部门平时可以通过会议代培、集中培训等方式，加强宣传保障队伍的业务培训，提高宣传保障人员思想政治素质和专业能力水平。还应该特别注意根据公共危机事件的特点，设置有针对性的课程，提高宣传干部、救援人员在公共危机爆发后，开展宣传保障工作的能力。三是在奖惩制度改革上下功夫。加大奖惩力度，充分调动宣传保障人员和普通救援人员开展宣传保障工作的积极性。

## 第三节　公共危机应急救援力量保障体系建设的对策建议

### 一、加强人力资源保障，提高应急救援专业素质

加大专业培训机构的建设力度，建立应急救援专项培训制度和专门人才职业培养机制。积极发展多种形式的消防队伍，建立和增编合同制消防员。

建立应急救援专家人才库，为应急救援工作提供专业咨询，定期组织培训，进行形势分析。

### 二、健全物资器材装备保障，完善应急资源基础设施建设

建立物资快速补充机制，根据各地实际需要，有针对性地补充和配备器材装备。规范物资管理，建立应急物资采购、储存、调配、使用、管理等规章制度，确保物资保障协调有序。整合社会资源，将应急物资制造企业和应急物资储备单位纳入保障体系，建成社会应急联勤联动保障体系。

目前，我国中央救灾物资储备库主要承担特大公共危机物资救援，全国共有天津、沈阳、哈尔滨、合肥、郑州、武汉、长沙、成都、南宁、西安 10 个中央物资储备库，由当地省级民政部门实行代储管理。要以此为基础，高度重视应急物资战略储备库建设，合理分布中央储备库，完善储备库硬件设施，建立信息化、自动化、动态更新的应急物资储备库，提高仓储管理水平。同时，要大力加强应急物资储备库信息化建设，负责各种救援物资的信息储备、管理和调用，承担救援物资的储备与组织、能力控制、资源控制、需求控制、载运控制、物流动员等多项任务，实现各个应急物资储备库信息的互联互通，进一步提高应急物资管理的科学性。

### 三、重视科技保障，提高信息和通信保障能力

加强特殊紧急条件下的关键应急通信技术研发，为应急救援提供可靠通信保障。要充分利用卫星通信、数字集群通信等现代通信技术，如利用具有通信、广播、导航、定位、气象监测、对地观测等功能的卫星系统，与地面的电话网、计算机网、无线宽带接入网、应急专用网等实现连通，构建天地一体的应急联动通信系统。

## 第四节　县级综合性（消防）应急救援队装备配备标准

### 县级综合性（消防）应急救援队装备配备标准<br>（试行）

为进一步加强以公安消防队伍为依托的县级综合性应急救援队伍建设，深入贯彻《国务院办公厅关于加强基层应急队伍建设的意见》（国办发〔2009〕59 号）要求，依据《城市消防站建设标准（修订)》，制定本配备

标准。

县级综合性（消防）应急救援队装备的配备，除满足本地火灾扑救任务外，还应适应以抢救人员生命为主的危险化学品泄漏、道路交通事故、地震及其次生灾害、建筑坍塌、重大安全生产事故、空难、爆炸及恐怖事件和群众遇险事件等综合性应急救援任务的需要。

县级综合性（消防）应急救援队装备的配备，除满足城市消防站装备基本配备标准的同时，还要结合本地区灾害事故类型及实际需要，优先配备多发灾害事故抢险救援器材工具，并根据财力情况，逐步增配必备的抢险救援车辆装备。

主要包括县级综合性（消防）应急救援队基本配备车辆标准、县级综合性（消防）应急救援队主要救援车辆的技术性能标准、县级综合性（消防）应急救援队防护装备配备要求、县级综合性（消防）应急救援队基本救援装备配备要求、危险化学品事故频发地区需增配的救援装备要求、交通事故或建筑倒塌事故频发地区需增配的救援装备要求、水上事故或洪涝灾害频发地区需增配的救援装备要求等（具体装备配备标准从略）。

县级综合性（消防）应急救援队基本灭火器材配备，应参照《城市消防站建设标准（修订)》的规定。缺水地区可根据本地实际需要，选配远距离供水车泵（组）。

危险化学品事故多发的地区，在消防站配备基本救援装备的基础上，还应增加配备特殊救援装备，有条件的地区还可增配化学事故抢险救援车或防化洗消消防车等专业救援车辆。

建筑物倒塌、交通事故频发或地震多发的地区，应增配地震救援车、通信照明车、泥沙瓦砾强力抽吸车等专业救援车辆。

其他灾害事故和群众遇险求助事件，其救援装备配备可根据应急救援任务需要，参照其他相关标准配备。

根据应急救援任务需要，县级综合性（消防）应急救援队可视情配备不少于5只搜救工作犬，并建设相应设施，配备相关器材。

县级综合性（消防）应急救援队通信装备的配备，应参照《消防通信指挥系统设计规范》的规定，配备综合性应急救援必需的通信器材工具。

公安部消防局　二〇一〇年五月十一日

# 主要参考文献

## 一、法律法规、行政法规规章、政策文件

[1] 中华人民共和国突发事件应对法 [Z]. 2007.
[2] 中华人民共和国消防法 [Z]. 2008.
[3] 中华人民共和国防震减灾法 [Z]. 2009.
[4] 中华人民共和国人民武装警察法 [Z]. 2009.
[5] 国家突发公共事件总体应急预案 [Z]. 2006.
[6] 军队参加抢险救灾条例 [Z]. 2005.
[7] 突发公共卫生事件应急条例 [Z]. 2003.
[8] 自然灾害救助条例 [Z]. 2010.
[9] 国家自然灾害救助应急预案 [Z]. 2006.
[10] 国家突发地质灾害应急预案 [Z]. 2006.
[11] 国家防汛抗旱应急预案 [Z]. 2006.
[12] 国家地震应急预案 [Z]. 2006.
[13] 中国人民武装警察部队处置突发事件规定 [Z]. 2003.
[14] 国发 [2006] 24 号：国务院关于全面加强应急管理工作的意见 [Z].
[15] 国办发 [2009] 59 号：国务院办公厅关于加强基层应急队伍建设的意见 [Z].
[16] 国发 [2006] 15 号：国务院关于进一步加强消防工作的意见 [Z].
[17] 公消 [2010] 160 号：公安部关于加强公安消防应急救援工作的意见 [Z].
[18] 公安部关于加强县级综合性应急救援队伍建设工作的指导意见 [Z]. 2009.
[19] 孟建柱代表国务院向十一届全国人大常委会第二十一次会议作关于消防工作的报告——着力提升全社会火灾防控能力 [Z]. 2011.

[20] 刘金国在全国公安消防部队应急救援工作会议上强调三年建成综合性应急救援力量体系 [Z]. 2011.

[21] 全国公安消防部队应急救援工作现场会经验交流材料（湖南长沙）[Z]. 2009.

[22] 全国公安消防部队应急救援工作现场会经验交流材料（辽宁大连）[Z]. 2010.

[23] 全国公安消防部队应急救援工作现场会经验交流材料（湖北咸宁）[Z]. 2011.

[24] 全国应急救援工作东部现场会材料 [Z]. 2010.

[25] 全国基层应急救援经验交流湖北现场会材料 [Z]. 2011.

[26] 关于组建北京市综合应急救援队伍的工作方案 [Z]. 2010.

[27] 上海市典型灾害事故应急救援预案 [Z]. 2010.

[28] 天津市应急救援队伍建设暂行规定 [Z]. 2010.

[29] 津政办发 [2010] 100 号：关于成立天津市综合应急救援总队的通知 [Z].

[30] 天津市东丽区应急救援通讯指挥管理规定 [Z]. 2010.

[31] 天津市东丽区应急救援支队专家组工作章程 [Z]. 2010.

[32] 天津市东丽区应急救援联动方案 [Z]. 2010.

[33] 天津市东丽区综合应急救援队伍联席会议制度 [Z]. 2010.

[34] 适应新任务新要求，着力推进东丽区应急救援队伍建设发展——天津市东丽区综合应急救援支队建设经验材料 [Z]. 2010.

[35] 渝府发 [2010] 41 号：重庆市人民政府关于加强全市应急队伍建设的意见 [Z].

[36] 重庆市人民政府办公厅关于做好综合应急救援队伍组建工作的通知 [Z]. 2010.

[37] 重庆市综合应急救援队伍建设情况介绍 [Z]. 2010.

[38] 湖北省基层应急救援试点建设经验交流材料 [Z]. 2011.

[39] 湖北省应急救援工作推进会经验交流材料 [Z]. 2010.

[40] 以襄阳谷城为代表的应急救援“一局统领，分勤联动”模式介绍 [Z]. 2011.

[41] 创新混编执勤模式，扎实推进应急救援建设新发展——郧西县应急救援模式介绍 [Z]. 2011.

[42] 江苏省基层应急队伍建设管理指导意见（试行）[Z]. 2010.

[43] 江苏省消防总队. 抢抓机遇　统筹规划　构建全覆盖、专业化综

合应急救援力量体系［Z］. 2010.

［44］江苏省全省基层应急队伍建设推进会材料［Z］. 2010.

［45］山东省应急救援总队 2010 年度工作情况报告［Z］. 2010.

［46］济南市应急救援工作情况汇报［Z］. 2010.

［47］青岛市应急救援队伍建设管理办法（试行）［Z］. 2009.

［48］聊城及周边区域灭火救援协作章程［Z］. 2008.

［49］聊城及周边区域灭火救援协作协议［Z］. 2008.

［50］湘政办函［2009］154 号：湖南省人民政府办公厅关于组建综合应急救援队伍的通知［Z］.

［51］湖南省政府办公厅关于成立湖南省突发事件应急委员会的通知［Z］. 2009.

［52］湖南省突发事件应急救援工作预案［Z］. 2009.

［53］湖南应急救援队伍建设基础资料［Z］. 2009.

［54］湖南省消防部队应急救援工作情况汇报［Z］. 2009.

［55］湘公消［2009］146 号：关于湖南省应急救援总队成立暨国庆安保应急救援综合演习情况的报告［Z］.

［56］湖南省消防部队战勤保障体系建设三年规划［Z］. 2009.

［57］湖南省消防部队战勤保障建设标准［Z］. 2009.

［58］全国综合应急救援队伍建设现场会现场演习方案［Z］. 2009.

［59］湘潭市应急救援工作管理规定［Z］. 2009.

［60］湘潭市应急救援工作基本情况［Z］. 2011.

［61］岳阳市应急救援工作基本情况［Z］. 2011.

［62］内政办发［2010］74 号：内蒙古自治区人民政府办公厅关于成立自治区综合应急救援总队的通知［Z］.

［63］内公消字［2010］130 号：关于加强全区公安消防部队应急救援工作的指导意见［Z］.

［64］内蒙古自治区公安消防总队总队长汪浩. 关于依托公安消防部队加强我区应急救援工作有关情况的说明［Z］. 2010.

［65］内蒙古自治区综合应急救援管理办法［Z］. 2010.

［66］内蒙古全区旗县综合应急救援队伍建设试点现场会材料［Z］. 2010.

## 二、调研资料

［67］魏捍东.《公共危机应急救援力量体系研究》调研总结［R］. 北

京：公安部消防局战训处，2010. 11. 17.

[68] 张东江.《公共危机应急救援力量体系研究》调研总结 [R]. 北京：军事科学院，2010. 11. 24.

[69] 国家安全生产应急救援指挥中心.《公共危机应急救援力量体系研究》调研总结 [R]. 北京：国家安全生产应急救援指挥中心，2010. 12. 22.

[70] 郭其云，赵桂民，夏一雪. 2011 年 1 月 18 日至 1 月 25 日赴江苏、山东调研总结 [R]. 2010. 01.

[71] 郭其云，葛晓霞，夏一雪. 2011 年 8 月 12 日至 8 月 21 日赴湖南、湖北调研总结 [R]. 2011. 08.

[72] 国家安全生产应急救援指挥中心. 安全生产应急救援体系建设有关材料 [R]. 2011.

[73] 上海市公共危机应急救援调研相关情况 [R]. 2010.

[74] 重庆市公共危机应急救援调研相关情况 [R]. 2010.

[75] 青岛市公共危机应急救援调研相关情况 [R]. 2010.

## 三、研究报告

[76] 杨隽. 典型社会公共场所突发事件应急处置关键技术研究报告 [R]. 廊坊：中国人民武装警察部队学院，2009. 03.

[77] 公安部消防局后勤处. 公安消防部队大规模跨区域应急救援中后勤保障工作存在的问题及对策 [R]. 北京：公安部七局，2010. 07.

[78] 刘云. 内蒙古基层综合应急救援队伍建设的实践与探索 [R]. 内蒙古：内蒙古公安消防总队司令部战训处，2010.

## 四、研究专著

[79] 闪淳昌. 应急管理：中国特色的运行模式与实践 [M]. 北京：北京师范大学出版社，2011.

[80] 薛澜，张强，钟开斌. 危机管理 [M]. 北京：清华大学出版社，2003.

[81] 薛澜. 危机管理——中国转型期面临的挑战 [M]. 北京：清华大学出版社，2003.

[82] [美] 罗伯特·希斯. 危机管理 [M]. 北京：中信出版社，2004.

[83] [美] 诺曼·R. 奥古斯丁. 危机管理 [M]. 北京：中国人民大学出版社，2001.

[84] [美] 乔治·D. 哈岛. 应急管理概论 [M]. 北京: 知识产权出版社, 2012.

[85] [美] 托马斯·D. 费伦. 应急管理操作实务 [M]. 北京: 知识产权出版社, 2012.

[86] 王宏伟. 应急管理导论 [M]. 北京: 中国人民大学出版社, 2011.

[87] 应松年. 突发公共事件应急处理法律制度研究 [M]. 北京: 国家行政学院出版社, 2004.

[88] 陈福今, 唐铁汉. 中国的公共危机管理 [M]. 北京: 外文出版社, 2008.

[89] 陈安, 陈宁, 倪慧荟. 现代应急管理理论与方法 [M]. 北京: 科学出版社, 2009.

[90] 郭太生. 公共安全危机管理 [M]. 北京: 中国人民公安大学出版社, 2009.

[91] 张成福, 唐钧, 谢一帆. 公共危机管理理论与实务 [M]. 北京: 中国人民大学出版社, 2009.

[92] 丁文喜. 突发事件应对与公共危机管理 [M]. 北京: 光明日报出版社, 2009.

[93] 张欢. 应急管理评估 [M]. 北京: 中国劳动社会保障出版社, 2010.

[94] 周晓丽. 灾害性公共危机治理 [M]. 北京: 社会科学文献出版社, 2008.

[95] 刘星. 服务型政府: 理论反思与制度创新 [M]. 中国政法大学出版社, 2007.

[96] 邓云特. 中国救荒史 [M]. 上海: 上海书店, 1984.

[97] [法] 魏丕信. 18 世纪中国的官僚制度与荒政 [M]. 徐建青译. 南京: 江苏人民出版社, 2002.

[98] 韩大元, 莫于川. 应急法制论 [M]. 北京: 法律出版社, 2005.

[99] 蒋树声. 建立和完善保障公共安全的应急体系 [M]. 北京: 群言出版社, 2007.

[100] 沈荣华. 国外防灾救灾应急管理体制 [M]. 北京: 中国社会出版社, 2008.

[101] 李立国, 陈伟兰. 灾害应急处置与综合减灾 [M]. 北京: 北京大学出版社, 2007.

[102] 黄建发，陆鸣，陈虹等．国际搜索与救援指南和方法［M］．北京：地震出版社，2007.

[103] 赵成根．国外大城市危机管理模式研究［M］．北京：北京大学出版社，2006.

[104] 金磊，周有芒．国外最新安全减灾管理方法与应用［M］．天津：天津大学出版社，2006.

[105] 肖鹏军．公共危机管理导论［M］．北京：中国人民大学出版社，2006.

[106] 余潇枫．非传统安全与公共危机治理［M］．杭州：浙江大学出版社，2007.

[107]［英］鲍法德·劳夫勒．公共管理与治理［M］．孙迎春译．北京：国家行政学院出版社，2005.

[108] 郑克强．政府应急管理与公共服务案例研究［M］．北京：中国社会科学出版社，2009.

[109] 江川．突发事件应急管理案例与启示［M］．北京：人民出版社，2010.

[110] 沈荣华，金海龙．地方政府治理［M］．北京：社会科学文献出版社，2006.

[111]《应对突发事件党政干部读本》编写组．应对突发事件党政干部读本［M］．北京：红旗出版社，2009.

[112]［日］滕五晓，加藤孝明，小出治．日本灾害对策体制［M］．北京：中国建筑工业出版社，2003.

## 五、研究论文

[113] 闪淳昌，周玲．从SARS到大雪灾：中国应急管理体系建设的发展脉络及经验反思［J］．甘肃社会科学，2008（5）.

[114] 李洺，薛澜．应急管理理论与实践的经济学视角［N］．光明日报，2011-3-25.

[115] 范维澄，陈涛．国家应急平台体系建设现状与发展趋势［C］．中国突发事件防范与快速处置优秀成果选编，2009.

[116] 顾林生．国外基层灾害应急管理的机制评价［J］．中国减灾，2007（6）.

[117] 顾林生．我国应急管理工作回顾与展望［J］．中国应急救援，2007（1）.

[118] 纪家琪. 避险之路在何方 [N]. 人民日报, 2010-12-1.

[119] 国务院办公厅赴俄、日应急管理考察团. 俄罗斯、日本应急管理考察报告 [J]. 中国应急管理, 2007 (2).

[120] 清华大学应急平台考察团. 美国应急管理平台及其支撑体系考察报告 [J]. 中国应急管理, 2008 (1).

[121] 张成福. 公共危机管理: 全面整合的模式与中国的战略选择 [J]. 中国行政管理, 2003 (7).

[122] 张成福. 构建全面整合的公共危机管理模式 [J]. 中国减灾, 2005 (4).

[123] 王宏伟, 吴博进. 军地结合: 应急救援队伍建设的新探索 [J]. 中国减灾, 2008 (5).

[124] 王宏伟, 杨傲. 我国应急救援队伍建设的问题与对策 [J]. 中国减灾, 2007 (12).

[125] 王昂生. 中国安全减灾及应急体系 [J]. 中国减灾, 2004 (10).

[126] 魏捍东, 刘建国. 构建我国社会应急救援力量体系的思考 [J]. 武警学院学报, 2008 (2).

[127] 闪淳昌, 周玲, 钟开斌. 对我国应急管理机制建设的总体思考 [J]. 新华文摘, 2011 (10).

[128] 张立荣, 冷向明. 协同治理与我国公共危机管理模式创新——基于协同理论的视角 [J]. 华中师范大学学报 (人文社会科学版), 2008, 47 (2).

[129] 岳喜强. 浅议应急救援警地联席决策指挥机制建设 [N]. 人民公安报 (消防周刊), 2011-6-27.

[130] 华建敏. 我国应急管理工作的几个问题 [N]. 人民日报, 2007-12-27.

[131] 汪浩. 以"六大体系"为载体, 大力推进勤务实战化 [N]. 人民公安报 (消防周刊), 2011-3-21.

[132] 游志斌. 当代国际救灾体系比较研究 [D]. 中共中央党校博士学位论文. 2006.

[133] 陈家强. 在应急救援力量体系建设中充分发挥公安消防部队的突击队作用 [J]. 消防科学与技术, 2005 (10).

[134] 郭铁男. 政府公共危机管理与消防综合应急救援力量建设 [J]. 消防科学与技术, 2007 (1).

[135] 马庆钰. 建立国家职业应急救援队伍的设想 [J]. 中国行政管

理，2009（4）.

[136] 冷俐，何宁．论我国应急救援力量体系之构建［J］．中国应急救援，2008（9）.

[137] 王责任．关于我国应急救援队伍建设的研究［J］．中国应急救援，2011（1）.

[138] 连辉煌．依托消防部队组建省级地震应急救援队［J］．公安研究，2004（3）.

[139] 张晓斌．我国应急救援力量的专业化［D］．上海：复旦大学硕士学位论文，2009.

[140] 中国行政管理学会课题组．建设完整规范的政府应急管理框架［J］．中国行政管理，2004（1）.

[141] 张晓．美国的公共危机管理——访美国公共管理学会主席怀特博士［J］．国际人才交流，2008（3）.

[142] 高小平．中国特色应急管理体系建设的成就和发展［J］．中国行政管理，2008（11）.

[143] 刘晓亮，孔凡河．中国公共危机常态管理的多理论视角解析［J］．东南学术，2010（1）.

[144] 白亭义，冷向明．当代中国公共危机治理制度的演进：评析与前瞻［J］．湖北行政学院学报，2010（4）.

[145] 崔艳红．1947 年广东特大水灾与国民政府应对公共危机策略［J］．广东社会科学，2010（7）.

[146] 张维平，杨述厚．关于突发公共事件紧急救援社会学分析［J］．中国公共安全（学术版），2006（6）.

[147] 孙伯春．以消防救援为基础组建国家综合应急救援队伍的迫切性［J］．消防科学与技术，2010（8）.

## 六、外文文献

[148] National Incident Management System. Washington DC：Department of Homeland Security，March 2004.

[149] Federal Emergency Management Agency，National Incident Management System（NIMS） - National Standard Curriculum Training Development Guidance - FY07，Washington DC：Department of Homeland Security，March 2007.

[150] National Strategy for Homeland Security. Washington DC：White

House, July 2002.

[151] Homeland Security Presidential Directive (HSPD) -5: Management of Domestic Incident. Washington DC: White House, February 2003.

[152] HSPD - 7: Critical Infrastructure Identification, Prioritization, and Protection. Washington DC: White House, February 2003.

[153] HSPD - 8: National Preparedness. Washington DC: White House, February 2003.

[154] National Infrastructure Protection Plan. Washington DC: Department of Homeland Security, 2006.

[155] National Response Framework. Washington DC: Department of Homeland Security, January 2008.

[156] Emergency Responder Field Operating Guide. Washington DC: Department of Homeland Security, Draft, May 2007.

[157] William L. Waugh Jr. , The Political Costs of Failure in the Katrina and Rita Disasters, Annals of the American Academy of Political and Social Science, 2006.

[158] Jessica A. Hubbard, Emergency Management in Higher Education: Current Practices and Conversations, The Public Entity Risk Institute, 2008.

[159] Damon P, Coppopla, Introduction to International Disaster Management, Elsevier Inc. , 2007.

[160] David A. McEntire, Disaster Response and Recovery: Strategies and Tactics for Resilience, John Wiley & Sons Inc. , 2007.

[161] Michael K. Lindell, Carla S. Prater, Ronal W. Perry, Introduction to Emergency Management, John Wiley & Sons Inc. , 2007.

[162] Jason K. Taji L K. Group decision support for hazards planning and emergency management: A Group Analytic Network Process (GANP) approach [J]. Mathematical and Computer Modeling, 2007, 46.

[163] Aedo I, Díaz P, Carroll J M. End - user oriented strategies to facilitate multi - organizational adoption of emergency management information systems [J]. Information Processing & Management, 2010, 46 (1).

[164] FEMA. Preface. Developing and Maintaining State, Territorial, Tribal, and Local Government Emergency Plan. January 2009.

[165] FEMA. Introduction and Overview. Developing and Maintaining State, Territorial, Tribal, and Local Government Emergency Plan. January 2009.

[166] FEMA. The Planning Process. Developing and Maintaining State, Territorial, Tribal, and Local Government Emergency Plan. January 2009.

[167] Josefa Z., Hernández J., Serrano M.. Knowledge – based models for emergency management systems [J]. Expert Systems with Applications, 2001, 20 (2).

[168] Kourniotis S. P., Kiranoudis C. T., Markatos N. C. A systemic approach to effective chemical emergency management [J]. Safety Science, 2001, 38 (1).

# 附录：主要法律法规、政策文件

## 一、《中华人民共和国突发事件应对法》

## 中华人民共和国突发事件应对法

（2007 年 8 月 30 日第十届全国人民代表大会常务委员会第二十九次会议通过）

### 目　录



### 第一章　总　则

**第一条**　为了预防和减少突发事件的发生，控制、减轻和消除突发事件引起的严重社会危害，规范突发事件应对活动，保护人民生命财产安全，维护国家安全、公共安全、环境安全和社会秩序，制定本法。

**第二条**　突发事件的预防与应急准备、监测与预警、应急处置与救援、事后恢复与重建等应对活动，适用本法。

**第三条**　本法所称突发事件，是指突然发生，造成或者可能造成严重社会危害，需要采取应急处置措施予以应对的自然灾害、事故灾难、公共卫生事件和社会安全事件。

按照社会危害程度、影响范围等因素，自然灾害、事故灾难、公共卫生事件分为特别重大、重大、较大和一般四级。法律、行政法规或者国务院另有规定的，从其规定。

突发事件的分级标准由国务院或者国务院确定的部门制定。

**第四条** 国家建立统一领导、综合协调、分类管理、分级负责、属地管理为主的应急管理体制。

**第五条** 突发事件应对工作实行预防为主、预防与应急相结合的原则。国家建立重大突发事件风险评估体系，对可能发生的突发事件进行综合性评估，减少重大突发事件的发生，最大限度地减轻重大突发事件的影响。

**第六条** 国家建立有效的社会动员机制，增强全民的公共安全和防范风险的意识，提高全社会的避险救助能力。

**第七条** 县级人民政府对本行政区域内突发事件的应对工作负责；涉及两个以上行政区域的，由有关行政区域共同的上一级人民政府负责，或者由各有关行政区域的上一级人民政府共同负责。

突发事件发生后，发生地县级人民政府应当立即采取措施控制事态发展，组织开展应急救援和处置工作，并立即向上一级人民政府报告，必要时可以越级上报。

突发事件发生地县级人民政府不能消除或者不能有效控制突发事件引起的严重社会危害的，应当及时向上级人民政府报告。上级人民政府应当及时采取措施，统一领导应急处置工作。

法律、行政法规规定由国务院有关部门对突发事件的应对工作负责的，从其规定；地方人民政府应当积极配合并提供必要的支持。

**第八条** 国务院在总理领导下研究、决定和部署特别重大突发事件的应对工作；根据实际需要，设立国家突发事件应急指挥机构，负责突发事件应对工作；必要时，国务院可以派出工作组指导有关工作。

县级以上地方各级人民政府设立由本级人民政府主要负责人、相关部门负责人、驻当地中国人民解放军和中国人民武装警察部队有关负责人组成的突发事件应急指挥机构，统一领导、协调本级人民政府各有关部门和下级人民政府开展突发事件应对工作；根据实际需要，设立相关类别突发事件应急指挥机构，组织、协调、指挥突发事件应对工作。

上级人民政府主管部门应当在各自职责范围内，指导、协助下级人民政府及其相应部门做好有关突发事件的应对工作。

**第九条** 国务院和县级以上地方各级人民政府是突发事件应对工作的行政领导机关，其办事机构及具体职责由国务院规定。

**第十条**　有关人民政府及其部门作出的应对突发事件的决定、命令，应当及时公布。

**第十一条**　有关人民政府及其部门采取的应对突发事件的措施，应当与突发事件可能造成的社会危害的性质、程度和范围相适应；有多种措施可供选择的，应当选择有利于最大程度地保护公民、法人和其他组织权益的措施。

公民、法人和其他组织有义务参与突发事件应对工作。

**第十二条**　有关人民政府及其部门为应对突发事件，可以征用单位和个人的财产。被征用的财产在使用完毕或者突发事件应急处置工作结束后，应当及时返还。财产被征用或者征用后毁损、灭失的，应当给予补偿。

**第十三条**　因采取突发事件应对措施，诉讼、行政复议、仲裁活动不能正常进行的，适用有关时效中止和程序中止的规定，但法律另有规定的除外。

**第十四条**　中国人民解放军、中国人民武装警察部队和民兵组织依照本法和其他有关法律、行政法规、军事法规的规定以及国务院、中央军事委员会的命令，参加突发事件的应急救援和处置工作。

**第十五条**　中华人民共和国政府在突发事件的预防、监测与预警、应急处置与救援、事后恢复与重建等方面，同外国政府和有关国际组织开展合作与交流。

**第十六条**　县级以上人民政府作出应对突发事件的决定、命令，应当报本级人民代表大会常务委员会备案；突发事件应急处置工作结束后，应当向本级人民代表大会常务委员会作出专项工作报告。

## 第二章　预防与应急准备

**第十七条**　国家建立健全突发事件应急预案体系。

国务院制定国家突发事件总体应急预案，组织制定国家突发事件专项应急预案；国务院有关部门根据各自的职责和国务院相关应急预案，制定国家突发事件部门应急预案。

地方各级人民政府和县级以上地方各级人民政府有关部门根据有关法律、法规、规章、上级人民政府及其有关部门的应急预案以及本地区的实际情况，制定相应的突发事件应急预案。

应急预案制定机关应当根据实际需要和情势变化，适时修订应急预案。应急预案的制定、修订程序由国务院规定。

**第十八条**　应急预案应当根据本法和其他有关法律、法规的规定，针对突发事件的性质、特点和可能造成的社会危害，具体规定突发事件应急管理工作的组织指挥体系与职责和突发事件的预防与预警机制、处置程序、应急保障措施以及事后恢复与重建措施等内容。

**第十九条** 城乡规划应当符合预防、处置突发事件的需要，统筹安排应对突发事件所必需的设备和基础设施建设，合理确定应急避难场所。

**第二十条** 县级人民政府应当对本行政区域内容易引发自然灾害、事故灾难和公共卫生事件的危险源、危险区域进行调查、登记、风险评估，定期进行检查、监控，并责令有关单位采取安全防范措施。

省级和设区的市级人民政府应当对本行政区域内容易引发特别重大、重大突发事件的危险源、危险区域进行调查、登记、风险评估，组织进行检查、监控，并责令有关单位采取安全防范措施。

县级以上地方各级人民政府按照本法规定登记的危险源、危险区域，应当按照国家规定及时向社会公布。

**第二十一条** 县级人民政府及其有关部门、乡级人民政府、街道办事处、居民委员会、村民委员会应当及时调解处理可能引发社会安全事件的矛盾纠纷。

**第二十二条** 所有单位应当建立健全安全管理制度，定期检查本单位各项安全防范措施的落实情况，及时消除事故隐患；掌握并及时处理本单位存在的可能引发社会安全事件的问题，防止矛盾激化和事态扩大；对本单位可能发生的突发事件和采取安全防范措施的情况，应当按照规定及时向所在地人民政府或者人民政府有关部门报告。

**第二十三条** 矿山、建筑施工单位和易燃易爆物品、危险化学品、放射性物品等危险物品的生产、经营、储运、使用单位，应当制定具体应急预案，并对生产经营场所、有危险物品的建筑物、构筑物及周边环境开展隐患排查，及时采取措施消除隐患，防止发生突发事件。

**第二十四条** 公共交通工具、公共场所和其他人员密集场所的经营单位或者管理单位应当制定具体应急预案，为交通工具和有关场所配备报警装置和必要的应急救援设备、设施，注明其使用方法，并显著标明安全撤离的通道、路线，保证安全通道、出口的畅通。

有关单位应当定期检测、维护其报警装置和应急救援设备、设施，使其处于良好状态，确保正常使用。

**第二十五条** 县级以上人民政府应当建立健全突发事件应急管理培训制度，对人民政府及其有关部门负有处置突发事件职责的工作人员定期进行培训。

**第二十六条** 县级以上人民政府应当整合应急资源，建立或者确定综合性应急救援队伍。人民政府有关部门可以根据实际需要设立专业应急救援队伍。

县级以上人民政府及其有关部门可以建立由成年志愿者组成的应急救援队伍。单位应当建立由本单位职工组成的专职或者兼职应急救援队伍。

县级以上人民政府应当加强专业应急救援队伍与非专业应急救援队伍的合作，联合培训、联合演练，提高合成应急、协同应急的能力。

**第二十七条** 国务院有关部门、县级以上地方各级人民政府及其有关部门、有关单位应当为专业应急救援人员购买人身意外伤害保险，配备必要的防护装备和器材，减少应急救援人员的人身风险。

**第二十八条** 中国人民解放军、中国人民武装警察部队和民兵组织应当有计划地组织开展应急救援的专门训练。

**第二十九条** 县级人民政府及其有关部门、乡级人民政府、街道办事处应当组织开展应急知识的宣传普及活动和必要的应急演练。

居民委员会、村民委员会、企业事业单位应当根据所在地人民政府的要求，结合各自的实际情况，开展有关突发事件应急知识的宣传普及活动和必要的应急演练。

新闻媒体应当无偿开展突发事件预防与应急、自救与互救知识的公益宣传。

**第三十条** 各级各类学校应当把应急知识教育纳入教学内容，对学生进行应急知识教育，培养学生的安全意识和自救与互救能力。

教育主管部门应当对学校开展应急知识教育进行指导和监督。

**第三十一条** 国务院和县级以上地方各级人民政府应当采取财政措施，保障突发事件应对工作所需经费。

**第三十二条** 国家建立健全应急物资储备保障制度，完善重要应急物资的监管、生产、储备、调拨和紧急配送体系。

设区的市级以上人民政府和突发事件易发、多发地区的县级人民政府应当建立应急救援物资、生活必需品和应急处置装备的储备制度。

县级以上地方各级人民政府应当根据本地区的实际情况，与有关企业签订协议，保障应急救援物资、生活必需品和应急处置装备的生产、供给。

**第三十三条** 国家建立健全应急通信保障体系，完善公用通信网，建立有线与无线相结合、基础电信网络与机动通信系统相配套的应急通信系统，确保突发事件应对工作的通信畅通。

**第三十四条** 国家鼓励公民、法人和其他组织为人民政府应对突发事件工作提供物资、资金、技术支持和捐赠。

**第三十五条** 国家发展保险事业，建立国家财政支持的巨灾风险保险体系，并鼓励单位和公民参加保险。

**第三十六条** 国家鼓励、扶持具备相应条件的教学科研机构培养应急管理专门人才，鼓励、扶持教学科研机构和有关企业研究开发用于突发事件预防、监测、预警、应急处置与救援的新技术、新设备和新工具。

## 第三章 监测与预警

**第三十七条** 国务院建立全国统一的突发事件信息系统。

县级以上地方各级人民政府应当建立或者确定本地区统一的突发事件信息系统，汇集、储存、分析、传输有关突发事件的信息，并与上级人民政府及其有关部门、下级人民政府及其有关部门、专业机构和监测网点的突发事件信息系统实现互联互通，加强跨部门、跨地区的信息交流与情报合作。

**第三十八条** 县级以上人民政府及其有关部门、专业机构应当通过多种途径收集突发事件信息。

县级人民政府应当在居民委员会、村民委员会和有关单位建立专职或者兼职信息报告员制度。

获悉突发事件信息的公民、法人或者其他组织，应当立即向所在地人民政府、有关主管部门或者指定的专业机构报告。

**第三十九条** 地方各级人民政府应当按照国家有关规定向上级人民政府报送突发事件信息。县级以上人民政府有关主管部门应当向本级人民政府相关部门通报突发事件信息。专业机构、监测网点和信息报告员应当及时向所在地人民政府及其有关主管部门报告突发事件信息。

有关单位和人员报送、报告突发事件信息，应当做到及时、客观、真实，不得迟报、谎报、瞒报、漏报。

**第四十条** 县级以上地方各级人民政府应当及时汇总分析突发事件隐患和预警信息，必要时组织相关部门、专业技术人员、专家学者进行会商，对发生突发事件的可能性及其可能造成的影响进行评估；认为可能发生重大或者特别重大突发事件的，应当立即向上级人民政府报告，并向上级人民政府有关部门、当地驻军和可能受到危害的毗邻或者相关地区的人民政府通报。

**第四十一条** 国家建立健全突发事件监测制度。

县级以上人民政府及其有关部门应当根据自然灾害、事故灾难和公共卫生事件的种类和特点，建立健全基础信息数据库，完善监测网络，划分监测区域，确定监测点，明确监测项目，提供必要的设备、设施，配备专职或者兼职人员，对可能发生的突发事件进行监测。

**第四十二条** 国家建立健全突发事件预警制度。

可以预警的自然灾害、事故灾难和公共卫生事件的预警级别，按照突发事件发生的紧急程度、发展势态和可能造成的危害程度分为一级、二级、三级和四级，分别用红色、橙色、黄色和蓝色标示，一级为最高级别。

预警级别的划分标准由国务院或者国务院确定的部门制定。

**第四十三条** 可以预警的自然灾害、事故灾难或者公共卫生事件即将发生或者发生的可能性增大时，县级以上地方各级人民政府应当根据有关法律、行政法规和国务院规定的权限和程序，发布相应级别的警报，决定并宣布有关地区进入预警期，同时向上一级人民政府报告，必要时可以越级上报，并向当地驻军和可能受到危害的毗邻或者相关地区的人民政府通报。

**第四十四条** 发布三级、四级警报，宣布进入预警期后，县级以上地方各级人民政府应当根据即将发生的突发事件的特点和可能造成的危害，采取下列措施：

（一）启动应急预案；

（二）责令有关部门、专业机构、监测网点和负有特定职责的人员及时收集、报告有关信息，向社会公布反映突发事件信息的渠道，加强对突发事件发生、发展情况的监测、预报和预警工作；

（三）组织有关部门和机构、专业技术人员、有关专家学者，随时对突发事件信息进行分析评估，预测发生突发事件可能性的大小、影响范围和强度以及可能发生的突发事件的级别；

（四）定时向社会发布与公众有关的突发事件预测信息和分析评估结果，并对相关信息的报道工作进行管理；

（五）及时按照有关规定向社会发布可能受到突发事件危害的警告，宣传避免、减轻危害的常识，公布咨询电话。

**第四十五条** 发布一级、二级警报，宣布进入预警期后，县级以上地方各级人民政府除采取本法第四十四条规定的措施外，还应当针对即将发生的突发事件的特点和可能造成的危害，采取下列一项或者多项措施：

（一）责令应急救援队伍、负有特定职责的人员进入待命状态，并动员后备人员做好参加应急救援和处置工作的准备；

（二）调集应急救援所需物资、设备、工具，准备应急设施和避难场所，并确保其处于良好状态、随时可以投入正常使用；

（三）加强对重点单位、重要部位和重要基础设施的安全保卫，维护社会治安秩序；

（四）采取必要措施，确保交通、通信、供水、排水、供电、供气、供热等公共设施的安全和正常运行；

（五）及时向社会发布有关采取特定措施避免或者减轻危害的建议、劝告；

（六）转移、疏散或者撤离易受突发事件危害的人员并予以妥善安置，转移重要财产；

（七）关闭或者限制使用易受突发事件危害的场所，控制或者限制容易导致危害扩大的公共场所的活动；

（八）法律、法规、规章规定的其他必要的防范性、保护性措施。

**第四十六条**　对即将发生或者已经发生的社会安全事件，县级以上地方各级人民政府及其有关主管部门应当按照规定向上一级人民政府及其有关主管部门报告，必要时可以越级上报。

**第四十七条**　发布突发事件警报的人民政府应当根据事态的发展，按照有关规定适时调整预警级别并重新发布。

有事实证明不可能发生突发事件或者危险已经解除的，发布警报的人民政府应当立即宣布解除警报，终止预警期，并解除已经采取的有关措施。

## 第四章　应急处置与救援

**第四十八条**　突发事件发生后，履行统一领导职责或者组织处置突发事件的人民政府应当针对其性质、特点和危害程度，立即组织有关部门，调动应急救援队伍和社会力量，依照本章的规定和有关法律、法规、规章的规定采取应急处置措施。

**第四十九条**　自然灾害、事故灾难或者公共卫生事件发生后，履行统一领导职责的人民政府可以采取下列一项或者多项应急处置措施：

（一）组织营救和救治受害人员，疏散、撤离并妥善安置受到威胁的人员以及采取其他救助措施；

（二）迅速控制危险源，标明危险区域，封锁危险场所，划定警戒区，实行交通管制以及其他控制措施；

（三）立即抢修被损坏的交通、通信、供水、排水、供电、供气、供热等公共设施，向受到危害的人员提供避难场所和生活必需品，实施医疗救护和卫生防疫以及其他保障措施；

（四）禁止或者限制使用有关设备、设施，关闭或者限制使用有关场所，中止人员密集的活动或者可能导致危害扩大的生产经营活动以及采取其他保护措施；

（五）启用本级人民政府设置的财政预备费和储备的应急救援物资，必要时调用其他急需物资、设备、设施、工具；

（六）组织公民参加应急救援和处置工作，要求具有特定专长的人员提供服务；

（七）保障食品、饮用水、燃料等基本生活必需品的供应；

（八）依法从严惩处囤积居奇、哄抬物价、制假售假等扰乱市场秩序的行为，稳定市场价格，维护市场秩序；

（九）依法从严惩处哄抢财物、干扰破坏应急处置工作等扰乱社会秩序的行为，维护社会治安；

（十）采取防止发生次生、衍生事件的必要措施。

**第五十条** 社会安全事件发生后，组织处置工作的人民政府应当立即组织有关部门并由公安机关针对事件的性质和特点，依照有关法律、行政法规和国家其他有关规定，采取下列一项或者多项应急处置措施：

（一）强制隔离使用器械相互对抗或者以暴力行为参与冲突的当事人，妥善解决现场纠纷和争端，控制事态发展；

（二）对特定区域内的建筑物、交通工具、设备、设施以及燃料、燃气、电力、水的供应进行控制；

（三）封锁有关场所、道路，查验现场人员的身份证件，限制有关公共场所内的活动；

（四）加强对易受冲击的核心机关和单位的警卫，在国家机关、军事机关、国家通讯社、广播电台、电视台、外国驻华使领馆等单位附近设置临时警戒线；

（五）法律、行政法规和国务院规定的其他必要措施。

严重危害社会治安秩序的事件发生时，公安机关应当立即依法出动警力，根据现场情况依法采取相应的强制性措施，尽快使社会秩序恢复正常。

**第五十一条** 发生突发事件，严重影响国民经济正常运行时，国务院或者国务院授权的有关主管部门可以采取保障、控制等必要的应急措施，保障人民群众的基本生活需要，最大限度地减轻突发事件的影响。

**第五十二条** 履行统一领导职责或者组织处置突发事件的人民政府，必要时可以向单位和个人征用应急救援所需设备、设施、场地、交通工具和其他物资，请求其他地方人民政府提供人力、物力、财力或者技术支援，要求生产、供应生活必需品和应急救援物资的企业组织生产、保证供给，要求提供医疗、交通等公共服务的组织提供相应的服务。

履行统一领导职责或者组织处置突发事件的人民政府，应当组织协调运输经营单位，优先运送处置突发事件所需物资、设备、工具、应急救援人员和受到突发事件危害的人员。

**第五十三条** 履行统一领导职责或者组织处置突发事件的人民政府，应当按照有关规定统一、准确、及时发布有关突发事件事态发展和应急处置工作的信息。

**第五十四条** 任何单位和个人不得编造、传播有关突发事件事态发展或者应急处置工作的虚假信息。

**第五十五条** 突发事件发生地的居民委员会、村民委员会和其他组织应当按照当地人民政府的决定、命令，进行宣传动员，组织群众开展自救和互救，协助维护社会秩序。

**第五十六条** 受到自然灾害危害或者发生事故灾难、公共卫生事件的单位，应当立即组织本单位应急救援队伍和工作人员营救受害人员，疏散、撤离、安置受到威胁的人员，控制危险源，标明危险区域，封锁危险场所，并采取其他防止危害扩大的必要措施，同时向所在地县级人民政府报告；对因本单位的问题引发的或者主体是本单位人员的社会安全事件，有关单位应当按照规定上报情况，并迅速派出负责人赶赴现场开展劝解、疏导工作。

突发事件发生地的其他单位应当服从人民政府发布的决定、命令，配合人民政府采取的应急处置措施，做好本单位的应急救援工作，并积极组织人员参加所在地的应急救援和处置工作。

**第五十七条** 突发事件发生地的公民应当服从人民政府、居民委员会、村民委员会或者所属单位的指挥和安排，配合人民政府采取的应急处置措施，积极参加应急救援工作，协助维护社会秩序。

## 第五章 事后恢复与重建

**第五十八条** 突发事件的威胁和危害得到控制或者消除后，履行统一领导职责或者组织处置突发事件的人民政府应当停止执行依照本法规定采取的应急处置措施，同时采取或者继续实施必要措施，防止发生自然灾害、事故灾难、公共卫生事件的次生、衍生事件或者重新引发社会安全事件。

**第五十九条** 突发事件应急处置工作结束后，履行统一领导职责的人民政府应当立即组织对突发事件造成的损失进行评估，组织受影响地区尽快恢复生产、生活、工作和社会秩序，制定恢复重建计划，并向上一级人民政府报告。

受突发事件影响地区的人民政府应当及时组织和协调公安、交通、铁路、民航、邮电、建设等有关部门恢复社会治安秩序，尽快修复被损坏的交通、通信、供水、排水、供电、供气、供热等公共设施。

**第六十条** 受突发事件影响地区的人民政府开展恢复重建工作需要上一级人民政府支持的，可以向上一级人民政府提出请求。上一级人民政府应当根据受影响地区遭受的损失和实际情况，提供资金、物资支持和技术指导，组织其他地区提供资金、物资和人力支援。

**第六十一条** 国务院根据受突发事件影响地区遭受损失的情况，制定扶持该地区有关行业发展的优惠政策。

受突发事件影响地区的人民政府应当根据本地区遭受损失的情况，制定救助、补偿、抚慰、抚恤、安置等善后工作计划并组织实施，妥善解决因处置突发事件引发的矛盾和纠纷。

公民参加应急救援工作或者协助维护社会秩序期间，其在本单位的工资待遇和福利不变；表现突出、成绩显著的，由县级以上人民政府给予表彰或者奖励。

县级以上人民政府对在应急救援工作中伤亡的人员依法给予抚恤。

**第六十二条** 履行统一领导职责的人民政府应当及时查明突发事件的发生经过和原因，总结突发事件应急处置工作的经验教训，制定改进措施，并向上一级人民政府提出报告。

## 第六章 法律责任

**第六十三条** 地方各级人民政府和县级以上各级人民政府有关部门违反本法规定，不履行法定职责的，由其上级行政机关或者监察机关责令改正；有下列情形之一的，根据情节对直接负责的主管人员和其他直接责任人员依法给予处分：

（一）未按规定采取预防措施，导致发生突发事件，或者未采取必要的防范措施，导致发生次生、衍生事件的；

（二）迟报、谎报、瞒报、漏报有关突发事件的信息，或者通报、报送、公布虚假信息，造成后果的；

（三）未按规定及时发布突发事件警报、采取预警期的措施，导致损害发生的；

（四）未按规定及时采取措施处置突发事件或者处置不当，造成后果的；

（五）不服从上级人民政府对突发事件应急处置工作的统一领导、指挥和协调的；

（六）未及时组织开展生产自救、恢复重建等善后工作的；

（七）截留、挪用、私分或者变相私分应急救援资金、物资的；

（八）不及时归还征用的单位和个人的财产，或者对被征用财产的单位和个人不按规定给予补偿的。

**第六十四条** 有关单位有下列情形之一的，由所在地履行统一领导职责的人民政府责令停产停业，暂扣或者吊销许可证或者营业执照，并处五万元以上二十万元以下的罚款；构成违反治安管理行为的，由公安机关依法给予处罚：

（一）未按规定采取预防措施，导致发生严重突发事件的；

（二）未及时消除已发现的可能引发突发事件的隐患，导致发生严重突发事件的；

（三）未做好应急设备、设施日常维护、检测工作，导致发生严重突发事件或者突发事件危害扩大的；

（四）突发事件发生后，不及时组织开展应急救援工作，造成严重后果的。

前款规定的行为，其他法律、行政法规规定由人民政府有关部门依法决定处罚的，从其规定。

**第六十五条** 违反本法规定，编造并传播有关突发事件事态发展或者应急处置工作的虚假信息，或者明知是有关突发事件事态发展或者应急处置工作的虚假信息而进行传播的，责令改正，给予警告；造成严重后果的，依法暂停其业务活动或者吊销其执业许可证；负有直接责任的人员是国家工作人员的，还应当对其依法给予处分；构成违反治安管理行为的，由公安机关依法给予处罚。

**第六十六条** 单位或者个人违反本法规定，不服从所在地人民政府及其有关部门发布的决定、命令或者不配合其依法采取的措施，构成违反治安管理行为的，由公安机关依法给予处罚。

**第六十七条** 单位或者个人违反本法规定，导致突发事件发生或者危害扩大，给他人人身、财产造成损害的，应当依法承担民事责任。

**第六十八条** 违反本法规定，构成犯罪的，依法追究刑事责任。

## 第七章 附 则

**第六十九条** 发生特别重大突发事件，对人民生命财产安全、国家安全、公共安全、环境安全或者社会秩序构成重大威胁，采取本法和其他有关法律、法规、规章规定的应急处置措施不能消除或者有效控制、减轻其严重社会危害，需要进入紧急状态的，由全国人民代表大会常务委员会或者国务院依照宪法和其他有关法律规定的权限和程序决定。

紧急状态期间采取的非常措施，依照有关法律规定执行或者由全国人民代表大会常务委员会另行规定。

**第七十条** 本法自2007年11月1日起施行。

## 二、《中华人民共和国消防法》

# 中华人民共和国消防法

（1998 年 4 月 29 日第九届全国人民代表大会常务委员会第二次会议通过
2008 年 10 月 28 日第十一届全国人民代表大会常务委员会第五次会议修订）

### 目　　录



### 第一章　总　　则

**第一条**　为了预防火灾和减少火灾危害，加强应急救援工作，保护人身、财产安全，维护公共安全，制定本法。

**第二条**　消防工作贯彻预防为主、防消结合的方针，按照政府统一领导、部门依法监管、单位全面负责、公民积极参与的原则，实行消防安全责任制，建立健全社会化的消防工作网络。

**第三条**　国务院领导全国的消防工作。地方各级人民政府负责本行政区域内的消防工作。

各级人民政府应当将消防工作纳入国民经济和社会发展计划，保障消防工作与经济社会发展相适应。

**第四条**　国务院公安部门对全国的消防工作实施监督管理。县级以上地方人民政府公安机关对本行政区域内的消防工作实施监督管理，并由本级人民政府公安机关消防机构负责实施。军事设施的消防工作，由其主管单位监督管理，公安机关消防机构协助；矿井地下部分、核电厂、海上石油天然气设施的消防工作，由其主管单位监督管理。

县级以上人民政府其他有关部门在各自的职责范围内，依照本法和其他相关法律、法规的规定做好消防工作。

法律、行政法规对森林、草原的消防工作另有规定的，从其规定。

**第五条** 任何单位和个人都有维护消防安全、保护消防设施、预防火灾、报告火警的义务。任何单位和成年人都有参加有组织的灭火工作的义务。

**第六条** 各级人民政府应当组织开展经常性的消防宣传教育，提高公民的消防安全意识。

机关、团体、企业、事业等单位，应当加强对本单位人员的消防宣传教育。

公安机关及其消防机构应当加强消防法律、法规的宣传，并督促、指导、协助有关单位做好消防宣传教育工作。

教育、人力资源行政主管部门和学校、有关职业培训机构应当将消防知识纳入教育、教学、培训的内容。

新闻、广播、电视等有关单位，应当有针对性地面向社会进行消防宣传教育。

工会、共产主义青年团、妇女联合会等团体应当结合各自工作对象的特点，组织开展消防宣传教育。

村民委员会、居民委员会应当协助人民政府以及公安机关等部门，加强消防宣传教育。

**第七条** 国家鼓励、支持消防科学研究和技术创新，推广使用先进的消防和应急救援技术、设备；鼓励、支持社会力量开展消防公益活动。

对在消防工作中有突出贡献的单位和个人，应当按照国家有关规定给予表彰和奖励。

## 第二章 火灾预防

**第八条** 地方各级人民政府应当将包括消防安全布局、消防站、消防供水、消防通信、消防车通道、消防装备等内容的消防规划纳入城乡规划，并负责组织实施。

城乡消防安全布局不符合消防安全要求的，应当调整、完善；公共消防设施、消防装备不足或者不适应实际需要的，应当增建、改建、配置或者进行技术改造。

**第九条** 建设工程的消防设计、施工必须符合国家工程建设消防技术标准。建设、设计、施工、工程监理等单位依法对建设工程的消防设计、施工质量负责。

**第十条** 按照国家工程建设消防技术标准需要进行消防设计的建设工程，除本法第十一条另有规定的外，建设单位应当自依法取得施工许可之日起七个工作日内，将消防设计文件报公安机关消防机构备案，公安机关消防机构应当进行抽查。

**第十一条** 国务院公安部门规定的大型的人员密集场所和其他特殊建设工程，建设单位应当将消防设计文件报送公安机关消防机构审核。公安机关消防机构依法对审核的结果负责。

**第十二条** 依法应当经公安机关消防机构进行消防设计审核的建设工程，未经依法审核或者审核不合格的，负责审批该工程施工许可的部门不得给予施工许可，建设单位、施工单位不得施工；其他建设工程取得施工许可后经依法抽查不合格的，应当停止施工。

**第十三条** 按照国家工程建设消防技术标准需要进行消防设计的建设工程竣工，依照下列规定进行消防验收、备案：

（一）本法第十一条规定的建设工程，建设单位应当向公安机关消防机构申请消防验收；

（二）其他建设工程，建设单位在验收后应当报公安机关消防机构备案，公安机关消防机构应当进行抽查。

依法应当进行消防验收的建设工程，未经消防验收或者消防验收不合格的，禁止投入使用；其他建设工程经依法抽查不合格的，应当停止使用。

**第十四条** 建设工程消防设计审核、消防验收、备案和抽查的具体办法，由国务院公安部门规定。

**第十五条** 公众聚集场所在投入使用、营业前，建设单位或者使用单位应当向场所所在地的县级以上地方人民政府公安机关消防机构申请消防安全检查。

公安机关消防机构应当自受理申请之日起十个工作日内，根据消防技术标准和管理规定，对该场所进行消防安全检查。未经消防安全检查或者经检查不符合消防安全要求的，不得投入使用、营业。

**第十六条** 机关、团体、企业、事业等单位应当履行下列消防安全职责：

（一）落实消防安全责任制，制定本单位的消防安全制度、消防安全操作规程，制定灭火和应急疏散预案；

（二）按照国家标准、行业标准配置消防设施、器材，设置消防安全标志，并定期组织检验、维修，确保完好有效；

（三）对建筑消防设施每年至少进行一次全面检测，确保完好有效，检测记录应当完整准确，存档备查；

（四）保障疏散通道、安全出口、消防车通道畅通，保证防火防烟分区、防火间距符合消防技术标准；

（五）组织防火检查，及时消除火灾隐患；

（六）组织进行有针对性的消防演练；

（七）法律、法规规定的其他消防安全职责。

单位的主要负责人是本单位的消防安全责任人。

**第十七条** 县级以上地方人民政府公安机关消防机构应当将发生火灾可能性较大以及发生火灾可能造成重大的人身伤亡或者财产损失的单位，确定为本行政区域内的消防安全重点单位，并由公安机关报本级人民政府备案。

消防安全重点单位除应当履行本法第十六条规定的职责外，还应当履行下列消防安全职责：

（一）确定消防安全管理人，组织实施本单位的消防安全管理工作；

（二）建立消防档案，确定消防安全重点部位，设置防火标志，实行严格管理；

（三）实行每日防火巡查，并建立巡查记录；

（四）对职工进行岗前消防安全培训，定期组织消防安全培训和消防演练。

**第十八条** 同一建筑物由两个以上单位管理或者使用的，应当明确各方的消防安全责任，并确定责任人对共用的疏散通道、安全出口、建筑消防设施和消防车通道进行统一管理。

住宅区的物业服务企业应当对管理区域内的共用消防设施进行维护管理，提供消防安全防范服务。

**第十九条** 生产、储存、经营易燃易爆危险品的场所不得与居住场所设置在同一建筑物内，并应当与居住场所保持安全距离。

生产、储存、经营其他物品的场所与居住场所设置在同一建筑物内的，应当符合国家工程建设消防技术标准。

**第二十条** 举办大型群众性活动，承办人应当依法向公安机关申请安全许可，制定灭火和应急疏散预案并组织演练，明确消防安全责任分工，确定消防安全管理人员，保持消防设施和消防器材配置齐全、完好有效，保证疏散通道、安全出口、疏散指示标志、应急照明和消防车通道符合消防技术标准和管理规定。

**第二十一条** 禁止在具有火灾、爆炸危险的场所吸烟、使用明火。因施工等特殊情况需要使用明火作业的，应当按照规定事先办理审批手续，采取相应的消防安全措施；作业人员应当遵守消防安全规定。

进行电焊、气焊等具有火灾危险作业的人员和自动消防系统的操作人员，必须持证上岗，并遵守消防安全操作规程。

**第二十二条** 生产、储存、装卸易燃易爆危险品的工厂、仓库和专用车站、码头的设置，应当符合消防技术标准。易燃易爆气体和液体的充装站、供应站、调压站，应当设置在符合消防安全要求的位置，并符合防火防爆要求。

已经设置的生产、储存、装卸易燃易爆危险品的工厂、仓库和专用车站、码头，易燃易爆气体和液体的充装站、供应站、调压站，不再符合前款规定的，地方人民政府应当组织、协调有关部门、单位限期解决，消除安全隐患。

**第二十三条** 生产、储存、运输、销售、使用、销毁易燃易爆危险品，必须执行消防技术标准和管理规定。

进入生产、储存易燃易爆危险品的场所，必须执行消防安全规定。禁止非法携带易燃易爆危险品进入公共场所或者乘坐公共交通工具。

储存可燃物资仓库的管理，必须执行消防技术标准和管理规定。

**第二十四条** 消防产品必须符合国家标准；没有国家标准的，必须符合行业标准。禁止生产、销售或者使用不合格的消防产品以及国家明令淘汰的消防产品。

依法实行强制性产品认证的消防产品，由具有法定资质的认证机构按照国家标准、行业标准的强制性要求认证合格后，方可生产、销售、使用。实行强制性产品认证的消防产品目录，由国务院产品质量监督部门会同国务院公安部门制定并公布。

新研制的尚未制定国家标准、行业标准的消防产品，应当按照国务院产品质量监督部门会同国务院公安部门规定的办法，经技术鉴定符合消防安全要求的，方可生产、销售、使用。

依照本条规定经强制性产品认证合格或者技术鉴定合格的消防产品，国务院公安部门消防机构应当予以公布。

**第二十五条** 产品质量监督部门、工商行政管理部门、公安机关消防机构应当按照各自职责加强对消防产品质量的监督检查。

**第二十六条** 建筑构件、建筑材料和室内装修、装饰材料的防火性能必须符合国家标准；没有国家标准的，必须符合行业标准。

人员密集场所室内装修、装饰，应当按照消防技术标准的要求，使用不燃、难燃材料。

**第二十七条** 电器产品、燃气用具的产品标准，应当符合消防安全的要求。

电器产品、燃气用具的安装、使用及其线路、管路的设计、敷设、维护保养、检测，必须符合消防技术标准和管理规定。

**第二十八条** 任何单位、个人不得损坏、挪用或者擅自拆除、停用消防设施、器材，不得埋压、圈占、遮挡消火栓或者占用防火间距，不得占用、堵塞、封闭疏散通道、安全出口、消防车通道。人员密集场所的门窗不得设置影响逃生和灭火救援的障碍物。

**第二十九条** 负责公共消防设施维护管理的单位，应当保持消防供水、消防通信、消防车通道等公共消防设施的完好有效。在修建道路以及停电、停水、截断通信线路时有可能影响消防队灭火救援的，有关单位必须事先通知当地公安机关消防机构。

**第三十条** 地方各级人民政府应当加强对农村消防工作的领导，采取措施加强公共消防设施建设，组织建立和督促落实消防安全责任制。

**第三十一条** 在农业收获季节、森林和草原防火期间、重大节假日期间以及火灾多发季节，地方各级人民政府应当组织开展有针对性的消防宣传教育，采取防火措施，进行消防安全检查。

**第三十二条** 乡镇人民政府、城市街道办事处应当指导、支持和帮助村民委员会、居民委员会开展群众性的消防工作。村民委员会、居民委员会应当确定消防安全管理人，组织制定防火安全公约，进行防火安全检查。

**第三十三条** 国家鼓励、引导公众聚集场所和生产、储存、运输、销售易燃易爆危险品的企业投保火灾公众责任保险；鼓励保险公司承保火灾公众责任保险。

**第三十四条** 消防产品质量认证、消防设施检测、消防安全监测等消防技术服务机构和执业人员，应当依法获得相应的资质、资格；依照法律、行政法规、国家标准、行业标准和执业准则，接受委托提供消防技术服务，并对服务质量负责。

## 第三章　消防组织

**第三十五条** 各级人民政府应当加强消防组织建设，根据经济社会发展的需要，建立多种形式的消防组织，加强消防技术人才培养，增强火灾预防、扑救和应急救援的能力。

**第三十六条** 县级以上地方人民政府应当按照国家规定建立公安消防

队、专职消防队，并按照国家标准配备消防装备，承担火灾扑救工作。

乡镇人民政府应当根据当地经济发展和消防工作的需要，建立专职消防队、志愿消防队，承担火灾扑救工作。

**第三十七条** 公安消防队、专职消防队按照国家规定承担重大灾害事故和其他以抢救人员生命为主的应急救援工作。

**第三十八条** 公安消防队、专职消防队应当充分发挥火灾扑救和应急救援专业力量的骨干作用；按照国家规定，组织实施专业技能训练，配备并维护保养装备器材，提高火灾扑救和应急救援的能力。

**第三十九条** 下列单位应当建立单位专职消防队，承担本单位的火灾扑救工作：

（一）大型核设施单位、大型发电厂、民用机场、主要港口；

（二）生产、储存易燃易爆危险品的大型企业；

（三）储备可燃的重要物资的大型仓库、基地；

（四）第一项、第二项、第三项规定以外的火灾危险性较大、距离公安消防队较远的其他大型企业；

（五）距离公安消防队较远、被列为全国重点文物保护单位的古建筑群的管理单位。

**第四十条** 专职消防队的建立，应当符合国家有关规定，并报当地公安机关消防机构验收。

专职消防队的队员依法享受社会保险和福利待遇。

**第四十一条** 机关、团体、企业、事业等单位以及村民委员会、居民委员会根据需要，建立志愿消防队等多种形式的消防组织，开展群众性自防自救工作。

**第四十二条** 公安机关消防机构应当对专职消防队、志愿消防队等消防组织进行业务指导；根据扑救火灾的需要，可以调动指挥专职消防队参加火灾扑救工作。

## 第四章 灭火救援

**第四十三条** 县级以上地方人民政府应当组织有关部门针对本行政区域内的火灾特点制定应急预案，建立应急反应和处置机制，为火灾扑救和应急救援工作提供人员、装备等保障。

**第四十四条** 任何人发现火灾都应当立即报警。任何单位、个人都应当无偿为报警提供便利，不得阻拦报警。严禁谎报火警。

人员密集场所发生火灾，该场所的现场工作人员应当立即组织、引导在场人员疏散。

任何单位发生火灾，必须立即组织力量扑救。邻近单位应当给予支援。

消防队接到火警，必须立即赶赴火灾现场，救助遇险人员，排除险情，扑灭火灾。

**第四十五条** 公安机关消防机构统一组织和指挥火灾现场扑救，应当优先保障遇险人员的生命安全。

火灾现场总指挥根据扑救火灾的需要，有权决定下列事项：

（一）使用各种水源；

（二）截断电力、可燃气体和可燃液体的输送，限制用火用电；

（三）划定警戒区，实行局部交通管制；

（四）利用临近建筑物和有关设施；

（五）为了抢救人员和重要物资，防止火势蔓延，拆除或者破损毗邻火灾现场的建筑物、构筑物或者设施等；

（六）调动供水、供电、供气、通信、医疗救护、交通运输、环境保护等有关单位协助灭火救援。

根据扑救火灾的紧急需要，有关地方人民政府应当组织人员、调集所需物资支援灭火。

**第四十六条** 公安消防队、专职消防队参加火灾以外的其他重大灾害事故的应急救援工作，由县级以上人民政府统一领导。

**第四十七条** 消防车、消防艇前往执行火灾扑救或者应急救援任务，在确保安全的前提下，不受行驶速度、行驶路线、行驶方向和指挥信号的限制，其他车辆、船舶以及行人应当让行，不得穿插超越；收费公路、桥梁免收车辆通行费。交通管理指挥人员应当保证消防车、消防艇迅速通行。

赶赴火灾现场或者应急救援现场的消防人员和调集的消防装备、物资，需要铁路、水路或者航空运输的，有关单位应当优先运输。

**第四十八条** 消防车、消防艇以及消防器材、装备和设施，不得用于与消防和应急救援工作无关的事项。

**第四十九条** 公安消防队、专职消防队扑救火灾、应急救援，不得收取任何费用。

单位专职消防队、志愿消防队参加扑救外单位火灾所损耗的燃料、灭火剂和器材、装备等，由火灾发生地的人民政府给予补偿。

**第五十条** 对因参加扑救火灾或者应急救援受伤、致残或者死亡的人员，按照国家有关规定给予医疗、抚恤。

**第五十一条** 公安机关消防机构有权根据需要封闭火灾现场，负责调查火灾原因，统计火灾损失。

火灾扑灭后，发生火灾的单位和相关人员应当按照公安机关消防机构的要求保护现场，接受事故调查，如实提供与火灾有关的情况。

公安机关消防机构根据火灾现场勘验、调查情况和有关的检验、鉴定意见，及时制作火灾事故认定书，作为处理火灾事故的证据。

## 第五章　监督检查

**第五十二条**　地方各级人民政府应当落实消防工作责任制，对本级人民政府有关部门履行消防安全职责的情况进行监督检查。

县级以上地方人民政府有关部门应当根据本系统的特点，有针对性地开展消防安全检查，及时督促整改火灾隐患。

**第五十三条**　公安机关消防机构应当对机关、团体、企业、事业等单位遵守消防法律、法规的情况依法进行监督检查。公安派出所可以负责日常消防监督检查、开展消防宣传教育，具体办法由国务院公安部门规定。

公安机关消防机构、公安派出所的工作人员进行消防监督检查，应当出示证件。

**第五十四条**　公安机关消防机构在消防监督检查中发现火灾隐患的，应当通知有关单位或者个人立即采取措施消除隐患；不及时消除隐患可能严重威胁公共安全的，公安机关消防机构应当依照规定对危险部位或者场所采取临时查封措施。

**第五十五条**　公安机关消防机构在消防监督检查中发现城乡消防安全布局、公共消防设施不符合消防安全要求，或者发现本地区存在影响公共安全的重大火灾隐患的，应当由公安机关书面报告本级人民政府。

接到报告的人民政府应当及时核实情况，组织或者责成有关部门、单位采取措施，予以整改。

**第五十六条**　公安机关消防机构及其工作人员应当按照法定的职权和程序进行消防设计审核、消防验收和消防安全检查，做到公正、严格、文明、高效。

公安机关消防机构及其工作人员进行消防设计审核、消防验收和消防安全检查等，不得收取费用，不得利用消防设计审核、消防验收和消防安全检查谋取利益。公安机关消防机构及其工作人员不得利用职务为用户、建设单位指定或者变相指定消防产品的品牌、销售单位或者消防技术服务机构、消防设施施工单位。

**第五十七条**　公安机关消防机构及其工作人员执行职务，应当自觉接受社会和公民的监督。

任何单位和个人都有权对公安机关消防机构及其工作人员在执法中的违法行为进行检举、控告。收到检举、控告的机关，应当按照职责及时查处。

## 第六章　法律责任

**第五十八条**　违反本法规定，有下列行为之一的，责令停止施工、停止使用或者停产停业，并处三万元以上三十万元以下罚款：

（一）依法应当经公安机关消防机构进行消防设计审核的建设工程，未经依法审核或者审核不合格，擅自施工的；

（二）消防设计经公安机关消防机构依法抽查不合格，不停止施工的；

（三）依法应当进行消防验收的建设工程，未经消防验收或者消防验收不合格，擅自投入使用的；

（四）建设工程投入使用后经公安机关消防机构依法抽查不合格，不停止使用的；

（五）公众聚集场所未经消防安全检查或者经检查不符合消防安全要求，擅自投入使用、营业的。

建设单位未依照本法规定将消防设计文件报公安机关消防机构备案，或者在竣工后未依照本法规定报公安机关消防机构备案的，责令限期改正，处五千元以下罚款。

**第五十九条**　违反本法规定，有下列行为之一的，责令改正或者停止施工，并处一万元以上十万元以下罚款：

（一）建设单位要求建筑设计单位或者建筑施工企业降低消防技术标准设计、施工的；

（二）建筑设计单位不按照消防技术标准强制性要求进行消防设计的；

（三）建筑施工企业不按照消防设计文件和消防技术标准施工，降低消防施工质量的；

（四）工程监理单位与建设单位或者建筑施工企业串通，弄虚作假，降低消防施工质量的。

**第六十条**　单位违反本法规定，有下列行为之一的，责令改正，处五千元以上五万元以下罚款：

（一）消防设施、器材或者消防安全标志的配置、设置不符合国家标准、行业标准，或者未保持完好有效的；

（二）损坏、挪用或者擅自拆除、停用消防设施、器材的；

（三）占用、堵塞、封闭疏散通道、安全出口或者有其他妨碍安全疏散行为的；

（四）埋压、圈占、遮挡消火栓或者占用防火间距的；

（五）占用、堵塞、封闭消防车通道，妨碍消防车通行的；

（六）人员密集场所在门窗上设置影响逃生和灭火救援的障碍物的；

（七）对火灾隐患经公安机关消防机构通知后不及时采取措施消除的。

个人有前款第二项、第三项、第四项、第五项行为之一的，处警告或者五百元以下罚款。

有本条第一款第三项、第四项、第五项、第六项行为，经责令改正拒不改正的，强制执行，所需费用由违法行为人承担。

**第六十一条** 生产、储存、经营易燃易爆危险品的场所与居住场所设置在同一建筑物内，或者未与居住场所保持安全距离的，责令停产停业，并处五千元以上五万元以下罚款。

生产、储存、经营其他物品的场所与居住场所设置在同一建筑物内，不符合消防技术标准的，依照前款规定处罚。

**第六十二条** 有下列行为之一的，依照《中华人民共和国治安管理处罚法》的规定处罚：

（一）违反有关消防技术标准和管理规定生产、储存、运输、销售、使用、销毁易燃易爆危险品的；

（二）非法携带易燃易爆危险品进入公共场所或者乘坐公共交通工具的；

（三）谎报火警的；

（四）阻碍消防车、消防艇执行任务的；

（五）阻碍公安机关消防机构的工作人员依法执行职务的。

**第六十三条** 违反本法规定，有下列行为之一的，处警告或者五百元以下罚款；情节严重的，处五日以下拘留：

（一）违反消防安全规定进入生产、储存易燃易爆危险品场所的；

（二）违反规定使用明火作业或者在具有火灾、爆炸危险的场所吸烟、使用明火的。

**第六十四条** 违反本法规定，有下列行为之一，尚不构成犯罪的，处十日以上十五日以下拘留，可以并处五百元以下罚款；情节较轻的，处警告或者五百元以下罚款：

（一）指使或者强令他人违反消防安全规定，冒险作业的；

（二）过失引起火灾的；

（三）在火灾发生后阻拦报警，或者负有报告职责的人员不及时报警的；

（四）扰乱火灾现场秩序，或者拒不执行火灾现场指挥员指挥，影响灭火救援的；

（五）故意破坏或者伪造火灾现场的；

（六）擅自拆封或者使用被公安机关消防机构查封的场所、部位的。

**第六十五条** 违反本法规定，生产、销售不合格的消防产品或者国家明令淘汰的消防产品的，由产品质量监督部门或者工商行政管理部门依照《中华人民共和国产品质量法》的规定从重处罚。

人员密集场所使用不合格的消防产品或者国家明令淘汰的消防产品的，责令限期改正；逾期不改正的，处五千元以上五万元以下罚款，并对其直接负责的主管人员和其他直接责任人员处五百元以上二千元以下罚款；情节严重的，责令停产停业。

公安机关消防机构对于本条第二款规定的情形，除依法对使用者予以处罚外，应当将发现不合格的消防产品和国家明令淘汰的消防产品的情况通报产品质量监督部门、工商行政管理部门。产品质量监督部门、工商行政管理部门应当对生产者、销售者依法及时查处。

**第六十六条** 电器产品、燃气用具的安装、使用及其线路、管路的设计、敷设、维护保养、检测不符合消防技术标准和管理规定的，责令限期改正；逾期不改正的，责令停止使用，可以并处一千元以上五千元以下罚款。

**第六十七条** 机关、团体、企业、事业等单位违反本法第十六条、第十七条、第十八条、第二十一条第二款规定的，责令限期改正；逾期不改正的，对其直接负责的主管人员和其他直接责任人员依法给予处分或者给予警告处罚。

**第六十八条** 人员密集场所发生火灾，该场所的现场工作人员不履行组织、引导在场人员疏散的义务，情节严重，尚不构成犯罪的，处五日以上十日以下拘留。

**第六十九条** 消防产品质量认证、消防设施检测等消防技术服务机构出具虚假文件的，责令改正，处五万元以上十万元以下罚款，并对直接负责的主管人员和其他直接责任人员处一万元以上五万元以下罚款；有违法所得的，并处没收违法所得；给他人造成损失的，依法承担赔偿责任；情节严重的，由原许可机关依法责令停止执业或者吊销相应资质、资格。

前款规定的机构出具失实文件，给他人造成损失的，依法承担赔偿责任；造成重大损失的，由原许可机关依法责令停止执业或者吊销相应资质、资格。

**第七十条** 本法规定的行政处罚，除本法另有规定的外，由公安机关消防机构决定；其中拘留处罚由县级以上公安机关依照《中华人民共和国治安管理处罚法》的有关规定决定。

公安机关消防机构需要传唤消防安全违法行为人的，依照《中华人民共和国治安管理处罚法》的有关规定执行。

被责令停止施工、停止使用、停产停业的，应当在整改后向公安机关消防机构报告，经公安机关消防机构检查合格，方可恢复施工、使用、生产、经营。

当事人逾期不执行停产停业、停止使用、停止施工决定的，由作出决定的公安机关消防机构强制执行。

责令停产停业，对经济和社会生活影响较大的，由公安机关消防机构提出意见，并由公安机关报请本级人民政府依法决定。本级人民政府组织公安机关等部门实施。

**第七十一条** 公安机关消防机构的工作人员滥用职权、玩忽职守、徇私舞弊，有下列行为之一，尚不构成犯罪的，依法给予处分：

（一）对不符合消防安全要求的消防设计文件、建设工程、场所准予审核合格、消防验收合格、消防安全检查合格的；

（二）无故拖延消防设计审核、消防验收、消防安全检查，不在法定期限内履行职责的；

（三）发现火灾隐患不及时通知有关单位或者个人整改的；

（四）利用职务为用户、建设单位指定或者变相指定消防产品的品牌、销售单位或者消防技术服务机构、消防设施施工单位的；

（五）将消防车、消防艇以及消防器材、装备和设施用于与消防和应急救援无关的事项的；

（六）其他滥用职权、玩忽职守、徇私舞弊的行为。

建设、产品质量监督、工商行政管理等其他有关行政主管部门的工作人员在消防工作中滥用职权、玩忽职守、徇私舞弊，尚不构成犯罪的，依法给予处分。

**第七十二条** 违反本法规定，构成犯罪的，依法追究刑事责任。

## 第七章　附　　则

**第七十三条** 本法下列用语的含义：

（一）消防设施，是指火灾自动报警系统、自动灭火系统、消火栓系统、防烟排烟系统以及应急广播和应急照明、安全疏散设施等。

（二）消防产品，是指专门用于火灾预防、灭火救援和火灾防护、避难、逃生的产品。

（三）公众聚集场所，是指宾馆、饭店、商场、集贸市场、客运车站候车室、客运码头候船厅、民用机场航站楼、体育场馆、会堂以及公共娱乐场所等。

（四）人员密集场所，是指公众聚集场所，医院的门诊楼、病房楼，学校的教学楼、图书馆、食堂和集体宿舍，养老院，福利院，托儿所，幼儿园，公共图书馆的阅览室，公共展览馆、博物馆的展示厅，劳动密集型企业的生产加工车间和员工集体宿舍，旅游、宗教活动场所等。

**第七十四条** 本法自2009年5月1日起施行。

## 三、《中华人民共和国人民武装警察法》

# 中华人民共和国人民武装警察法

（2009年8月27日第十一届全国人民代表大会常务委员会第十次会议通过）

### 目　录



### 第一章　总　则

**第一条**　为了规范和保障人民武装警察部队依法履行职责，维护国家安全和社会稳定，保护公民、法人和其他组织的合法权益，制定本法。

**第二条**　人民武装警察部队担负国家赋予的安全保卫任务以及防卫作战、抢险救灾、参加国家经济建设等任务。

人民武装警察部队是国家武装力量的组成部分。

**第三条**　人民武装警察部队由国务院、中央军事委员会领导，实行统一领导与分级指挥相结合的体制。

**第四条**　人民武装警察部队应当遵守宪法和法律，忠于职守，依照本法和其他有关法律的规定履行职责。

人民武装警察部队依法履行职责的行为受法律保护。

**第五条**　对在执行任务中作出突出贡献的人民武装警察以及协助人民武装警察执行任务有突出贡献的公民、法人和其他组织，依照有关法律、法规的规定给予表彰和奖励。

**第六条**　人民武装警察部队实行警衔制度，具体办法由国务院、中央军事委员会规定。

## 第二章　任务和职责

**第七条**　人民武装警察部队执行下列安全保卫任务：

（一）国家规定的警卫对象、目标和重大活动的武装警卫；

（二）关系国计民生的重要公共设施、企业、仓库、水源地、水利工程、电力设施、通信枢纽的重要部位的武装守卫；

（三）主要交通干线重要位置的桥梁、隧道的武装守护；

（四）监狱和看守所的外围武装警戒；

（五）直辖市，省、自治区人民政府所在地的市，以及其他重要城市的重点区域、特殊时期的武装巡逻；

（六）协助公安机关、国家安全机关、司法行政机关、检察机关、审判机关依法执行逮捕、追捕、押解、押运任务，协助其他有关机关执行重要的押运任务；

（七）参加处置暴乱、骚乱、严重暴力犯罪事件、恐怖袭击事件和其他社会安全事件；

（八）国家赋予的其他安全保卫任务。

**第八条**　调动、使用人民武装警察部队执行安全保卫任务，应当坚持严格审批、依法用警的原则。具体的批准权限和程序由国务院、中央军事委员会规定。

任何单位或者个人不得违反规定调动、使用人民武装警察部队。对违反规定调动、使用人民武装警察部队的，人民武装警察部队应当拒绝执行，并立即向上级报告。

**第九条**　执勤目标单位可以对在本单位担负执勤任务的人民武装警察进行执勤业务指导。

**第十条**　人民武装警察部队按照县级以上人民政府公安机关的部署执行安全保卫任务，可以采取以下措施：

（一）对进出警戒区域的人员、物品、交通工具进行检查，对按照规定不允许进出的，予以阻止；对强行进出的，采取必要措施予以制止；

（二）在武装巡逻中，经现场指挥员同意，对有违法犯罪嫌疑的人员当场进行盘问并查验其证件，对可疑物品和交通工具进行检查；

（三）协助执行道路交通管制或者现场管制；

（四）对聚众危害社会秩序或者执勤目标安全的，采取必要措施予以制止、驱散；

（五）根据执行任务的需要，向相关单位和人员了解有关情况或者在现场实施必要的侦察。

**第十一条** 人民武装警察执行安全保卫任务，发现有下列情形的人员，经现场指挥员同意，应当及时予以控制并移交公安机关、国家安全机关或者其他有管辖权的机关处理：

（一）正在实施犯罪的；

（二）通缉在案的；

（三）违法携带危及公共安全的物品的；

（四）正在实施危害执勤目标安全行为的。

**第十二条** 人民武装警察因执行安全保卫任务的紧急需要，经出示人民武装警察证件，可以优先乘坐公共交通工具；遇交通阻碍时，优先通行。

**第十三条** 人民武装警察部队因执行安全保卫任务的需要，在特别紧急情况下，经现场最高指挥员出示人民武装警察证件，可以临时使用有关单位或者个人的设备、设施、场地、交通工具以及其他物资，使用后应当及时返还，并支付适当费用；造成损失的，按照国家有关规定给予补偿。

**第十四条** 人民武装警察部队协助公安机关、国家安全机关执行逮捕、追捕任务，根据所协助机关的决定，协助搜查犯罪嫌疑人、被告人、罪犯的人身和住所以及涉嫌藏匿犯罪嫌疑人、被告人、罪犯或者违法物品的场所、交通工具等。

**第十五条** 人民武装警察执行安全保卫任务使用警械和武器，依照人民警察使用警械和武器的有关法律、行政法规的规定执行。

**第十六条** 人民武装警察部队执行防卫作战、抢险救灾、参加国家经济建设等任务，依照有关法律、行政法规和国务院、中央军事委员会的有关规定执行。

## 第三章 义务和权利

**第十七条** 人民武装警察执行任务，应当服从命令、听从指挥，不得滥用职权、玩忽职守。

**第十八条** 人民武装警察遇到公民人身、财产安全受到侵犯或者处于其他危难情形，应当及时救助。

**第十九条** 人民武装警察不得有下列行为：

（一）非法剥夺、限制他人人身自由，非法搜查他人的身体、物品、交通工具、住所、场所；

（二）包庇、纵容违法犯罪活动；

（三）泄露国家秘密、军事秘密；

（四）其他违法违纪行为。

**第二十条** 人民武装警察执行任务，应当按照规定着装，持有人民武装警察证件。

**第二十一条** 人民武装警察应当举止文明，礼貌待人，遵守社会公德，尊重公民的宗教信仰和风俗习惯。

**第二十二条** 人民武装警察享有《中华人民共和国国防法》和有关法律、行政法规规定的现役军人的权益。

人民武装警察因执行任务伤亡的，按照国家有关军人抚恤优待的规定给予抚恤优待。

## 第四章 保障措施

**第二十三条** 为了保障人民武装警察部队执行安全保卫任务，国务院有关部门、县级以上地方人民政府及其有关部门应当及时向人民武装警察部队总部、驻本行政区域的人民武装警察部队通报有关社会治安形势以及突发事件的情况。

**第二十四条** 人民武装警察部队执行安全保卫任务，公民、法人和其他组织应当给予必要的支持和协助。

公民、法人和其他组织对人民武装警察部队执行安全保卫任务给予协助的行为受法律保护。

**第二十五条** 公民、法人和其他组织协助人民武装警察部队执行任务造成人身伤亡和财产损失的，按照国家有关规定给予抚恤优待和补偿。

**第二十六条** 人民武装警察部队执行国家赋予的安全保卫任务及相关建设所需经费，列入中央和县级以上地方财政预算，按照国家有关规定给予保障。

**第二十七条** 执勤目标单位及其上级主管部门应当按照国家有关规定，为担负执勤任务的人民武装警察部队提供执勤设施、生活设施等必要的保障。

**第二十八条** 在有毒、粉尘、辐射、噪声等严重污染或者高温、低温、缺氧以及其他恶劣环境下的执勤目标单位执行安全保卫任务的人民武装警察，享有与执勤目标单位工作人员同等的保护条件和福利补助，并由执勤目标单位或者其上级主管部门给予保障。

**第二十九条** 人民武装警察部队应当根据执行任务的需要，加强对所属人民武装警察的教育和训练，提高依法执行任务的能力。

## 第五章 监督检查

**第三十条** 人民武装警察执行任务，应当接受人民政府及其有关部门以及公民、法人和其他组织的监督。

公民、法人和其他组织对人民武装警察的违法违纪行为，有权向县级以上人民政府及其有关部门或者人民武装警察部队检举、控告。

**第三十一条** 县级以上人民政府及其有关部门接到公民、法人和其他组织对人民武装警察违法违纪行为的检举、控告，或者发现人民武装警察在执行任务中有违法违纪行为的，应当及时通报人民武装警察部队。

**第三十二条** 人民武装警察部队接到公民、法人和其他组织的检举、控告，或者接到县级以上人民政府及其有关部门对人民武装警察违法违纪行为的情况通报后，应当及时查处。

**第三十三条** 人民武装警察部队应当对所属人民武装警察执行法律、行政法规和遵守纪律的情况进行监督检查。

## 第六章 法律责任

**第三十四条** 人民武装警察在执行任务中，不履行职责或者违抗上级决定、命令的，违反规定使用警械、武器的，或者有本法第十九条所列行为之一的，按照中央军事委员会的有关规定给予纪律处分；构成犯罪的，依法追究刑事责任。

**第三十五条** 违反规定调动、使用人民武装警察部队的，对直接负责的主管人员和其他直接责任人员，依法给予处分。

**第三十六条** 公民、法人或者其他组织妨碍人民武装警察依法执行任务，有违反治安管理行为的，由公安机关依法给予治安管理处罚；构成犯罪的，依法追究刑事责任。

## 第七章 附 则

**第三十七条** 人民武装警察部队执行戒严任务，依照《中华人民共和国戒严法》的有关规定执行。

**第三十八条** 本法自公布之日起施行。

## 四、《国家突发公共事件总体应急预案》

# 国家突发公共事件总体应急预案

### 1 总　　则

1.1　编制目的

提高政府保障公共安全和处置突发公共事件的能力，最大程度地预防和减少突发公共事件及其造成的损害，保障公众的生命财产安全，维护国家安全和社会稳定，促进经济社会全面、协调、可持续发展。

1.2　编制依据

依据宪法及有关法律、行政法规，制定本预案。

1.3　分类分级

本预案所称突发公共事件是指突然发生，造成或者可能造成重大人员伤亡、财产损失、生态环境破坏和严重社会危害，危及公共安全的紧急事件。

根据突发公共事件的发生过程、性质和机理，突发公共事件主要分为以下四类：

（1）自然灾害。主要包括水旱灾害，气象灾害，地震灾害，地质灾害，海洋灾害，生物灾害和森林草原火灾等。

（2）事故灾难。主要包括工矿商贸等企业的各类安全事故，交通运输事故，公共设施和设备事故，环境污染和生态破坏事件等。

（3）公共卫生事件。主要包括传染病疫情，群体性不明原因疾病，食品安全和职业危害，动物疫情，以及其他严重影响公众健康和生命安全的事件。

（4）社会安全事件。主要包括恐怖袭击事件，经济安全事件和涉外突发事件等。

各类突发公共事件按照其性质、严重程度、可控性和影响范围等因素，一般分为四级：Ⅰ级（特别重大）、Ⅱ级（重大）、Ⅲ级（较大）和Ⅳ级（一般）。

1.4　适用范围

本预案适用于涉及跨省级行政区划的，或超出事发地省级人民政府处置能力的特别重大突发公共事件应对工作。

本预案指导全国的突发公共事件应对工作。

1.5 工作原则

（1）以人为本，减少危害。切实履行政府的社会管理和公共服务职能，把保障公众健康和生命财产安全作为首要任务，最大程度地减少突发公共事件及其造成的人员伤亡和危害。

（2）居安思危，预防为主。高度重视公共安全工作，常抓不懈，防患于未然。增强忧患意识，坚持预防与应急相结合，常态与非常态相结合，做好应对突发公共事件的各项准备工作。

（3）统一领导，分级负责。在党中央、国务院的统一领导下，建立健全分类管理、分级负责，条块结合、属地管理为主的应急管理体制，在各级党委领导下，实行行政领导责任制，充分发挥专业应急指挥机构的作用。

（4）依法规范，加强管理。依据有关法律和行政法规，加强应急管理，维护公众的合法权益，使应对突发公共事件的工作规范化、制度化、法制化。

（5）快速反应，协同应对。加强以属地管理为主的应急处置队伍建设，建立联动协调制度，充分动员和发挥乡镇、社区、企事业单位、社会团体和志愿者队伍的作用，依靠公众力量，形成统一指挥、反应灵敏、功能齐全、协调有序、运转高效的应急管理机制。

（6）依靠科技，提高素质。加强公共安全科学研究和技术开发，采用先进的监测、预测、预警、预防和应急处置技术及设施，充分发挥专家队伍和专业人员的作用，提高应对突发公共事件的科技水平和指挥能力，避免发生次生、衍生事件；加强宣传和培训教育工作，提高公众自救、互救和应对各类突发公共事件的综合素质。

1.6 应急预案体系

全国突发公共事件应急预案体系包括：

（1）突发公共事件总体应急预案。总体应急预案是全国应急预案体系的总纲，是国务院应对特别重大突发公共事件的规范性文件。

（2）突发公共事件专项应急预案。专项应急预案主要是国务院及其有关部门为应对某一类型或某几种类型突发公共事件而制定的应急预案。

（3）突发公共事件部门应急预案。部门应急预案是国务院有关部门根据总体应急预案、专项应急预案和部门职责为应对突发公共事件制定的预案。

（4）突发公共事件地方应急预案。具体包括：省级人民政府的突发公共事件总体应急预案、专项应急预案和部门应急预案；各市（地）、县（市）

人民政府及其基层政权组织的突发公共事件应急预案。上述预案在省级人民政府的领导下，按照分类管理、分级负责的原则，由地方人民政府及其有关部门分别制定。

（5）企事业单位根据有关法律法规制定的应急预案。

（6）举办大型会展和文化体育等重大活动，主办单位应当制定应急预案。

各类预案将根据实际情况变化不断补充、完善。

## 2　组织体系

2.1　领导机构

国务院是突发公共事件应急管理工作的最高行政领导机构。在国务院总理领导下，由国务院常务会议和国家相关突发公共事件应急指挥机构（以下简称相关应急指挥机构）负责突发公共事件的应急管理工作；必要时，派出国务院工作组指导有关工作。

2.2　办事机构

国务院办公厅设国务院应急管理办公室，履行值守应急、信息汇总和综合协调职责，发挥运转枢纽作用。

2.3　工作机构

国务院有关部门依据有关法律、行政法规和各自的职责，负责相关类别突发公共事件的应急管理工作。具体负责相关类别的突发公共事件专项和部门应急预案的起草与实施，贯彻落实国务院有关决定事项。

2.4　地方机构

地方各级人民政府是本行政区域突发公共事件应急管理工作的行政领导机构，负责本行政区域各类突发公共事件的应对工作。

2.5　专家组

国务院和各应急管理机构建立各类专业人才库，可以根据实际需要聘请有关专家组成专家组，为应急管理提供决策建议，必要时参加突发公共事件的应急处置工作。

## 3　运行机制

3.1　预测与预警

各地区、各部门要针对各种可能发生的突发公共事件，完善预测预警机制，建立预测预警系统，开展风险分析，做到早发现、早报告、早处置。

3.1.1　预警级别和发布

根据预测分析结果，对可能发生和可以预警的突发公共事件进行预警。

预警级别依据突发公共事件可能造成的危害程度、紧急程度和发展势态，一般划分为四级：Ⅰ级（特别严重）、Ⅱ级（严重）、Ⅲ级（较重）和Ⅳ级（一般），依次用红色、橙色、黄色和蓝色表示。

预警信息包括突发公共事件的类别、预警级别、起始时间、可能影响范围、警示事项、应采取的措施和发布机关等。

预警信息的发布、调整和解除可通过广播、电视、报刊、通信、信息网络、警报器、宣传车或组织人员逐户通知等方式进行，对老、幼、病、残、孕等特殊人群以及学校等特殊场所和警报盲区应当采取有针对性的公告方式。

3.2 应急处置

3.2.1 信息报告

特别重大或者重大突发公共事件发生后，各地区、各部门要立即报告，最迟不得超过4小时，同时通报有关地区和部门。应急处置过程中，要及时续报有关情况。

3.2.2 先期处置

突发公共事件发生后，事发地的省级人民政府或者国务院有关部门在报告特别重大、重大突发公共事件信息的同时，要根据职责和规定的权限启动相关应急预案，及时、有效地进行处置，控制事态。

在境外发生涉及中国公民和机构的突发事件，我驻外使领馆、国务院有关部门和有关地方人民政府要采取措施控制事态发展，组织开展应急救援工作。

3.2.3 应急响应

对于先期处置未能有效控制事态的特别重大突发公共事件，要及时启动相关预案，由国务院相关应急指挥机构或国务院工作组统一指挥或指导有关地区、部门开展处置工作。

现场应急指挥机构负责现场的应急处置工作。

需要多个国务院相关部门共同参与处置的突发公共事件，由该类突发公共事件的业务主管部门牵头，其他部门予以协助。

3.2.4 应急结束

特别重大突发公共事件应急处置工作结束，或者相关危险因素消除后，现场应急指挥机构予以撤销。

3.3 恢复与重建

3.3.1 善后处置

要积极稳妥、深入细致地做好善后处置工作。对突发公共事件中的伤亡人员、应急处置工作人员，以及紧急调集、征用有关单位及个人的物资，要按照规定给予抚恤、补助或补偿，并提供心理及司法援助。有关部门要做好疫病防治和环境污染消除工作。保险监管机构督促有关保险机构及时做好有关单位和个人损失的理赔工作。

3.3.2　调查与评估

要对特别重大突发公共事件的起因、性质、影响、责任、经验教训和恢复重建等问题进行调查评估。

3.3.3　恢复重建

根据受灾地区恢复重建计划组织实施恢复重建工作。

3.4　信息发布

突发公共事件的信息发布应当及时、准确、客观、全面。事件发生的第一时间要向社会发布简要信息，随后发布初步核实情况、政府应对措施和公众防范措施等，并根据事件处置情况做好后续发布工作。

信息发布形式主要包括授权发布、散发新闻稿、组织报道、接受记者采访、举行新闻发布会等。

## 4　应急保障

各有关部门要按照职责分工和相关预案做好突发公共事件的应对工作，同时根据总体预案切实做好应对突发公共事件的人力、物力、财力、交通运输、医疗卫生及通信保障等工作，保证应急救援工作的需要和灾区群众的基本生活，以及恢复重建工作的顺利进行。

4.1　人力资源

公安（消防）、医疗卫生、地震救援、海上搜救、矿山救护、森林消防、防洪抢险、核与辐射、环境监控、危险化学品事故救援、铁路事故、民航事故、基础信息网络和重要信息系统事故处置，以及水、电、油、气等工程抢险救援队伍是应急救援的专业队伍和骨干力量。地方各级人民政府和有关部门、单位要加强应急救援队伍的业务培训和应急演练，建立联动协调机制，提高装备水平；动员社会团体、企事业单位以及志愿者等各种社会力量参与应急救援工作；增进国际间的交流与合作。要加强以乡镇和社区为单位的公众应急能力建设，发挥其在应对突发公共事件中的重要作用。

中国人民解放军和中国人民武装警察部队是处置突发公共事件的骨干和突击力量，按照有关规定参加应急处置工作。

4.2　财力保障

要保证所需突发公共事件应急准备和救援工作资金。对受突发公共事件影响较大的行业、企事业单位和个人要及时研究提出相应的补偿或救助政策。要对突发公共事件财政应急保障资金的使用和效果进行监管和评估。

鼓励自然人、法人或者其他组织（包括国际组织）按照《中华人民共和国公益事业捐赠法》等有关法律、法规的规定进行捐赠和援助。

4.3　物资保障

要建立健全应急物资监测网络、预警体系和应急物资生产、储备、调拨及紧急配送体系，完善应急工作程序，确保应急所需物资和生活用品的及时供应，并加强对物资储备的监督管理，及时予以补充和更新。

地方各级人民政府应根据有关法律、法规和应急预案的规定，做好物资储备工作。

4.4　基本生活保障

要做好受灾群众的基本生活保障工作，确保灾区群众有饭吃、有水喝、有衣穿、有住处、有病能得到及时医治。

4.5　医疗卫生保障

卫生部门负责组建医疗卫生应急专业技术队伍，根据需要及时赴现场开展医疗救治、疾病预防控制等卫生应急工作。及时为受灾地区提供药品、器械等卫生和医疗设备。必要时，组织动员红十字会等社会卫生力量参与医疗卫生救助工作。

4.6　交通运输保障

要保证紧急情况下应急交通工具的优先安排、优先调度、优先放行，确保运输安全畅通；要依法建立紧急情况社会交通运输工具的征用程序，确保抢险救灾物资和人员能够及时、安全送达。

根据应急处置需要，对现场及相关通道实行交通管制，开设应急救援“绿色通道”，保证应急救援工作的顺利开展。

4.7　治安维护

要加强对重点地区、重点场所、重点人群、重要物资和设备的安全保护，依法严厉打击违法犯罪活动。必要时，依法采取有效管制措施，控制事态，维护社会秩序。

4.8　人员防护

要指定或建立与人口密度、城市规模相适应的应急避险场所，完善紧急疏散管理办法和程序，明确各级责任人，确保在紧急情况下公众安全、有序的转移或疏散。

要采取必要的防护措施，严格按照程序开展应急救援工作，确保人员安全。

4.9　通信保障

建立健全应急通信、应急广播电视保障工作体系，完善公用通信网，建立有线和无线相结合、基础电信网络与机动通信系统相配套的应急通信系统，确保通信畅通。

4.10 公共设施

有关部门要按照职责分工，分别负责煤、电、油、气、水的供给，以及废水、废气、固体废弃物等有害物质的监测和处理。

4.11 科技支撑

要积极开展公共安全领域的科学研究；加大公共安全监测、预测、预警、预防和应急处置技术研发的投入，不断改进技术装备，建立健全公共安全应急技术平台，提高我国公共安全科技水平；注意发挥企业在公共安全领域的研发作用。

## 5 监督管理

5.1 预案演练

各地区、各部门要结合实际，有计划、有重点地组织有关部门对相关预案进行演练。

5.2 宣传和培训

宣传、教育、文化、广电、新闻出版等有关部门要通过图书、报刊、音像制品和电子出版物、广播、电视、网络等，广泛宣传应急法律法规和预防、避险、自救、互救、减灾等常识，增强公众的忧患意识、社会责任意识和自救、互救能力。各有关方面要有计划地对应急救援和管理人员进行培训，提高其专业技能。

5.3 责任与奖惩

突发公共事件应急处置工作实行责任追究制。

对突发公共事件应急管理工作中做出突出贡献的先进集体和个人要给予表彰和奖励。

对迟报、谎报、瞒报和漏报突发公共事件重要情况或者应急管理工作中有其他失职、渎职行为的，依法对有关责任人给予行政处分；构成犯罪的，依法追究刑事责任。

## 6 附　则

6.1 预案管理

根据实际情况的变化，及时修订本预案。

本预案自发布之日起实施。

## 五、《军队参加抢险救灾条例》

# 军队参加抢险救灾条例

**第一条** 为了发挥中国人民解放军（以下称军队）在抢险救灾中的作用，保护人民生命和财产安全，根据国防法的规定，制定本条例。

**第二条** 军队是抢险救灾的突击力量，执行国家赋予的抢险救灾任务是军队的重要使命。

各级人民政府和军事机关应当按照本条例的规定，做好军队参加抢险救灾的组织、指挥、协调、保障等工作。

**第三条** 军队参加抢险救灾主要担负下列任务：

（一）解救、转移或者疏散受困人员；

（二）保护重要目标安全；

（三）抢救、运送重要物资；

（四）参加道路（桥梁、隧道）抢修、海上搜救、核生化救援、疫情控制、医疗救护等专业抢险；

（五）排除或者控制其他危重险情、灾情。

必要时，军队可以协助地方人民政府开展灾后重建等工作。

**第四条** 国务院组织的抢险救灾需要军队参加的，由国务院有关主管部门向中国人民解放军总参谋部提出，中国人民解放军总参谋部按照国务院、中央军事委员会的有关规定办理。

县级以上地方人民政府组织的抢险救灾需要军队参加的，由县级以上地方人民政府通过当地同级军事机关提出，当地同级军事机关按照国务院、中央军事委员会的有关规定办理。

在险情、灾情紧急的情况下，地方人民政府可以直接向驻军部队提出救助请求，驻军部队应当按照规定立即实施救助，并向上级报告；驻军部队发现紧急险情、灾情也应当按照规定立即实施救助，并向上级报告。

抢险救灾需要动用军用飞机（直升机）、舰艇的，按照有关规定办理。

**第五条** 国务院有关主管部门、县级以上地方人民政府提出需要军队参加抢险救灾的，应当说明险情或者灾情发生的种类、时间、地域、危害程度、已经采取的措施，以及需要使用的兵力、装备等情况。

**第六条** 县级以上地方人民政府组建的抢险救灾指挥机构，应当有当地同级军事机关的负责人参加；当地有驻军部队的，还应当有驻军部队的负责人参加。

**第七条** 军队参加抢险救灾应当在人民政府的统一领导下进行，具体任务由抢险救灾指挥机构赋予，部队的抢险救灾行动由军队负责指挥。

**第八条** 县级以上地方人民政府应当向当地军事机关及时通报有关险情、灾情的信息。

在经常发生险情、灾情的地方，县级以上地方人民政府应当组织军地双方进行实地勘察和抢险救灾演习、训练。

**第九条** 省军区（卫戍区、警备区）、军分区（警备区）、县（市、市辖区）人民武装部应当及时掌握当地有关险情、灾情信息，办理当地人民政府提出的军队参加抢险救灾事宜，做好人民政府与执行抢险救灾任务的部队之间的协调工作。有关军事机关应当制定参加抢险救灾预案，组织部队开展必要的抢险救灾训练。

**第十条** 军队参加抢险救灾时，当地人民政府应当提供必要的装备、物资、器材等保障，派出专业技术人员指导部队的抢险救灾行动；铁路、交通、民航、公安、电信、邮政、金融等部门和机构，应当为执行抢险救灾任务的部队提供优先、便捷的服务。

军队执行抢险救灾任务所需要的燃油，由执行抢险救灾任务的部队和当地人民政府共同组织保障。

**第十一条** 军队参加抢险救灾需要动用作战储备物资和装备器材的，必须按照规定报经批准。对消耗的部队携行装备器材和作战储备物资、装备器材，应当及时补充。

**第十二条** 灾害发生地人民政府应当协助执行抢险救灾任务的部队做好饮食、住宿、供水、供电、供暖、医疗和卫生防病等必需的保障工作。

地方人民政府与执行抢险救灾任务的部队应当互相通报疫情，共同做好卫生防疫工作。

**第十三条** 军队参加国务院组织的抢险救灾所耗费用由中央财政负担。军队参加地方人民政府组织的抢险救灾所耗费用由地方财政负担。

前款所指的费用包括：购置专用物资和器材费用，指挥通信、装备维修、燃油、交通运输等费用，补充消耗的携行装备器材和作战储备物资费用，以及人员生活、医疗的补助费用。

抢险救灾任务完成后，军队有关部门应当及时统计军队执行抢险救灾任务所耗费用，报抢险救灾指挥机构审核。

**第十四条** 国务院有关主管部门和县级以上地方人民政府应当在险情、灾情频繁发生或者列为灾害重点监视防御的地区储备抢险救灾专用装备、物资和器材，保障抢险救灾需要。

**第十五条** 军队参加重大抢险救灾行动的宣传报道，由国家和军队有关主管部门统一组织实施。新闻单位采访、报道军队参加抢险救灾行动，应当遵守国家和军队的有关规定。

**第十六条** 对在执行抢险救灾任务中有突出贡献的军队单位和个人，按照国家和军队的有关规定给予奖励；对死亡或者致残的人员，按照国家有关规定给予抚恤优待。

**第十七条** 中国人民武装警察部队参加抢险救灾，参照本条例执行。

**第十八条** 本条例自 2005 年 7 月 1 日起施行。

## 六、《国务院关于全面加强应急管理工作的意见》

# 国务院关于全面加强应急管理工作的意见

国发〔2006〕24号

各省、自治区、直辖市人民政府，国务院各部委、各直属机构：

加强应急管理，是关系国家经济社会发展全局和人民群众生命财产安全的大事，是全面落实科学发展观、构建社会主义和谐社会的重要内容，是各级政府坚持以人为本、执政为民、全面履行政府职能的重要体现。当前，我国现代化建设进入新的阶段，改革和发展处于关键时期，影响公共安全的因素增多，各类突发公共事件时有发生。但是，我国应急管理工作基础仍然比较薄弱，体制、机制、法制尚不完善，预防和处置突发公共事件的能力有待提高。为深入贯彻实施《国家突发公共事件总体应急预案》（以下简称《国家总体应急预案》），全面加强应急管理工作，提出以下意见：

### 一、明确指导思想和工作目标

（一）指导思想。以邓小平理论和“三个代表”重要思想为指导，全面落实科学发展观，坚持以人为本、预防为主，充分依靠法制、科技和人民群众，以保障公众生命财产安全为根本，以落实和完善应急预案为基础，以提高预防和处置突发公共事件能力为重点，全面加强应急管理工作，最大程度地减少突发公共事件及其造成的人员伤亡和危害，维护国家安全和社会稳定，促进经济社会全面、协调、可持续发展。

（二）工作目标。在“十一五”期间，建成覆盖各地区、各行业、各单位的应急预案体系；健全分类管理、分级负责、条块结合、属地为主的应急管理体制，落实党委领导下的行政领导责任制，加强应急管理机构和应急救援队伍建设；构建统一指挥、反应灵敏、协调有序、运转高效的应急管理机制；完善应急管理法律法规，建设突发公共事件预警预报信息系统和专业化、社会化相结合的应急管理保障体系，形成政府主导、部门协调、军地结合、全社会共同参与的应急管理工作格局。

### 二、加强应急管理规划和制度建设

（三）编制并实施突发公共事件应急体系建设规划。依据《国民经济和社会发展第十一个五年规划纲要》（以下简称“十一五”规划），编制并尽快组织实施《“十一五”期间国家突发公共事件应急体系建设规划》，优化、整合各类资源，统一规划突发公共事件预防预警、应急处置、恢复重建等方面的项目和基础设施，科学指导各项应急管理体系建设。各地区、各部门要在《“十一五”期间国家突发公共事件应急体系建设规划》指导下，编制本地区和本行业突发公共事件应急体系建设规划并纳入国民经济和社会发展规划。城乡建设等有关专项规划的编制要与应急体系建设规划相衔接，合理布局重点建设项目，统筹规划应对突发公共事件所必需的基础设施建设。

（四）健全应急管理法律法规。要加强应急管理的法制建设，逐步形成规范各类突发公共事件预防和处置工作的法律体系。抓紧做好突发事件应对法的立法准备工作和公布后的贯彻实施工作，研究制定配套法规和政策措施。国务院各有关部门要根据预防和处置自然灾害、事故灾难、公共卫生事件、社会安全事件等各类突发公共事件的需要，抓紧做好有关法律法规草案和修订草案的起草工作，以及有关规章、标准的修订工作。各地区要依据有关法律、行政法规，结合实际制定并完善应急管理的地方性法规和规章。

（五）加强应急预案体系建设和管理。各地区、各部门要根据《国家总体应急预案》，抓紧编制修订本地区、本行业和领域的各类预案，并加强对预案编制工作的领导和督促检查。各基层单位要根据实际情况制订和完善本单位预案，明确各类突发公共事件的防范措施和处置程序。尽快构建覆盖各地区、各行业、各单位的预案体系，并做好各级、各类相关预案的衔接工作。要加强对预案的动态管理，不断增强预案的针对性和实效性。狠抓预案落实工作，经常性地开展预案演练，特别是涉及多个地区和部门的预案，要通过开展联合演练等方式，促进各单位的协调配合和职责落实。

（六）加强应急管理体制和机制建设。国务院是全国应急管理工作的最高行政领导机关，国务院各有关部门依据有关法律、行政法规和各自职责，负责相关类别突发公共事件的应急管理工作。地方各级人民政府是本行政区域应急管理工作的行政领导机关，要根据《国家总体应急预案》的要求和应对各类突发公共事件的需要，结合实际明确应急管理的指挥机构、办事机构及其职责。各专项应急指挥机构要进一步强化职责，充分发挥在相关领域应对突发公共事件的作用。加强各地区、各部门以及各级各类应急管理机构的协调联动，积极推进资源整合和信息共享。加快突发公共事件预测预警、信息报告、应急响应、恢复重建及调查评估等机制建设。研究建立保险、社会捐赠等方面参与、支持应急管理工作的机制，充分发挥其在突发公共事件预防与处置等方面的作用。

## 三、做好各类突发公共事件的防范工作

（七）开展对各类突发公共事件风险隐患的普查和监控。各地区、各有关部门要组织力量认真开展风险隐患普查工作，全面掌握本行政区域、本行业和领域各类风险隐患情况，建立分级、分类管理制度，落实综合防范和处置措施，实行动态管理和监控，加强地区、部门之间的协调配合。对可能引发突发公共事件的风险隐患，要组织力量限期治理，特别是对位于城市和人口密集地区的高危企业，不符合安全布局要求、达不到安全防护距离的，要依法采取停产、停业、搬迁等措施，尽快消除隐患。要加强对影响社会稳定因素的排查调处，认真做好预警报告和快速处置工作。社区、乡村、企业、学校等基层单位要经常开展风险隐患的排查，及时解决存在的问题。

（八）促进各行业和领域安全防范措施的落实。地方各级人民政府及有关部门要进一步加强对本行政区域各单位、各重点部位安全管理的监督检查，严密防范各类安全事故；要加强监管监察队伍建设，充实必要的人员，完善监管手段。各有关部门要按照有关法律法规和职责分工，加强对本系统、本行业和领域的安全监管监察，严格执行安全许可制度，经常性开展监督检查，依法加大处罚力度；要提高监管效率，对事故多发的行业和领域进一步明确监管职责，实施联合执法。上级主管部门和有关监察机构要把督促风险隐患整改情况作为衡量监管机构履行职责是否到位的重要内容，加大监督检查和考核力度。各企业、事业单位要切实落实安全管理的主体责任，建立健全安全管理的规章制度，加大安全投入，全面落实安全防范措施。

（九）加强突发公共事件的信息报告和预警工作。特别重大、重大突发公共事件发生后，事发地省级人民政府、国务院有关部门要按规定及时、准确地向国务院报告，并向有关地方、部门和应急管理机构通报。要进一步建立健全信息报告工作制度，明确信息报告的责任主体，对迟报、漏报甚至瞒报、谎报行为要依法追究责任。在加强地方各级人民政府和有关部门信息报告工作的同时，通过建立社会公众报告、举报奖励制度，设立基层信息员等多种方式，不断拓宽信息报告渠道。建设各级人民政府组织协调、有关部门分工负责的各类突发公共事件预警系统，建立预警信息通报与发布制度，充分利用广播、电视、互联网、手机短信息、电话、宣传车等各种媒体和手段，及时发布预警信息。

（十）积极开展应急管理培训。各地区、各有关部门要制订应急管理的培训规划和培训大纲，明确培训内容、标准和方式，充分运用多种方法和手段，做好应急管理培训工作，并加强培训资质管理。积极开展对地方和部门

各级领导干部应急指挥和处置能力的培训，并纳入各级党校和行政学院培训内容。加强各单位从业人员安全知识和操作规程培训，负有安全监管职责的部门要强化培训考核，对未按要求开展安全培训的单位要责令其限期整改，达不到考核要求的管理人员和职工一律不准上岗。各级应急管理机构要加强对应急管理培训工作的组织和指导。

## 四、加强应对突发公共事件的能力建设

（十一）推进国家应急平台体系建设。要统筹规划建设具备监测监控、预测预警、信息报告、辅助决策、调度指挥和总结评估等功能的国家应急平台。加快国务院应急平台建设，完善有关专业应急平台功能，推进地方人民政府综合应急平台建设，形成连接各地区和各专业应急指挥机构、统一高效的应急平台体系。应急平台建设要结合实际，依托政府系统办公业务资源网络，规范技术标准，充分整合利用现有专业系统资源，实现互联互通和信息共享，避免重复建设。积极推进紧急信息接报平台整合，建立统一接报、分类分级处置的工作机制。

（十二）提高基层应急管理能力。要以社区、乡村、学校、企业等基层单位为重点，全面加强应急管理工作。充分发挥基层组织在应急管理中的作用，进一步明确行政负责人、法定代表人、社区或村级组织负责人在应急管理中的职责，确定专（兼）职的工作人员或机构，加强基层应急投入，结合实际制订各类应急预案，增强第一时间预防和处置各类突发公共事件的能力。社区要针对群众生活中可能遇到的突发公共事件，制订可操作性强的应急预案，经常性地开展应急知识宣传，做到家喻户晓；乡村要结合社会主义新农村建设，因地制宜加强应急基础设施建设，努力提高群众自救、互救能力，并充分发挥城镇应急救援力量的辐射作用；学校要在加强校园安全工作的同时，积极开展公共安全知识和应急防护知识的教育和普及，增强师生公共安全意识；企业特别是高危行业企业要切实落实法定代表人负责制和安全生产主体责任，做到有预案、有救援队伍、有联动机制、有善后措施。地方各级人民政府和有关部门要加强对基层应急管理工作的指导和检查，及时协调解决人力、物力、财力等方面的问题，促进基层应急管理能力的全面提高。

（十三）加强应急救援队伍建设。落实“十一五”规划有关安全生产应急救援、国家灾害应急救援体系建设的重点工程。建立充分发挥公安消防、特警以及武警、解放军、预备役民兵的骨干作用，各专业应急救援队伍各负其责、互为补充，企业专兼职救援队伍和社会志愿者共同参与的应急救援体

系。加强各类应急抢险救援队伍建设，改善技术装备，强化培训演练，提高应急救援能力。建立应急救援专家队伍，充分发挥专家学者的专业特长和技术优势。逐步建立社会化的应急救援机制，大中型企业特别是高危行业企业要建立专职或者兼职应急救援队伍，并积极参与社会应急救援；研究制订动员和鼓励志愿者参与应急救援工作的办法，加强对志愿者队伍的招募、组织和培训。

（十四）加强各类应急资源的管理。建立国家、地方和基层单位应急资源储备制度，在对现有各类应急资源普查和有效整合的基础上，统筹规划应急处置所需物料、装备、通信器材、生活用品等物资和紧急避难场所，以及运输能力、通信能力、生产能力和有关技术、信息的储备。加强对储备物资的动态管理，保证及时补充和更新。要建立国家和地方重要物资监测网络及应急物资生产、储备、调拨和紧急配送体系，保障应急处置和恢复重建工作的需要。合理规划建设国家重要应急物资储备库，按照分级负责的原则，加强地方应急物资储备库建设。充分发挥社会各方面在应急物资的生产和储备方面的作用，实现社会储备与专业储备的有机结合。加强应急管理基础数据库建设和对有关技术资料、历史资料等的收集管理，实现资源共享，为妥善应对各类突发公共事件提供可靠的基础数据。

（十五）全力做好应急处置和善后工作。突发公共事件发生后，事发单位及直接受其影响的单位要根据预案立即采取有效措施，迅速开展先期处置工作，并按规定及时报告。地方各级人民政府和国务院有关部门要依照预案规定及时采取相关应急响应措施。按照属地管理为主的原则，事发地人民政府负有统一组织领导应急处置工作的职责，要积极调动有关救援队伍和力量开展救援工作，采取必要措施，防止发生次生、衍生灾害事件，并做好受影响群众的基本生活保障和事故现场环境评估工作。应急处置结束后，要及时组织受影响地区恢复正常的生产、生活和社会秩序。灾后恢复重建要与防灾减灾相结合，坚持统一领导、科学规划、加快实施。健全社会捐助和对口支援等社会动员机制，动员社会力量参与重大灾害应急救助和灾后恢复重建。各级人民政府及有关部门要依照有关法律法规及时开展事故调查处理工作，查明原因，依法依纪处理责任人员，总结事故教训，制订整改措施并督促落实。

（十六）加强评估和统计分析工作。建立健全突发公共事件的评估制度，研究制订客观、科学的评估方法。各级人民政府及有关部门在对各类突发公共事件调查处理的同时，要对事件的处置及相关防范工作做出评估，并对年度应急管理工作情况进行全面评估。各地区、各有关部门要加强应急管理统计分析工作，完善分类分级标准，明确责任部门和人员，及时、全面、准确地统计各类突发公共事件发生起数、伤亡人数、造成的经济损失等相关情况，并纳入经济和社会发展统计指标体系。突发公共事件的统计信息实行月度、季度和年度报告制度。要研究建立突发公共事件发生后统计系统快速应急机制，及时调查掌握突发公共事件对国民经济发展和城乡居民生活的影响并预测发展趋势。

## 五、制定和完善全面加强应急管理的政策措施

（十七）加大对应急管理的资金投入力度。根据《国家总体应急预案》的规定，各级财政部门要按照现行事权、财权划分原则，分级负担公共安全工作以及预防与处置突发公共事件中需由政府负担的经费，并纳入本级财政年度预算，健全应急资金拨付制度。对规划布局内的重大建设项目给予重点支持。支持地方应急管理工作，建立完善财政专项转移支付制度。建立健全国家、地方、企业、社会相结合的应急保障资金投入机制，适应应急队伍、装备、交通、通信、物资储备等方面建设与更新维护资金的要求。建立企业安全生产的长效投入机制，增强高危行业企业安全保障和应急救援能力。研究建立应对突发公共事件社会资源依法征用与补偿办法。

（十八）大力发展公共安全技术和产品。在推进产业结构调整中，要将具有较高技术含量的公共安全工艺、技术和产品列入《国家产业结构调整指导目录》的鼓励类发展项目，在政策上积极予以支持。对公共安全、应急处置重大项目和技术开发、产业化示范项目，政府给予直接投资或资金补助、贷款贴息等支持。采取政府采购等办法，推动国家公共安全应急成套设备及防护用品的研发和生产。加强对公共安全产品的质量监督管理，实行严格的市场准入制度，确保产品质量安全可靠。

（十九）建立公共安全科技支撑体系。按照《国家中长期科学和技术发展规划纲要》的要求，高度重视利用科技手段提高应对突发公共事件的能力，通过国家科技计划和科学基金等，对突发公共事件应急管理的基础理论、应用和关键技术研究给予支持，并在大专院校、科研院所加强公共安全与应急管理学科、专业建设，大力培养公共安全科技人才。坚持自主创新和引进消化吸收相结合，形成公共安全科技创新机制和应急管理技术支撑体系。扶持一批在公共安全领域拥有自主知识产权和核心技术的重点企业，实现成套核心技术与重大装备的突破，增强安全技术保障能力。

## 六、加强领导和协调配合，努力形成全民参与的合力

（二十）进一步加强对应急管理工作的领导。地方各级人民政府要在党委领导下，建立和完善突发公共事件应急处置工作责任制，并将落实情况纳入干部政绩考核的内容，特别要抓好市（地）、县（区）两级领导干部责任的落实。各地区、各部门要加强沟通协调，理顺关系，明确职责，搞好条块之间的衔接和配合。建立和完善应对突发公共事件部际联席会议制度，加强部门之间的协调配合，定期研究解决有关问题。各级领导干部要不断增强处置突发公共事件的能力，深入一线，加强组织指挥。要建立并落实责任追究制度，对有失职、渎职、玩忽职守等行为的，要依照法律法规追究责任。

（二十一）构建全社会共同参与的应急管理工作格局。全面加强应急管理工作，需要紧紧依靠群众，军地结合，动员社会各方面力量积极参与。要切实发挥工会、共青团、妇联等人民团体在动员群众、宣传教育、社会监督等方面的作用，重视培育和发展社会应急管理中介组织。鼓励公民、法人和其他社会组织为应对突发公共事件提供资金、物资捐赠和技术支持。积极开展基层公共安全创建活动，树立一批应急管理工作先进典型，表彰奖励取得显著成绩的单位和个人，形成全社会共同参与、齐心协力做好应急管理工作的局面。

（二十二）大力宣传普及公共安全和应急防护知识。加强应急管理科普宣教工作，提高社会公众维护公共安全意识和应对突发公共事件能力。深入宣传各类应急预案，全面普及预防、避险、自救、互救、减灾等知识和技能，逐步推广应急识别系统。尽快把公共安全和应急防护知识纳入学校教学内容，编制中小学公共安全教育指导纲要和适应全日制各级各类教育需要的公共安全教育读本，安排相应的课程或课时。要在各种招考和资格认证考试中逐步增加公共安全内容。充分运用各种现代传播手段，扩大应急管理科普宣教工作覆盖面。新闻媒体应无偿开展突发公共事件预防与处置、自救与互救知识的公益宣传，并支持社会各界发挥应急管理科普宣传作用。

（二十三）做好信息发布和舆论引导工作。要高度重视突发公共事件的信息发布、舆论引导和舆情分析工作，加强对相关信息的核实、审查和管理，为积极稳妥地处置突发公共事件营造良好的舆论环境。坚持及时准确、主动引导的原则和正面宣传为主的方针，完善政府信息发布制度和新闻发言人制度，建立健全重大突发公共事件新闻报道快速反应机制、舆情收集和分析机制，把握正确的舆论导向。加强对信息发布、新闻报道工作的组织协调和归口管理，周密安排、精心组织信息发布工作，充分发挥中央和省级主要

新闻媒体的舆论引导作用。新闻单位要严格遵守国家有关法律法规和新闻宣传纪律，不断提高新闻报道水平，自觉维护改革发展稳定的大局。

（二十四）开展国际交流与合作。加强与有关国家、地区及国际组织在应急管理领域的沟通与合作，参与有关国际组织并积极发挥作用，共同应对各类跨国或世界性突发公共事件。大力宣传我国在应对突发公共事件、加强应急管理方面的政策措施和成功做法，积极参与国际应急救援活动，向国际社会展示我国的良好形象。密切跟踪研究国际应急管理发展的动态和趋势，参与公共安全领域重大国际项目研究与合作，学习、借鉴有关国家在灾害预防、紧急处置和应急体系建设等方面的有益经验，促进我国应急管理工作水平的提高。

国　务　院

二〇〇六年六月十五日

## 七、《国务院办公厅关于加强基层应急队伍建设的意见》

# 国务院办公厅关于加强基层应急队伍建设的意见

（国办发〔2009〕59号）

各省、自治区、直辖市人民政府，国务院各部委、各直属机构：

基层应急队伍是我国应急体系的重要组成部分，是防范和应对突发事件的重要力量。多年来，我国基层应急队伍不断发展，在应急工作中发挥着越来越重要的作用。但是，各地基层应急队伍建设中还存在组织管理不规范、任务不明确、进展不平衡等问题。为贯彻落实突发事件应对法，进一步加强基层应急队伍建设，经国务院同意，提出如下意见：

### 一、基本原则和建设目标

（一）基本原则。坚持专业化与社会化相结合，着力提高基层应急队伍的应急能力和社会参与程度；坚持立足实际、按需发展，兼顾县乡级政府财力和人力，充分依托现有资源，避免重复建设；坚持统筹规划、突出重点，逐步加强和完善基层应急队伍建设，形成规模适度、管理规范的基层应急队伍体系。

（二）建设目标。通过三年左右的努力，县级综合性应急救援队伍基本建成，重点领域专业应急救援队伍得到全面加强；乡镇、街道、企业等基层组织和单位应急救援队伍普遍建立，应急志愿服务进一步规范，基本形成统一领导、协调有序、专兼并存、优势互补、保障有力的基层应急队伍体系，应急救援能力基本满足本区域和重点领域突发事件应对工作需要，为最大限度地减少突发事件及其造成的人员财产损失、维护国家安全和社会稳定提供有力保障。

### 二、加强基层综合性应急救援队伍建设

（一）全面建设县级综合性应急救援队伍。各县级人民政府要以公安消防队伍及其他优势专业应急救援队伍为依托，建立或确定“一专多能”的县级综合性应急救援队伍，在相关突发事件发生后，立即开展救援处置工作。综合性应急救援队伍除承担消防工作以外，同时承担综合性应急救援任务，

包括地震等自然灾害，建筑施工事故、道路交通事故、空难等生产安全事故，恐怖袭击、群众遇险等社会安全事件的抢险救援任务，同时协助有关专业队伍做好水旱灾害、气象灾害、地质灾害、森林草原火灾、生物灾害、矿山事故、危险化学品事故、水上事故、环境污染、核与辐射事故和突发公共卫生事件等突发事件的抢险救援工作。各地要根据本行政区域特点和需要，制订综合性应急救援队伍建设方案，细化队伍职责，配备必要的物资装备，加强与专业队伍互动演练，提高队伍综合应急能力。

（二）深入推进街道、乡镇综合性应急救援队伍建设。街道、乡镇要充分发挥民兵、预备役人员、保安员、基层警务人员、医务人员等有相关救援专业知识和经验人员的作用，在防范和应对气象灾害、水旱灾害、地震灾害、地质灾害、森林草原火灾、生产安全事故、环境突发事件、群体性事件等方面发挥就近优势，在相关应急指挥机构组织下开展先期处置，组织群众自救互救，参与抢险救灾、人员转移安置、维护社会秩序，配合专业应急救援队伍做好各项保障，协助有关方面做好善后处置、物资发放等工作。同时发挥信息员作用，发现突发事件苗头及时报告，协助做好预警信息传递、灾情收集上报、灾情评估等工作，参与有关单位组织的隐患排查整改。街道办事处、乡镇政府要加强队伍的建设和管理，严明组织纪律，经常性地开展应急培训，提高队伍的综合素质和应急保障能力。

## 三、完善基层专业应急救援队伍体系

各地要在全面加强各专业应急救援队伍建设同时，组织动员社会各方面力量重点加强以下几个方面工作：

（一）加强基层防汛抗旱队伍组建工作。水旱灾害常发地区和重点流域的县、乡级人民政府，要组织民兵、预备役人员、农技人员、村民和相关单位人员参加，组建县、乡级防汛抗旱队伍。防汛抗旱重点区域和重要地段的村委会，要组织本村村民和属地相关单位人员参加，组建村防汛抗旱队伍。基层防汛抗旱队伍要在当地防汛抗旱指挥机构的统一组织下，开展有关培训和演练工作，做好汛期巡堤查险和险情处置，做到有旱抗旱，有汛防汛。充分发挥社会各方面作用，合理储备防汛抗旱物资，建立高效便捷的物资、装备调用机制。

（二）深入推进森林草原消防队伍建设。县乡级人民政府、村委会、国有林（农）场、森工企业、自然保护区和森林草原风景区等，要组织本单位职工、社会相关人员建立森林草原消防队伍。各有关方面要加强森林草原扑火装备配套，开展防扑火技能培训和实战演练。要建立基层森林草原消防队伍与公安消防、当地驻军、预备役部队、武警部队和森林消防力量的联动机制，满足防扑火工作需要。地方政府要对基层森林草原消防队伍装备建设给予补助。

（三）加强气象灾害、地质灾害应急队伍建设。县级气象部门要组织村干部和有经验的相关人员组建气象灾害应急队伍，主要任务是接收和传达预警信息，收集并向相关方面报告灾害性天气实况和灾情，做好台风、强降雨、大风、沙尘暴、冰雹、雷电等极端天气防范的科普知识宣传工作，参与本社区、村镇气象灾害防御方案的制订以及应急处置和调查评估等工作。地质灾害应急队伍的主要任务是参与各类地质灾害的群防群控，开展防范知识宣传，隐患和灾情等信息报告，组织遇险人员转移，参与地质灾害抢险救灾和应急处置等工作。容易受气象、地质灾害影响的乡村、企业、学校等基层组织单位，要在气象、地质部门的组织下，明确参与应急队伍的人员及其职责，定期开展相关知识培训。气象灾害和地质灾害基层应急队伍工作经费，由地方政府给予保障。

（四）加强矿山、危险化学品应急救援队伍建设。煤矿和非煤矿山、危险化学品单位应当依法建立由专职或兼职人员组成的应急救援队伍。不具备单独建立专业应急救援队伍的小型企业，除建立兼职应急救援队伍外，还应当与邻近建有专业救援队伍的企业签订救援协议，或者联合建立专业应急救援队伍。应急救援队伍在发生事故时要及时组织开展抢险救援，平时开展或协助开展风险隐患排查。加强应急救援队伍的资质认定管理。矿山、危险化学品单位属地县、乡级人民政府要组织建立队伍调运机制，组织队伍参加社会化应急救援。应急救援队伍建设及演练工作经费在企业安全生产费用中列支，在矿山、危险化学品工业集中的地方，当地政府可给予适当经费补助。

（五）推进公用事业保障应急队伍建设。县级以下电力、供水、排水、燃气、供热、交通、市容环境等主管部门和基础设施运营单位，要组织本区域有关企事业单位懂技术和有救援经验的职工，分别组建公用事业保障应急队伍，承担相关领域突发事件应急抢险救援任务。重要基础设施运营单位要组建本单位运营保障应急队伍。要充分发挥设计、施工和运行维护人员在应急抢险中的作用，配备应急抢修的必要机具、运输车辆和抢险救灾物资，加强人员培训，提高安全防护、应急抢修和交通运输保障能力。

（六）强化卫生应急队伍建设。县级卫生行政部门要根据突发事件类型和特点，依托现有医疗卫生机构，组建卫生应急队伍，配备必要的医疗救治和现场处置设备，承担传染病、食物中毒和急性职业中毒、群体性不明原因疾病等突发公共卫生事件应急处置和其他突发事件受伤人员医疗救治及卫生学处理，以及相应的培训、演练任务。城市医疗卫生机构要与县级或乡镇医疗卫生机构建立长期对口协作关系，把帮助组建基层应急队伍作为对口支援重要内容。卫生应急队伍的装备配备、培训、演练和卫生应急处置等工作费用由地方政府给予支持。

（七）加强重大动物疫情应急队伍建设。县级人民政府建立由当地兽医、卫生、公安、工商、质检和林业行政管理人员，动物防疫和野生动物保护工作人员，有关专家等组成的动物疫情应急队伍，具体承担家禽和野生动物疫情的监测、控制和扑灭任务。要保持队伍的相对稳定，定期进行技术培训和应急演练，同时加强应急监测和应急处置所需的设施设备建设及疫苗、药品、试剂和防护用品等物资储备，提高队伍应急能力。

## 四、完善基层应急队伍管理体制机制和保障制度

（一）进一步明确组织领导责任。地方各级人民政府是推进基层应急队伍建设工作的责任主体。县级人民政府要对县级综合性应急救援队伍和专业应急救援队伍建设进行规划，确定各街道、乡镇综合性应急救援队伍和专业应急救援队伍的数量和规模。各有关部门要强化支持政策的研究并加强指导，加强对基层应急队伍建设的督促检查。公安、国土资源、交通、水利、林业、气象、安全监管、环境、电力、通信、建设、卫生、农业等有关部门要明确推进本行业基层应急队伍建设的具体措施，各有关部门要按照各自职责指导推进基层应急队伍组建工作。

（二）完善基层应急队伍运行机制。各基层应急队伍组成人员平时在各自单位工作，发生突发事件后，立即集结到位，在当地政府或应急现场指挥部的统一领导下，按基层应急管理机构安排开展应急处置工作。县乡级人民政府及其有关部门要切实加强基层综合队伍、专业队伍和志愿者队伍之间的协调配合，建立健全相关应急预案，完善工作制度，实现信息共享和应急联动。同时，建立健全基层应急队伍与其他各类应急队伍及装备统一调度、快速运送、合理调配、密切协作的工作机制，经常性地组织各类队伍开展联合培训和演练，形成有效处置突发事件的合力。

（三）积极动员社会力量参与应急工作。通过多种渠道，努力提高基层应急队伍的社会化程度。充分发挥街道、乡镇等基层组织和企事业单位的作用，建立群防群治队伍体系，加强知识培训。鼓励现有各类志愿者组织在工作范围内充实和加强应急志愿服务内容，为社会各界力量参与应急志愿服务提供渠道。有关专业应急管理部门要发挥各自优势，把具有相关专业知识和技能的志愿者纳入应急救援队伍。发挥共青团和红十字会作用，建立青年志

愿者和红十字志愿者应急救援队伍，开展科普宣教和辅助救援工作。应急志愿者组建单位要建立志愿者信息库，并加强对志愿者的培训和管理。地方政府根据情况对志愿者队伍建设给予适当支持。

（四）加大基层应急队伍经费保障力度。县、乡两级综合性应急救援队伍和有关专业应急救援队伍建设与工作经费要纳入同级财政预算。按照政府补助、组建单位自筹、社会捐赠相结合等方式，建立基层应急救援队伍经费渠道。

（五）完善基层应急队伍建设相关政策。认真研究解决基层应急队伍工作中的实际困难，落实基层应急救援队员医疗、工伤、抚恤，以及应急车辆执行应急救援任务时的免交过路费等政策措施。鼓励社团组织和个人参加基层应急队伍，研究完善民间应急救援组织登记管理制度，鼓励民间力量参与应急救援。研究制订基层应急救援队伍装备标准并配备必要装备。对在应急管理、应急队伍建设工作中做出突出贡献的集体和个人，按照国家有关规定给予表彰奖励。开展基层应急队伍建设示范工作，推动基层应急管理水平不断提高。

国务院办公厅

二〇〇九年十月十八日

## 八、《国务院关于进一步加强消防工作的意见》

# 国务院关于进一步加强消防工作的意见

国发〔2006〕15 号

各省、自治区、直辖市人民政府，国务院各部委、各直属机构：

“十五”以来，在党中央、国务院和地方各级党委、政府的领导下，全国消防工作取得明显进步。消防安全责任制进一步落实，全社会防控火灾的能力明显提高，重特大火灾事故多发势头得到初步遏制。但是，当前消防工作形势依然严峻。一些地区、部门和单位对消防工作重视不够，公民消防安全素质仍然不高，全社会消防安全基础仍然薄弱，重特大火灾事故时有发生。为有效预防火灾事故，减轻火灾危害，保障公共安全，现就进一步加强消防工作提出以下意见：

### 一、指导思想、工作原则和工作目标

（一）指导思想。以邓小平理论和“三个代表”重要思想为指导，全面贯彻落实科学发展观，按照构建社会主义和谐社会的要求，深入贯彻《中华人民共和国消防法》等法律法规，全面落实预防为主、防消结合的方针，努力构建“政府统一领导、部门依法监管、单位全面负责、群众积极参与”的消防工作格局，着力整治各种火灾隐患，全面加强城乡消防工作，建立健全灭火应急救援工作机制，切实提高全社会防控火灾的意识和能力，有效预防和减少火灾事故发生，为我国经济发展、社会稳定和人民群众安居乐业创造良好的消防安全环境。

（二）工作原则。坚持协调发展，有效统筹消防工作与经济社会发展的关系；坚持城乡统筹，大力加强农村消防工作；坚持依法治火，严格落实消防法律法规、技术规范和消防工作责任制；坚持预防为主，不断改善城乡防火安全条件；坚持科技先行，依靠科技进步不断提升防火、灭火和救援能力；坚持以人为本，全面提高公民消防安全素质，切实保障人民群众生命财产安全。

（三）工作目标。到 2010 年，基本建立适应社会主义市场经济体制要求的消防法律法规和技术规范体系，基本实现消防工作与经济社会同步协调发

展，基本形成覆盖城乡的专业灭火应急救援力量体系，消防工作社会化水平显著提升，全社会消防安全环境明显改善，抗御火灾的整体能力明显提高，重特大火灾尤其是群死群伤火灾事故得到有效遏制。

## 二、构建“政府统一领导、部门依法监管、单位全面负责、群众积极参与”的消防工作格局

（四）切实加强领导，认真履行消防工作职责。消防工作是政府履行社会管理和公共服务职能的重要内容。地方各级人民政府要将消防工作纳入“十一五”国民经济和社会发展总体规划，增加财政投入，认真组织实施。要切实落实地方各级人民政府消防工作负责制，建立政府分管领导牵头、有关部门领导参加的消防工作联席会议制度，定期研究并协调解决消防工作重大问题，适时组织开展消防安全专项治理。

（五）切实加大联合执法力度，依法加强监管。要建立健全部门信息沟通和联合执法机制，有关部门各负其责，齐抓共管。公安消防部门要认真履行消防监督执法职责，并加强与有关部门的信息沟通，及时将消防安全专项治理以及认定的重大火灾隐患等情况报告当地政府并通报相关部门；安全监管、建设、工商、质检等部门要结合各自职责，对发现的火灾隐患，依法查处或者移送、通报公安消防等部门处理；教育、民政、铁路、交通、农业、文化、卫生、民航、广电、体育、旅游、文物、人防等部门和单位要建立健全消防安全工作领导机制和责任制，制订消防安全管理办法，定期组织消防安全专项检查，及时排查和整改火灾隐患。

（六）依法落实单位消防安全责任。各单位负责人对本单位消防安全负责。要严格落实消防安全责任制和岗位责任制，健全消防安全管理制度，定期组织防火检查和巡查，制订灭火和应急疏散预案并实施演练，加强对本单位员工尤其是流动务工人员的消防安全教育和培训，定期维护保养消防设施，建立并落实消防安全自我管理、自我检查、自我整改机制，确保本单位消防安全。

（七）充分发挥社会组织和市场机制的作用。要将单位消防安全信息纳入社会信用体系，推动建立行业、系统消防安全自律机制。鼓励发展提供消防安全技术服务的中介组织。居委会、村委会要制订防火安全公约，定期检查本区域公共消防安全，督促整改火灾隐患。

## 三、加强公共消防安全基础建设，提高全社会防控火灾能力

（八）切实加强公共消防设施建设。地方各级人民政府要结合实际编制

城乡消防规划，确保公共消防设施建设与城镇和乡村建设同步实施；对缺少消防规划或消防规划不合理的城市总体规划、乡村和集镇建设规划，不得批准。对公共消防设施不能满足灭火应急救援需要的，要及时增建、改建、配置或者进行技术改造；要按照消防规划改造供水管网、修建消火栓、消防水池和天然水源取水设施，确保消防用水。

（九）大力发展多种形式的消防队伍。地方各级人民政府要根据经济社会发展需要，大力发展以公安消防队为主体的多种形式消防队伍。未设立公安消防队的城市人民政府应当按照国家规定的消防站建设标准，抓紧建立公安消防队、专职消防队；乡（镇）人民政府可以根据当地经济发展和消防工作的需要，建立专职消防队、义务消防队。

（十）充分发挥公安消防队作为应急抢险救援专业力量的骨干作用。公安消防队在地方各级人民政府统一领导下，除完成火灾扑救任务外，要积极参加以抢救人员生命为主的危险化学品泄漏、道路交通事故、地震及其次生灾害、建筑坍塌、重大安全生产事故、空难、爆炸及恐怖事件和群众遇险事件的救援工作，并参与配合处置水旱灾害、气象灾害、地质灾害、森林、草原火灾等自然灾害，矿山、水上事故，重大环境污染、核与辐射事故和突发公共卫生事件。

各级人民政府要按照现行事权、财权划分原则，进一步加强公安消防队力量特别是应急抢险救援能力建设，专项解决公安消防队应急抢险救援装备和队站、设施建设经费。

（十一）广泛开展消防安全宣传教育。地方各级人民政府每年要制订并组织实施消防宣传教育计划，公安消防等部门、单位和新闻媒体要改进消防宣传教育形式，普及消防法律法规，教育广大人民群众切实增强防范意识，掌握防火、灭火和逃生自救常识。教育部门、学校及其他教育机构要将消防知识纳入教学内容；科技、司法、劳动保障等部门和单位要将消防法律法规和消防知识列入科普、普法、就业教育工作内容；乡（镇）人民政府、街道办事处和单位要在乡村、社区、办公区等场所设立消防宣传教育专栏和消防安全标识；广播、电视、报刊、互联网站等新闻媒体应当定期刊播消防公益广告，义务宣传消防知识。

（十二）认真组织消防安全培训。地方各级人民政府要加强对各级领导干部消防法律法规等知识的培训。有关行业、单位要大力加强对消防管理人员和消防设计、施工、检查维护、操作人员，以及电工、电气焊等特种作业人员、易燃易爆岗位作业人员、人员密集的营业性场所工作人员和导游、保安人员的消防安全培训，严格执行消防安全培训合格上岗制度。地方各级人民政府和有关部门要责成用人单位对农民工开展消防安全培训。

（十三）切实维护公民的消防安全权益。地方各级人民政府要切实采取措施保障公民对火灾危险的知情、监督、投诉、举报等权利，并定期向社会公布本地区的重大火灾隐患及整改情况。公安消防部门要公布举报电话、信箱或者电子邮件地址，认真受理并及时依法处理公民对火灾隐患和消防违法行为的投诉、举报；工会、共青团、妇联、残联、消费者权益保护组织等要切实承担起依法维护相关人员消防安全权益的责任。存在重大火灾隐患的生产经营场所和为公众服务的场所，要采取公告、广播、设置警示牌等方式告知公民火灾危险和保护生命财产安全的方法。

## 四、整治重点环节，预防和消除火灾隐患

（十四）坚决整治严重威胁公共安全的重大消防安全问题。地方各级人民政府对不符合城市消防安全布局的易燃易爆危险物品生产、储存场所等重大火灾危险源，要限期搬迁；对无法保证消防安全的，要责令停止使用。在制订近期建设规划和城镇房屋拆迁计划时，要依据城市总体规划和土地利用总体规划，优先安排"城中村"、易燃建筑密集区的拆迁、改造。要严格落实重点场所和部位的消防安全管理措施。对存在重大火灾隐患的人员密集场所，要责令限期整改；对不能保证人员生命财产安全的，要责令停止使用。

（十五）切实加强火灾隐患的源头控制。对涉及消防安全的审批项目，行政审批部门要严格依法审批。对不符合城镇消防安全布局要求的建设项目，城市规划部门不得核发建设用地规划许可证和建设工程规划许可证；对建筑工程消防设计未经审核合格的，建设部门不得核发施工许可证，房地产管理部门不得核发商品房预售许可证；对按照国家标准需要进行消防设计的建筑工程竣工验收资料中没有消防验收合格文件的，房地产管理部门不得颁发房屋权属证书。对消防安全条件未获得公安消防部门审查通过，拟开办的学校、幼儿园、托儿所、养老院、福利院、医疗机构以及文化、体育等公共场所，教育、民政、卫生、文化、体育等部门不得批准。对不具备安全生产条件的危险物品生产储存运输和建筑施工等企业，安全监管、建设等部门不得颁发安全生产许可证。对未经消防安全检查合格而擅自经营的歌舞厅、影剧院、宾馆、饭店、商场、集贸市场等公众聚集的场所，或者未依法获得批准而擅自从事大型集会、焰火晚会、灯会等具有火灾危险的大型活动的，公安消防等有关部门要及时依法采取相应的行政强制措施并依法给予行政处罚；对原已取得批准文件但不再具备法律法规、技术规范规定的消防安全条件的，必须撤销批准文件。对容易引发火灾事故的电气、燃气等设备，质检

部门应制订标准对其防火性能提出要求，生产单位应标明火灾危险性和防火注意事项。

（十六）严格加强消防产品质量监督管理。各级公安消防部门要切实履行法定职责，各有关部门要按照国务院确定的职责分工，依法采取有力措施，加大对消防产品市场整顿和规范的力度。严禁生产、销售、进口、使用未取得市场准入证书的消防产品。严厉打击制售假冒伪劣消防产品的违法行为。要建立全国消防产品信息库，定期发布消防产品市场准入信息和质量信息。消防产品生产企业要实行不合格消防产品主动召回制度。

（十七）进一步建立健全重大火灾隐患立案销案和挂牌督办制度。地方各级人民政府及公安消防等部门要建立健全监督检查机制，依法督促有关单位及时整改和消除重大火灾隐患。公安消防部门对检查发现和群众举报、投诉并经认定的重大火灾隐患，要立案并抄报有关主管部门，及时提请当地人民政府挂牌督促整改。当地人民政府要明确整改责任，责令限期整改。下级人民政府要及时向上级人民政府报告重大火灾隐患整改情况，对未按期整改完毕的，上级人民政府要明确整改责任并备案督办。对严重威胁公共安全的重大火灾隐患，上级人民政府要直接挂牌督办，公安消防部门要依法报请当地人民政府决定责令停产停业，当地人民政府要在接报后 7 日内作出决定。对自身确无能力整改的严重威胁公共安全的重大火灾隐患，有关单位要及时报请本行业或本系统管理部门和当地人民政府确定整改措施，并认真落实。

## 五、建立健全考评机制，严格责任追究制度

（十八）地方各级人民政府要把消防工作作为政府目标责任考核和领导干部政绩考评的重要内容，纳入社会治安综合治理、创建文明城市（乡镇、村、社区）和平安地区等考评范围，建立科学的考核评价机制，定期检查考评。各省、自治区、直辖市人民政府每年要将本地区消防工作情况向国务院作出专题报告。公安消防部门要会同有关方面，对各地区消防工作进行督促检查。

（十九）地方各级人民政府和公安消防部门、其他有关部门不履行或不认真履行消防工作职责，对涉及消防安全的事项未依照法律法规和规章制度实施审批、监督检查的，或者对重大火灾隐患整改不力的，要依法依纪追究有关责任人员和负责人的责任；地方各级人民政府和公安消防部门、其他有关部门及其工作人员因工作不力、失职、渎职，导致重特大火灾事故发生的，或者造成重大人员伤亡和经济损失，社会影响恶劣的，要依法追究主要负责人的法律责任。

（二十）对不依法履行预防和消除火灾隐患职责的单位及其负责人和其他工作人员，公安等行政执法部门应当依法给予行政处罚。对拒不执行行政处罚的，要坚决依法追究有关人员的法律责任。对发生火灾造成人员伤亡和他人财产损失的，制售假冒伪劣消防产品造成严重后果的，明知是假冒伪劣消防产品仍购买和使用的，要依法追究有关单位和人员的法律责任。

国务院
二〇〇六年五月十日

## 九、《国务院关于加强和改进消防工作的意见》

# 国务院关于加强和改进消防工作的意见

各省、自治区、直辖市人民政府，国务院各部委、各直属机构：

“十一五”以来，各地区、各有关部门认真贯彻国家有关加强消防工作的部署和要求，坚持预防为主、防消结合，全面落实各项消防安全措施，抗御火灾的整体能力不断提升，火灾形势总体平稳，为服务经济社会发展、保障人民生命财产安全作出了重要贡献。但是，随着我国经济社会的快速发展，致灾因素明显增多，火灾发生几率和防控难度相应增大，一些地区、部门和单位消防安全责任不落实、工作不到位，公共消防安全基础建设同经济社会发展不相适应，消防安全保障能力同人民群众的安全需求不相适应，公众消防安全意识同现代社会管理要求不相适应，消防工作形势依然严峻，总体上仍处于火灾易发、多发期。为进一步加强和改进消防工作，现提出以下意见：

## 一、指导思想、基本原则和主要目标

（一）指导思想。以邓小平理论和“三个代表”重要思想为指导，深入贯彻落实科学发展观，认真贯彻《中华人民共和国消防法》等法律法规，坚持政府统一领导、部门依法监管、单位全面负责、公民积极参与，加强和创新消防安全管理，落实责任，强化预防，整治隐患，夯实基础，进一步提升火灾防控和灭火应急救援能力，不断提高公共消防安全水平，有效预防火灾和减少火灾危害，为经济社会发展、人民安居乐业创造良好的消防安全环境。

（二）基本原则。坚持政府主导，不断完善社会化消防工作格局；坚持改革创新，努力完善消防安全管理体制机制；坚持综合治理，着力夯实城乡消防安全基础；坚持科技支撑，大力提升防火和灭火应急救援能力；坚持以人为本，切实保障人民群众生命财产安全。

（三）主要目标。到 2015 年，消防工作与经济社会发展基本适应，消防法律法规进一步健全，社会化消防工作格局基本形成，公共消防设施和消防装备建设基本达标，覆盖城乡的灭火应急救援力量体系逐步完善，公民消防安全素质普遍增强，全社会抗御火灾能力明显提升，重特大尤其是群死群伤火灾事故得到有效遏制。

## 二、切实强化火灾预防

（四）加强消防安全源头管控。制定城乡规划要充分考虑消防安全需要，留足消防安全间距，确保消防车通道等符合标准。建立建设工程消防设计、施工质量和消防审核验收终身负责制，建设、设计、施工、监理单位及执业人员和公安消防部门要严格遵守消防法律法规，严禁擅自降低消防安全标准。行政审批部门对涉及消防安全的事项要严格依法审批，凡不符合法定审批条件的，规划、建设、房地产管理部门不得核发建设工程相关许可证照，安全监管部门不得核发相关安全生产许可证照，教育、民政、人力资源社会保障、卫生、文化、文物、人防等部门不得批准开办学校、幼儿园、托儿所、社会福利机构、人力资源市场、医院、博物馆和公共娱乐场所等。对不符合消防安全条件的宾馆、景区，在限期改正、消除隐患之前，旅游部门不得评定为星级宾馆、A级景区。对生产、经营假冒伪劣消防产品的，质检部门要依法取消其相关产品市场准入资格，工商部门要依照消防法和产品质量法吊销其营业执照；对使用不合格消防产品的，公安消防部门要依法查处。

（五）强化火灾隐患排查整治。要建立常态化火灾隐患排查整治机制，组织开展人员密集场所、易燃易爆单位、城乡结合部、城市老街区、集生产储存居住为一体的“三合一”场所、“城中村”、“棚户区”、出租屋、连片村寨等薄弱环节的消防安全治理，对存在影响公共消防安全的区域性火灾隐患的，当地政府要制定并组织实施整治工作规划，及时督促消除火灾隐患；对存在严重威胁公共消防安全隐患的单位和场所，要督促采取改造、搬迁、停产、停用等措施加以整改。要严格落实重大火灾隐患立案销案、专家论证、挂牌督办和公告制度，当地人民政府接到报请挂牌督办、停产停业整改报告后，要在7日内作出决定，并督促整改。要建立完善火灾隐患举报、投诉制度，及时查处受理的火灾隐患。

（六）严格火灾高危单位消防安全管理。对容易造成群死群伤火灾的人员密集场所、易燃易爆单位和高层、地下公共建筑等高危单位，要实施更加严格的消防安全监管，督促其按要求配备急救和防护用品，落实人防、物防、技防措施，提高自防自救能力。要建立火灾高危单位消防安全评估制度，由具有资质的机构定期开展评估，评估结果向社会公开，作为单位信用评级的重要参考依据。火灾高危单位应当参加火灾公众责任保险。省级人民政府要制定火灾高危单位消防安全管理规定，明确界定范围、消防安全标准和监管措施。

（七）严格建筑工地、建筑材料消防安全管理。要依法加强对建设工程施工现场的消防安全检查，督促施工单位落实用火用电等消防安全措施，公共建筑在营业、使用期间不得进行外保温材料施工作业，居住建筑进行节能改造作业期间应撤离居住人员，并设消防安全巡逻人员，严格分离用火用焊作业与保温施工作业，严禁在施工建筑内安排人员住宿。新建、改建、扩建工程的外保温材料一律不得使用易燃材料，严格限制使用可燃材料。住房城乡建设部要会同有关部门，抓紧修订相关标准规范，加快研发和推广具有良好防火性能的新型建筑保温材料，采取严格的管理措施和有效的技术措施，提高建筑外保温材料系统的防火性能，减少火灾隐患。建筑室内装饰装修材料必须符合国家、行业标准和消防安全要求。相关部门要尽快研究提高建筑材料性能，建立淘汰机制，将部分易燃、有毒及职业危害严重的建筑材料纳入淘汰范围。

（八）加强消防宣传教育培训。要认真落实《全民消防安全宣传教育纲要（2011—2015）》，多形式、多渠道开展以“全民消防、生命至上”为主题的消防宣传教育，不断深化消防宣传进学校、进社区、进企业、进农村、进家庭工作，大力普及消防安全知识。注意加强对老人、妇女和儿童的消防安全教育。要重视发挥继续教育作用，将消防法律法规和消防知识纳入党政领导干部及公务员培训、职业培训、科普和普法教育、义务教育内容。报刊、广播、电视、网络等新闻媒体要积极开展消防安全宣传，安排专门时段、版块刊播消防公益广告。中小学要在相关课程中落实好消防教育，每年开展不少于1次的全员应急疏散演练。居（村）委会和物业服务企业每年至少组织居民开展1次灭火应急疏散演练。充分依托公安消防专业院校加强人才培养。国家鼓励高等学校开设与消防工程、消防管理相关的专业和课程，支持社会力量开展消防培训，积极培养社会消防专业人才。要加强对单位消防安全责任人、消防安全管理人、消防控制室操作人员和消防设计、施工、监理人员及保安、电（气）焊工、消防技术服务机构从业人员的消防安全培训。

## 三、着力夯实消防工作基础

（九）完善消防法律法规体系。要及时制定消防法实施条例，完善消防产品质量监督和市场准入制度、社会消防技术服务、建设工程消防监督审核和消防监督检查等方面的消防法规和技术标准规范。有立法权的地方要针对本地消防安全突出问题，及时制定、完善地方性法规、地方政府规章和技术标准。直辖市、省会市、副省级市和其他大城市要从建设工程防火设计、公共消防设施建设、隐患排查整治、灭火救援等方面制定并执行更加严格的消防安全标准。

（十）强化消防科学技术支撑。要继续将消防科学技术研究纳入科技发展规划和科研计划，积极推动消防科学技术创新，不断提高利用科学技术抗御火灾的水平。要研究落实相关政策措施，鼓励和支持先进技术装备的研发和推广应用。要加强火灾科学与消防工程、灾害防控基础理论研究，加快消防科研成果转化应用。要加强高层、地下建筑和轨道交通等防火、灭火救援技术与装备的研发，鼓励自主创新和引进消化吸收国际先进技术，推广应用消防新产品、新技术、新材料，加快推进消防救援装备向通用化、系列化、标准化方向发展。要加强消防信息化建设和应用，不断提高消防工作信息化水平。

（十一）加强公共消防设施建设。要科学编制和严格落实城乡消防规划，对没有消防规划内容的城乡规划不得批准实施。要合理布设生产、储存易燃易爆危险品的单位和场所，确保城乡消防安全布局符合要求，消防站、消防供水、消防通信、消防车通道等公共消防设施建设要与城乡基础设施建设同步发展，确保符合国家标准。负责公共消防设施维护管理的部门和单位要加强公共消防设施维护保养，保证其能够正常使用。商业步行街、集贸市场等公共场所和住宅区要保证消防车通道畅通。任何单位和个人不得埋压、圈占、损坏公共消防设施，不得挪用、挤占公共消防设施建设用地。

（十二）大力发展多种形式消防队伍。要逐步加强现役消防力量建设，加强消防业务技术骨干力量建设。要按照国家有关规定，大力发展政府专职消防队、企业事业单位专职消防队和志愿消防队。多种形式消防队伍要配备必要的装备器材，开展相应的业务训练，不断提升战斗力。继续探索发展和规范消防执法辅助队伍。要确保非现役消防员工资待遇与当地经济社会发展和所从事的高危险职业相适应，将非现役消防员按规定纳入当地社会保险体系；对因公伤亡的非现役消防员，要按照国家有关规定落实各项工伤保险待遇，参照有关规定评功、评烈。省级人民政府要制定专职消防队伍管理办法，明确建队范围、建设标准、用工性质、车辆管理、经费保障和优惠政策。

（十三）规范消防技术服务机构及从业人员管理。要制定消防技术服务机构管理规定，严格消防技术服务机构资质、资格审批，规范发展消防设施检测、维护保养和消防安全评估、咨询、监测等消防技术服务机构，督促消防技术服务机构规范服务行为，不断提升服务质量和水平。消防技术服务机构及从业人员违法违规、弄虚作假的要依法依规追究责任，并降低或取消相关资质、资格。要加强消防行业特有工种职业技能鉴定工作，完善消防从业人员职业资格制度，探索建立行政许可类消防专业人员职业资格制度，推进社会消防从业人员职业化建设。

（十四）提升灭火应急救援能力。县级以上地方人民政府要依托公安消防队伍及其他优势专业应急救援队伍加强综合性应急救援队伍建设，建立健全灭火应急救援指挥平台和社会联动机制，完善灭火应急救援预案，强化灭火应急救援演练，提高应急处置水平。公安消防部门要加强对高层建筑、石油化工等特殊火灾扑救和地震等灾害应急救援的技战术研究和应用，强化各级指战员专业训练，加强执勤备战，不断提高快速反应、攻坚作战能力。要加强消防训练基地和消防特勤力量建设，优化消防装备结构，配齐灭火应急救援常规装备和特种装备，探索使用直升机进行应急救援。要加强灭火应急救援装备和物资储备，建立平战结合、遂行保障的战勤保障体系。

## 四、全面落实消防安全责任

（十五）全面落实消防安全主体责任。机关、团体、企业事业单位法定代表人是本单位消防安全第一责任人。各单位要依法履行职责，保障必要的消防投入，切实提高检查消除火灾隐患、组织扑救初起火灾、组织人员疏散逃生和消防宣传教育培训的能力。要建立消防安全自我评估机制，消防安全重点单位每季度、其他单位每半年自行或委托有资质的机构对本单位进行一次消防安全检查评估，做到安全自查、隐患自除、责任自负。要建立建筑消防设施日常维护保养制度，每年至少进行一次全面检测，确保消防设施完好有效。要严格落实消防控制室管理和应急程序规定，消防控制室操作人员必须持证上岗。

（十六）依法履行管理和监督职责。坚持谁主管、谁负责，各部门、各单位在各自职责范围内依法做好消防工作。建设、商务、文化、教育、卫生、民政、文物等部门要切实加强建筑工地、宾馆、饭店、商场、市场、学校、医院、公共娱乐场所、社会福利机构、烈士纪念设施、旅游景区（点）、博物馆、文物保护单位等消防安全管理，建立健全消防安全制度，严格落实各项消防安全措施。安全监管、工商、质检、交通运输、铁路、公安等部门要加强危险化学品和烟花爆竹、压力容器的安全监管，依法严厉打击违法违规生产、运输、经营、燃放烟花爆竹的行为。环境保护等部门要加强核电厂消防安全检查，落实火灾防控措施。

公安机关及其消防部门要严格履行职责，每半年对消防安全形势进行分析研判和综合评估，及时报告当地政府，采取针对性措施解决突出问题。要加大执法力度，依法查处消防违法行为，对严重危及公众生命安全的要依法从严查处；公安派出所和社区（农村）警务室要加强日常消防监督检查，开展消防安全宣传，及时督促整改火灾隐患。

（十七）切实加强组织领导。地方各级人民政府全面负责本地区消防工作，政府主要负责人为第一责任人，分管负责人为主要责任人，其他负责人要认真落实消防安全“一岗双责”制度。要将消防工作纳入经济社会发展总体规划，纳入政府目标责任、社会管理综合治理内容，严格督查考评。要加大消防投入，保障消防事业发展所需经费。中央和省级财政对贫困地区消防事业发展给予一定的支持。市、县两级人民政府要组织制定并实施城乡消防规划，切实加强公共消防设施、消防力量、消防装备建设，整治消除火灾隐患。乡镇人民政府和街道办事处要建立消防安全组织，明确专人负责消防工作，推行消防安全网格化管理，加强消防安全基础建设，全面提升农村和社区消防工作水平。地方各级人民政府要建立健全消防工作协调机制，定期研究解决重大消防安全问题，扎实推进社会消防安全“防火墙”工程，认真组织开展火灾事故调查和统计工作。对热心消防公益事业、主动报告火警和扑救火灾的单位和个人，要给予奖励。各省、自治区、直辖市人民政府每年要将本地区消防工作情况向国务院作出专题报告。

（十八）严格考核和责任追究。要建立健全消防工作考核评价体系，对各地区、各部门、各单位年度消防工作完成情况进行严格考核，并建立责任追究机制。地方各级人民政府和有关部门不依法履行职责，在涉及消防安全行政审批、公共消防设施建设、重大火灾隐患整改、消防力量发展等方面工作不力、失职渎职的，要依法依纪追究有关人员的责任，涉嫌犯罪的，移送司法机关处理。公安机关及其消防部门工作人员滥用职权、玩忽职守、徇私舞弊、以权谋私的，要依法依纪严肃处理。各单位因消防安全责任不落实、火灾防控措施不到位，发生人员伤亡火灾事故的，要依法依纪追究有关人员的责任；发生重大火灾事故的，要依法依纪追究单位负责人、实际控制人、上级单位主要负责人和当地政府及有关部门负责人的责任；发生特别重大火灾事故的，要根据情节轻重，追究地市级分管领导或主要领导的责任；后果特别严重、影响特别恶劣的，要按照规定追究省部级相关领导的责任。

国务院

二〇一一年十二月三十日

## 十、《中华人民共和国公安部关于加强公安消防部队应急救援工作的指导意见》

# 中华人民共和国公安部关于加强公安消防部队应急救援工作的指导意见

公消〔2010〕160号

各省、自治区、直辖市公安消防总队：

为深入贯彻胡锦涛总书记“三句话”总要求，认真落实《国务院办公厅关于加强基层应急队伍建设的意见》（国办发〔2009〕59号，以下简称国办59号文件），切实履行《消防法》赋予公安消防部队的应急救援职责，全面加强公安消防部队应急救援工作，提出如下意见：

### 一、深刻认识加强应急救援工作的重要意义

（一）加强应急救援工作是贯彻落实胡锦涛总书记“三句话”总要求的政治任务。加强公安消防部队应急救援工作，是贯彻落实胡锦涛总书记“三句话”总要求最直接、最具体的体现。各级公安消防部队要从以人为本、构建社会主义和谐社会的高度，充分认识和理解加强应急救援工作的重要性，努力把公安消防部队建设成为在关键时刻能发挥关键作用的应急救援队伍，为保护人民生命财产安全、维护社会和谐稳定竭诚奉献，积极回应人民群众的新期待，努力满足人民群众的新要求。

（二）加强应急救援工作是忠实履行法定职责的迫切需要。《消防法》规定“公安消防队、专职消防队依照国家规定承担重大灾害事故和其他以抢救人员生命为主的应急救援工作”，从法律上明确了应急救援工作是公安消防部队的职责；国办59号文件提出“以公安消防队伍及其他优势专业应急救援队伍为依托，建立或确定‘一专多能’的县级综合性应急救援队伍”的要求，体现了党和政府对公安消防部队的充分信任。各级公安消防部队要牢固树立依法履职意识，切实增强责任感和使命感，大力推进应急救援工作。

## 二、突出抓好应急救援力量建设

（三）认真落实县级综合性应急救援队伍建设任务。各级公安消防部队要认真贯彻落实国办59号文件要求，坚持政府主导、部门联动、重点突破、整体推进的原则，积极争取当地党委、政府及公安机关的重视与支持，当好参谋助手，立足区域实际，推动政府制定出台依托公安消防部队建设县级综合性应急救援队伍规划及配套性法规、政策，推动建立政府统一领导、相关部门参与的工作机制，明确任务、落实责任、形成合力，大力加强人员、装备和设施建设，力争在三年内完成县级综合性应急救援队伍组建任务。

（四）积极推动省、市综合性应急救援队伍建设。各级公安消防部队要在大力推进县级综合性应急救援队伍建设的同时，按照《消防法》赋予消防部队的职责，积极推动本地区应急救援队伍建设，建立健全应急响应和指挥体系，强化应急救援保障能力，充分发挥公安消防部队应急救援的优势作用，担负起本地区灾害事故的综合救援职能，并切实提高消防部队跨区域机动救援能力。

（五）巩固发展公安消防部队应急救援专业队伍。各级公安消防部队要以壮大消防特勤力量、提高攻坚救援能力为目标，地级以上城市在完善消防特勤队伍建设的同时，要立足区域灾害事故处置需要，依托消防特勤队伍建立危险化学品泄漏、道路交通事故、建筑倒塌、水域等专业救援队，不断提高救援能力和水平。

## 三、着力加强应急救援能力建设

（六）建立应急救援响应机制。各级公安消防部队要在国务院、公安部及地方各级政府的统一领导下，建立应急救援四级响应机制：一级为跨省（区、市）救援，由公安部根据中央要求实施；二级为跨地（市、州、盟）救援，由省（区、市）公安厅（局）和消防总队实施，同时报公安部；三级为跨县（市、区、旗）救援，由地（市、州、盟）公安局和消防支队实施，同时报省（区、市）公安厅（局）和消防总队；四级为县级区域内救援，由县（市、区、旗）公安局和消防大队实施，同时报地（市、州、盟）公安局和消防支队。要在政府的统一领导下，建立并完善与供水、供电、供气、医疗急救、工程抢险、气象等部门及社会专业救援力量的联勤联动机制，落实信息资源共享、定期会商和要情通报制度，确保在应急救援中快速反应、有效联动、紧密协同。

（七）规范应急救援指挥机制。各级公安消防部队要建立并完善应急指挥机制，实行扁平化指挥，提高应急救援效能。当公安消防部队和社会其他应急救援联动部门协同处置时，由政府领导统一指挥或授权指挥；当公安消防部队与公安机关其他警种联合处置时，由公安机关领导统一指挥或授权指挥；当公安消防部队独立处置时，由公安消防部队现场最高指挥员指挥。在灾害事故救援中，消防部队主要负责现场处置，与公安机关其他警种及社会相关应急救援力量密切配合，按照职责分工，全力开展应急救援工作。

（八）健全应急救援预案体系。各级公安消防部队要针对本地区灾害事故规律特点和跨区域增援需要，制定完善灾害事故处置预案和跨区域协同作战预案，明确公安消防部队和社会应急救援联动单位的职责任务、响应联动、组织指挥、通信联络、战斗编成、处置程序、行动要求和应急保障，并报请政府批准后实行。当发生灾害事故时，立即启动相关预案实施应急救援。

（九）强化应急救援专业训练。各级公安消防部队要立足应急救援实战需要，拓展训练内容，规范救援程序，广泛开展力量集结、战斗编成、通信联络、组织指挥、现场处置、安全防护等应急救援业务训练和培训，突出复杂环境下适应性训练、实战性演练和跨区域多力量联合演习。要认真分析当地灾害事故特点，深入开展技战术研究，不断提高训练的针对性和科学性。

（十）完善应急救援保障体系。各级公安消防部队要按照“结构合理、功能多样、防护优先、实用高效”的原则，加强个人防护、防化救援、破拆排烟、生命搜救和反恐处突等应急救援装备配备，强化救援物资储备，并积极引进新型、高效、实用的装备，不断优化装备结构，提升作战效能。要主动向当地党委、政府汇报，将公安消防部队应急救援工作纳入经济社会发展总体规划，将建设经费列入同级财政预算。要加快建立警地联储、紧急调用、机动运输等应急保障机制，提高应急救援保障能力，逐步形成社会化应急联勤联动保障体系。

## 四、切实加强应急救援工作的组织领导

（十一）健全机构。各级公安消防部队要加强对应急救援工作的领导，建立由主要领导挂帅、分管领导主管的工作机制，定期研究分析应急救援工作形势，采取针对性措施强力推进。要积极主动地向党委、政府领导及法制、发改、财政等部门汇报，争取政策和资金支持。

（十二）精心谋划。各级公安消防部队要深入调查研究，掌握本地区应急救援工作的特点和救援力量的现状，从队伍建设、能力建设、机制建设、综合保障等方面提出加强公安消防部队应急救援工作的意见和建议，积极稳

妥地推动应急救援工作的开展。

（十三）严密组织。各级公安消防部队要积极推进社会管理创新，加快综合性应急救援队伍建设步伐，每年度进行考评验收，推动落实。

（十四）狠抓落实。各级公安消防部队要按照《综合性应急救援队伍建设三年规划》年度建设要求，每年年初要向部消防局上报组建综合性应急救援队伍的县（市、区、旗）单位及经费投入、装备配备等工作计划，年终部消防局将组织对各地完成任务情况进行检查验收。

附件 1. 综合性应急救援队伍建设三年规划（略）

2. 县级综合性（消防）应急救援队装备配备标准（试行）（略）

公安部消防局

二〇一〇年五月十一日

# 后　　记

2009 年暑假期间，我们到山东、湖南、北京、天津、甘肃、江苏等地消防部队调研，时值汶川地震救援工作结束不久。座谈中，许多参与救援工作的基层部队官兵建议我们从加强应急救援力量建设的角度研究公共危机管理问题，使我们深受启发，遂萌生了开展相关研究的构想。回到学院后，我们组织志同道合者，开始搜集资料，按照国家社会科学基金管理办法的要求撰写了申请书，几经反复，数易其稿，终于完成了初稿上报，令人欣慰的是申请成功，2010 年项目正式获批，名为“公共危机应急救援力量体系研究”，项目批准号：10BGL088，经过项目组全体成员的艰苦努力，2011 年 12 月顺利结题。

在研究报告的基础上，我们拓展研究范围，开展书稿撰写工作。本书的编写自始至终得到了军事科学院的亲切关怀与大力支持，马卫防副部长等领导、专家多次就撰稿工作做出重要指示，明确调研方向和重点，提出具体要求；国家安全生产监督管理总局、公安部消防局、民政部救灾中心等有关部门的领导、专家就书稿体系等提出了许多宝贵的指导意见和建议；北京、天津、上海、重庆、河北、黑龙江、辽宁、湖南、湖北、江苏、山东、内蒙古、甘肃 13 个省（市、自治区）应急办、省（市、自治区）军区、消防总队等单位对编写工作高度重视，周密筹划，精心组织，主要领导亲自挂帅，相关部门大力协同，确保了编写工作扎实有效。

在此，编写组对关心支持书稿撰写工作的各位领导和专家表示衷心感谢！

在写作过程中，编写组成员参考和引用了相关专家和学者的研究成果，在此谨向这些专家和参考文献的著作者一并表示衷心的感谢！

本书由中国人民武装警察部队学院院长杨隽少将、训练部部长董希琳大校任主编，郭其云、夏一雪同志负责全书统稿。各章节撰写任务如下：

郭其云：绪论；第一章第一节、第三节；附录；后记；

卢立红：第一章第二节；

赵桂民：第二章；

夏一雪：第三章；第六章；

葛晓霞：第四章；第五章；

杨　戍：第六章；第七章。

李昊青、蒋慧灵、段瑶、李志博等同志承担了大量的资料搜集整理工作，闫胜利、吴立志、于宝刚、康青春等同志做了大量的协调保障工作，在此再次表示衷心的感谢！

《公共危机应急救援力量体系研究》编写组

二〇一三年三月